ANALOGIES CONSTITUTIVES

DE

LA LANGUE ALLEMANDE

AVEC LE GREC ET LE LATIN

EXPLIQUÉES PAR LE SAMSKRIT

SE TROUVE À PARIS

CHEZ JULES RENOUARD ET Cie

LIBRAIRES ÉDITEURS

RUE DE TOURNON, N° 6

ANALOGIES CONSTITUTIVES

DE

LA LANGUE ALLEMANDE

AVEC LE GREC ET LE LATIN

EXPLIQUÉES PAR LE SAMSKRIT

PAR C. SCHŒBEL

PROFESSEUR DE LANGUE ET DE LITTÉRATURE ALLEMANDES
AU COLLÈGE ROYAL DE REIMS

PARIS

IMPRIMÉ PAR AUTORISATION DE M. LE GARDE DES SCEAUX

A L'IMPRIMERIE ROYALE

M DCCC XLV

INTRODUCTION.

Méditer sur les noms des choses du monde réel et imaginaire, au milieu desquelles nous vivons; rechercher quelle raison a pu leur faire imposer tel nom plutôt que tel autre, et pourquoi ces noms dérivent de racines dont la valeur n'a le plus souvent, au premier aperçu, aucune liaison avec la signification usuelle des mots qui nous représentent ces choses; mettre enfin en lumière la portée des termes employés pour rendre telle ou telle impression, en en découvrant l'idée mère et en rétablissant leur filiation, n'est-ce pas là une étude digne du plus haut intérêt?

Cette vérité une fois reconnue, qui peut mettre en doute l'utilité réelle de tout travail qui a pour objet de pénétrer dans les profondeurs d'une langue, d'en mettre à nu la valeur primitive, de révéler dans chaque racine une manifestation intellectuelle, et de découvrir la marche des idées à travers la transformation des mots? Ce mouvement n'est autre que le travail progressif qu'a dû accomplir chaque peuple avant d'arriver à un certain point de civilisation. L'étude et la comparaison des langues offrent donc les moyens de résoudre les nombreux problèmes que présente encore l'histoire de la race humaine[1].

Si l'on considère avec attention les luttes que l'humanité a soutenues et celles qu'elle soutient encore, on acquiert la conviction qu'elles ont leur cause dans le travail que nécessite le développement de la parole, parce que sa perfection est le signe infaillible de la perfection par excellence. Cela est si vrai et si utile à savoir, que Dieu, qui créa les sphères et les inonda d'éblouissantes clartés par la puissance de sa parole, n'a pas voulu le laisser ignorer aux hommes. La voix inspirée des prophètes ne connaissait rien de plus grand, de plus sublime, de plus digne de servir d'attribut à la Divinité, que la parole. Son action est, selon eux, l'action la plus vivante, la plus énergique : la parole de Dieu, c'est le tonnerre de sa puissance ; elle cerne le ciel tout entier[2] : c'est tantôt un feu ou un marteau qui brise les rochers, tantôt une rosée ou une pluie bienfaisante[3]. Et l'apôtre n'a-t-il pas dit : « In principio erat Verbum, et Verbum erat « apud Deum, et Deus erat Verbum. Omnia per ipsum facta « sunt : et sine ipso factum est nihil quod factum est : in ipso vita « erat. . . . .[4] »

Aider à la propagation de la lumière que la connaissance parfaite de la parole répand sur les destinées humaines, tel est le noble but pour lequel travaillent les hommes doués de la patience du vrai savoir, et tel est aussi le but des étymologistes.

L'acquisition de la connaissance fondamentale des mots est possible, donc elle est nécessaire; la poursuite de l'impossible est seule inutile. Je dis, elle est possible, parce que tout homme le reconnaît instinctivement. Quel autre sens donner aux demandes réitérées des enfants lorsqu'ils entendent nommer une

[1] Champollion. — [2] Job, 37. — [3] Isai. 55. — [4] Joan. 1.

chose : « Pourquoi cela s'appelle-t-il ainsi ? » Manifestation d'un vœu qui ne saurait être si général, s'il n'était le reflet d'une vérité contenue au fond du cœur humain. Il faut donc que l'esprit de l'homme ait apporté, en naissant, la faculté conditionnelle, bien entendu, de répondre aux questions qu'il se pose, si d'ailleurs elles sont avouées par la raison, parce que l'âme serait un non-sens si ses puissances n'aboutissaient qu'à la négation. Mais cette faculté est conditionnelle, c'est-à-dire que toutes les solutions étant plus ou moins cachées, le travail seul finit par les découvrir. Par lui déjà s'est répandue une grande et salutaire lumière sur les origines et sur les analogies des langues. On ne niera point que cette clarté ne soit due, en grande partie, aux travaux des grands étymologistes et philologues que l'Allemagne a produits depuis un siècle[1]. Bien qu'un grand nombre d'entre eux n'aient particulièrement étudié que les origines de la langue germanique, ils n'en ont pas moins bien servi les intérêts de la science des langues en général; d'abord parce que la plupart des langues de l'Europe contiennent des traces nombreuses de l'élément germanique, puis parce que l'allemand, par l'intime affinité de ses parties constitutives avec les idiomes classiques, peut servir en même temps à expliquer les langues

[1] Wachter, Frisch, Ihre, Fulda, Adelung, Vater, Grimm, Graff, Bopp, Guillaume de Humboldt, Klaproth, Guill. de Schlegel, Gesenius, Westergaard, Hoffmann, Kaltschmidt, Lepsius et tant d'autres. Telles sont les autorités imposantes sur lesquelles nous nous appuyons pour oser présenter ce travail au public.

Lorsque nous écrivions ces lignes, nous ne connaissions pas encore le beau travail de M. Eichhoff sur les langues de l'Europe et de l'Inde. Nous regrettons beaucoup de n'avoir pu le consulter. Les ouvrages de ce genre, et, en général, tous ceux qui n'intéressent pas les masses, sont si rares en province, qu'il est sans doute plus aisé d'étudier les travaux des savants français à Kónigsberg ou à Stockholm que dans une ville provinciale française quelconque.

modernes dont le grec ou le latin forment la base principale, telles que l'italien, le français, l'espagnol, etc.

De même que toute cette richesse d'idées, qui répand maintenant son action puissante sur le monde civilisé, s'est développée de quelques notions primitives, de même les expressions naturelles de ces notions ont été le germe de cette multitude de langues qui résonnent sur la surface de la terre. Toutes les langues ont donc les mêmes lettres radicales, parce que toutes se basent sur les mêmes notions, et que tous les hommes ont les mêmes organes. Le nombre des sons radicaux est petit. Ils sont produits, avec le secours de la langue, par le gosier, le palais, les dents, les lèvres et le nez. Par leur moyen, l'homme de la nature n'imitait d'abord que les bruits et les sons [1] qui frappaient son oreille; les autres, il les exprimait mieux par des gestes, le sentiment n'étant point encore assez développé en lui pour saisir l'homogénéité des rapprochements qui existent entre les diverses manifestations de la nature. Mais, insensiblement, cette langue inculte fit un pas: les expressions plus ou moins articulées, mais toujours distinctes des cris sauvages des bêtes, se plièrent à l'imitation des mouvements qui impressionnent les yeux, le nez, le goût, le toucher. Alors les cinq consonnes radicales ne suffirent plus; elles durent se prêter à de nouvelles combinaisons, et chacune d'elles enfanta successivement une série de gradations propres à peindre les nuances des impressions naturelles. L'alphabet se forma, et la langue sortit pour toujours de son état informe.

[1] La langue copte, quoique travaillée par la civilisation égyptienne, offre encore aujourd'hui un grand nombre de mots qui ont gardé une physionomie toute primitive, par exemple ⲕⲣⲟⲩⲣ (*krur*), grenouille; ⲙⲟⲩⲓ (*mui*), lion; ⲓⲱ (*jô*), âne; ⲧⲗⲧⲗ (*teltel*), tomber à petites gouttes; ⲱⲙⲕ (*ômk*), avaler; ⲕⲣⲉⲙⲣⲉⲙ (*kremrem*), bruit; ϧⲉⲣϧⲉⲣ (*kherker*), ronfler; ϧⲣⲁϫⲣⲉϫ (*kradjredj*), grincer, etc.

Nous ne voulons pas dire par là que l'écriture fût déjà inventée ; la langue parlée et la langue écrite sont deux choses distinctes. On parlait depuis longtemps, c'est-à-dire que l'organe humain produisait depuis longtemps toute l'échelle des sons dont la combinaison logique, quoique instinctive, constitue le langage, avant que l'idée de l'écriture proprement dite entrât dans l'esprit de l'homme. Les Chinois, par exemple, ont une langue parlée ; donc ils prononcent nécessairement toutes les lettres qui concourent à la formation de leurs mots, mais ils n'écrivent pas ces lettres : ainsi ils n'ont pas de langue écrite. Ce qu'on appelle vulgairement l'écriture chinoise n'est qu'une suite de caractères idéographiques, c'est-à-dire de dessins d'objets matériels, et qui, lorsqu'ils doivent exprimer des idées abstraites ou des actes de l'entendement, sont détournés de leur sens primitif au moyen d'opérations conventionnelles[1]. Les Égyptiens ne connurent, pendant des siècles, que l'écriture hiéroglyphique, et, lorsque enfin ils adoptèrent un alphabet pour écrire leur langue, dont les sons avaient été dessinés jusque-là, ce fut celui des Grecs. Mais l'alphabet grec ne pouvant rendre tous les sons de la langue égyptienne, on y mêla les signes hiéroglyphiques équivalents de ces sons, sauf à les modifier assez pour que leur forme générale s'adaptât aux formes des lettres grecques. C'est ainsi que le *céraste* fut converti en ϥ *fei* (f), l'*hirondelle* en ϫ *dchandchia* (dj), le *bassin* en ϭ *chima* (g), la *chaîne* en ϩ *hori* (h), le *van* en ϧ *khei* (kh), la *citerne* en ϣ *chei* (ch)[2].

Mais c'est surtout la langue hébraïque ou chaldaïque qui prouve la postériorité de l'invention de l'écriture. L'écriture primitive par images y est attestée par les noms propres, qui ont tous une signification. Ainsi Adam signifie *homme de terre ;*

[1] Voy. *Gramm. chinoise*, par Abel Rémusat.

[2] Champollion, *Précis*. Peyron, *Gramm. ling. copt.*

Caïn veut dire *le premier propriétaire, etc.* Il n'y avait donc pas de lettres écrites, puisqu'un son articulé ne sort point d'une image; qu'au contraire, une image, par là même qu'elle exprime une chose ou une idée *en masse*, s'éloigne nécessairement de la représentation d'un son articulé [1]. Puis on peut voir que toute lettre hébraïque, voyelle ou consonne, est la première articulation du *nom significatif* de la lettre; d'où il faut conclure que la lettre était un caractère idéographique ou symbolique avant d'être employée comme expression écrite d'une articulation déterminée de la voix. Pour qu'un signe quelconque devînt lettre, on commença sans doute par décomposer le son du nom qu'il représente; puis, distinguant dans ce son composé diverses articulations, on attribua à la première le signe tout entier. Ainsi, par exemple, le signe symbolique de *taureau* 𐤀 fut consacré à exprimer la voyelle *a*, parce que la première articulation de son nom אָלֶף (aleph) est la gutturale 𐤀, plus tard א; le signe de *maison* 𐤁 devint l'expression de l'articulation labiale *b*, parce que cette lettre s'entend la première dans בַּיִת (beth), nom du caractère idéographique qui, plus tard, céda la place à בּ; l'image de *porte* 𐤃 exprima dorénavant la dentale *d*, parce qu'elle est la première articulation du nom de ce caractère symbolique דָּלֶת (daleth) (𐤃 devint ד)[2], et ainsi de suite[3].

En donnant le tableau ci-après de la formation de l'alphabet, nous faisons donc abstraction de l'écriture, et nous ne voulons le considérer que comme l'essence des sons, afin de démontrer par là que tous les peuples primitifs suivirent, en le formant,

[1] Herder, *Heb. Poesie.*

[2] Les Hébreux ont adopté l'alphabet des Chaldéens après leur première captivité, en quittant l'alphabet samaritain ou phénicien, qui paraît être l'origine de toute écriture.

[3] Voy. Gesenius, *Lehrgeb.*

une marche parfaitement analogue. Cela servira pour convaincre quiconque en doute que l'étymologie n'est pas une science douteuse et conjecturale, mais qu'elle est basée sur la conformité des organes de la race humaine. Toutes les langues ont tous les sons fondamentaux; seulement, toutes n'ont pas toutes les nuances de ces sons, par conséquent n'ont pas toutes les lettres, et beaucoup, parmi celles qui possèdent toutes les nuances, n'ont pas de caractères simples pour les exprimer. La raison en est sans doute que tous les peuples se sont laissé imposer l'alphabet écrit d'une nation étrangère à la plupart d'entre eux par ses habitudes et par son climat.

TABLEAU SYNOPTIQUE DE LA FORMATION DE L'ALPHABET.

Classe	SANSK.	ZEND.	ÉTHIOP.	SAMAR.	HÉBREU.	GREC.	LATIN.	ALLEM.
I. CLASSE DES GUTTURALES. Gutturales proprement dites.	अ	[illegible]	አ	[illegible]	א	α	a	a
	आ	[illegible]	ኣ		(ָ)			
		[illegible]	ኤ		(ֶ)	ε	e	e
		[illegible]	[illegible]		(ֵ)	η		
	ए	[illegible]				αι, η	ae	ai, ei
	ऐ							
			ዐ	[illegible]	ע	ο	o	
	क	[illegible]	ከ	[illegible]	כ	κ	c	k
	ख	[illegible]						(ch)
		[illegible]	ቀ	[illegible]	ק	ϙ[1]	q	q
	क्ष					ξ	x	chs, x
	ग	[illegible]	ገ	[illegible]	ג	γ	g	g
	घ	[illegible]				χ		ch
	ह	[illegible]	ሐ	[illegible]	ח	(ʽ)	h	h
	ः		ሀኀ		ה	(ʽ)		(h)
	ङ	[illegible]						(ng)
Palatales.	च	[illegible]	[illegible]			χ		(ch)
	छ							sch
	ज	[illegible]				ζ		(ʒ)
	झ							(ʒ)

Classe	SANSK.	ZEND.	ÉTHIOP.	SAMAR.	HÉBREU.	GREC.	LATIN.	ALLEM.
I. CLASSE DES GUTTURALES. (Suite.) Palatales.	ञ	[illegible]						
	य	[illegible]	የ	[illegible]	י	ι	j	j
	श	[illegible]	ሰ	[illegible]	ש	ξ		sch
		[illegible]	ዠ				(j)	
	इ	[illegible]	ኢ		(ִ)	ι	i	i
	ई	[illegible]		[illegible]	י			(ie)
II. CLASSE DES DENTALES. Cérébrales.	ऋ							(er)
	ॠ							
	र	[illegible]	ረ	[illegible]	ר	ρ	r	r
	ट		ጠ					(t)
	ठ							
	ड							(t)
	ढ							
	ण							(n)
Dentales proprement dites.	ष	[illegible]	ጸ	[illegible]	צ	ϡ[1]		sch
		[illegible]	ዘ	[illegible]	ז	ζ	z	c, z
	स	[illegible]	ሠ	[illegible]	ס	ς	s	s
	त	[illegible]	ተ	[illegible]	ת	τ	t	t
	थ	[illegible]	[illegible]	[illegible]	ט	θ		
	द	[illegible]	ደ	[illegible]	ד	δ	d	d

Classe	SANSK.	ZEND.	ÉTHIOP.	SAMAR.	HÉBREU.	GREC.	LATIN.	ALLEM.
II. CLASSE DES DENTALES. (Suite.) Dentales proprement dites.	ध	[illegible]						
	न	[illegible]	ነ	[illegible]	נ	ν	n	n
	(ं)	[illegible]						(n)
	ल		ለ	[illegible]	ל	λ	l	l
	ऌ							
	ॡ							
III. CLASSE DES LABIALES.	उ	[illegible]	ኡ		(ֻ)	υ	u	u
	ऊ	[illegible]		[illegible]	ו			(uu)
		[illegible]	ኦ		(ֹ)	ο	o	o
		[illegible]			ו	ω		
	ओ	[illegible]				(αυ)	(au)	au, eu
	औ							
	व	[illegible]	ወ	[illegible]	ו	ϝ[1]	v	w
		[illegible]						v
	प	[illegible]	ፐ	[illegible]	פ	π	p	p
	फ	[illegible]	ጰ			φ		f, v
	ब	[illegible]	በ	[illegible]	ב	β	b	b
		[illegible]	ፈ		פ			f
	भ					φ		
	म	[illegible]	መ	[illegible]	מ	μ	m	m

(1) Devenus chiffres. Voy. pour ces divers alphabets : les Grammaires sanscrites, Ludolf, Gramm. æthiop., Gesenius, Phœn. mon., et les travaux linguistiques de Petermann, Peter Bajer, Michaelis, Morin, Peyron, etc. — (2) Plus tard aspéré. — (3) Plus tard nasé.

Avec l'alphabet, l'humanité remonta facilement l'échelle des traditions qui l'attachèrent toujours, quoique faiblement, à son heureux berceau, aux félicités de l'âge d'or primitif; elles se ravivèrent par la communication de la pensée, dont la conscience lui était revenue. Alors une vie de plus en plus intellectuelle ne cessa d'exercer son action puissante sur les expressions primitives; elle les polit, les transforma, les combina de mille manières, en sorte que leur sens, tout matériel, s'adapta peu à peu, par une filiation instinctive, mais logique, à tous les mouvements de l'âme. C'est ainsi que s'accomplit le destin sublime que Dieu réservait aux hommes : « C'est avec la voix des enfants et des nourrissons que tu t'es construit une forteresse glorieuse, devant laquelle tes ennemis s'arrêtent et succombent.... [1] »

Le travail qu'on présente ici à la jeunesse studieuse des colléges, et des autres établissements d'instruction secondaire, a pour but d'expliquer seulement les mots radicaux de la langue allemande, qui sont dans un rapport d'intime affinité avec des mots grecs et latins. Ces explications ne pourraient guère être satisfaisantes, si l'on ne cherchait à les baser sur un élément incontestable. Cet élément est le samskrit. On sait que le samskrit est une des langues primitives qui toutes se sont formées autour des montagnes les plus hautes de l'Asie.

De tous les idiomes de la grande famille des langues indo-germaniques, c'est le samskrit qui s'est développé le premier et avec toute la richesse du beau climat où le Gange roule ses ondes sacrées. Sa perfection est attestée moins par son nom (संस्कृत veut dire « achevé, perfectionné ») que par ses monuments littéraires, qui sont de proportions colossales [2], et dont

[1] Ps. 8.

[2] Les Purânas, livres sacrés des castes inférieures de l'Inde, sont composés de seize cent mille vers. Le Mahâbhârata, recueil qui renferme le récit des his-

beaucoup remontent, pour le fonds au moins, au delà de toutes les époques connues de l'histoire profane[1].

A la première étude de cette langue, que peu de personnes cependant ont pu encore entièrement approfondir, on est frappé de ses nombreux points de contact avec le grec et l'allemand, et on reconnaît, dans la suite, qu'elle recèle tous les trésors dont s'enorgueillissent, à juste titre, les idiomes classiques et les idiomes modernes[2]. Un timbre fort, doux et mélodieux, une prodigieuse richesse en racines (l'école brahmanique en fait monter le nombre à seize cents, ce qui est toutefois exagéré), une grammaire développée et très-savante, une faculté illimitée de dériver et de composer de nouveaux termes, une variété merveilleuse d'expressions pour rendre une notion dans ses différents rapports avec d'autres notions, et, avec cela, une concision inconnue aux langues de l'Europe; tout se réunit pour composer une langue éminemment appropriée aux productions poétiques et métaphysiques.

toires religieuses et héroïques des premiers temps, est composé de quatre cent mille vers.

[1] Le savant indianiste E. Burnouf dit à ce sujet : « Les dates des monuments littéraires de l'Inde ne sont pas encore fixées avec précision. Le VIIe siècle de notre ère est l'âge moderne de la littérature samskrite; mais les ouvrages qu'il a fait naître ne sont que des imitations, des développements et des interprétations de monuments beaucoup plus anciens, qui forment la base véritable de la culture brahmanique. Ces monuments, dont la date précise n'est pas connue, précèdent manifestement tous ceux qui sont nés dans la période que je viens d'indiquer; ils sont également antérieurs, pour la plus grande partie, à la révolution opérée par le buddhisme dans l'Inde, six siècles au moins avant notre ère. » (Le *Bhâgavata Purâna*, par E. Burnouf, préface.)

[2] « Die sanskritischen Sprachen nähern sich der vollkommenen Sprachform am « meisten, und sind zugleich die, an welchen sich die geistige Bildung des Men« schengeschlechts in der längsten Reihe der Fortschritte am glücklichsten entwic« kelt hat. » (W. v. Humboldt, *Ueber die Kawi Spr.* I, § 22.)

Lorsqu'on essaye d'expliquer une langue, si on ne veut pas sortir d'un cercle étroit de comparaison, jamais on ne pourra obtenir un résultat sérieux; si, au contraire, on procède par une vaste comparaison de toutes les langues qui appartiennent à la même famille, on arrive certainement, dans un temps donné, à lever tous les doutes. Dans l'état actuel de la science des langues, nous ne pouvons pas connaître exactement le sens primitif de tout radical; de sorte que la route de la recherche des étymologies, quoique basée sur des notions certaines, est souvent encore semée de conjectures. Mais que la mystérieuse Asie veuille bien ne plus voiler à l'intelligence des savants les pages gigantesques qu'on ne cesse de découvrir; que la diplomatique germanique donne l'explication catégorique de plusieurs racines qui manquent encore de documents, alors se répandra une clarté nouvelle sur cette importante question.

Maintenant, quand il se manifeste quelque divergence de signification entre plusieurs racines à comparer, on ne peut qu'invoquer le secours de la philosophie, et établir, avec son aide, un rapprochement qui ne peut jamais être bien éloigné de la vérité, car il y a peu de combinaisons radicales dont la signification *générale* ne soit connue. On peut invoquer la logique, lorsqu'il s'agit d'expliquer le sens primitif d'un mot allemand dont la racine ne trouve ses analogues ni en samskrit, ni en persan, ni en grec. C'est ainsi qu'on peut raisonnablement conclure que le sens primitif de la racine du mot *edel*, noble, doit être celui de *naître*, parce que les mots *γενναῖος* et *gnavus*, exprimant la même qualité, dérivent de racines qui ont cette signification : *γίγνομαι*, *γείνομαι*, *gnasci*, *nasci*. On peut tout aussi bien faire dériver le mot *bild*, forme, image, de la racine *beil*, frapper, couper, tailler, parce qu'il est certain que le mot *τύπος*, forme, type, image, dérive de *τύπτω*, frapper, couper. Citons encore le mot *haar*, chevelure. La racine germanique de ce mot doit signifier la même chose que *κείρω*, car la construction radicale de *κόῤῥη* et de *haar* est la même.

De nombreuses observations viennent à l'appui de cette assertion. Ainsi, pour n'en citer que quelques exemples, les mots *angenehm*, agréable, et *acceptabilis*, agréable, dérivent de *annehmen* et *accipere*, accepter; *hand*, main, et *χείρ*, main, de *hinden* et *χείω*, prendre; *bett*, *lectus*, *λέκτρον*, lit, de *biden*, *legere*, *λέγειν*, coucher; *rede*, *sermo*, discours, de *rithan*, *serere*, joindre, etc.

On sait que, non-seulement dans les langues indo-germaniques, mais, en général, dans toutes les langues, dont le nombre s'élève environ à deux mille, les consonnes forment la partie constitutive, essentielle, d'un mot, qu'elles contiennent les idées, mais que la voyelle du radical est sans valeur, et qu'elle n'a de signification que dans les dérivés, en modifiant le sens de la racine. Afin de prouver par un exemple ce que nous avançons, nous citons les racines hébraïques דר, symbole de propagation, et מל, symbole d'élévation. En y ajoutant la consonne formative et telles ou telles voyelles, elles prennent différentes acceptions : דִּבֵּר *dăbĕr*, parler; דָּבָר *dâbâr*, parole; דֶּבֶר *dĕbĕr*, contagion, peste; דֹּבֵר *dŏbĕr*, vaisseau. Quant au mot *mlk*, il exprime l'idée d'un roi clément, lorsqu'on le prononce *mălăk* ou *mĕlĕk;* d'un roi despotique en le prononçant *milik;* celle d'un grand roi en le lisant *mŏlŏk;* enfin celle d'un roi céleste en disant *mŭlak* (מלאך). Voyez les verbes allemands dits irréguliers, mais qui certainement ne le sont pas. Ils abondent en preuves de cette propriété, exclusivement réservée aux modulations de la voix.

La propriété des consonnes, de former la partie constitutive d'un mot, tient à ce qu'elles sont formées par des organes qui articulent nettement, tandis que les voyelles ne présentent que des signes généraux, des sons mal déterminés, résultant d'un souffle ou d'une aspiration. C'est ce qui faisait dire aux rabbins que les consonnes sont le *corps* et les voyelles l'*âme* de la langue[1]. Parcourez l'Allemagne, étudiez la prononciation des habitants de ses différentes provinces, et vous ne trouverez pas une seule voyelle invariable dans la manière de la prononcer. Vous n'en trouverez pas, quoique la grammaire définisse bien que l'*a* se prononce comme *a*, l'*e* comme *e*, l'*u* comme *u*, etc. La même remarque s'applique aux autres pays. Voyez le grec; la permutation des voyelles est constante dans ses dialectes différents. Citons-en quelques exemples entre mille : πτώσσω, πτήσσω; βασίληος, βασίλεος; εἰμί, ἠμί; Θῆβαι, Θεῖβαι; ἵστημι, ἵσταμι; θνήσκω, θναίσκω; καθίσει, καθεῖσῃ; παιδεία, παιδία; λαλιά, λαλεία; ναός, νῆος; χαῖρε, χῆρε; τίθημι, τίθειμι. Dans la langue hiéroglyphique, dit Champollion, les voyelles ont une valeur tellement vague, qu'elles se permutent presque indifféremment les unes pour les autres, un même caractère exprimant, dans diverses occasions, les voyelles ε, η, ι, et un autre les voyelles α, ε, ο, ω. La même observation s'applique au thébain, au memphitique et au bachmourique, trois dialectes différents de la langue égyptienne. Quant aux langues sémitiques, le rôle subordonné et changeant des voyelles y est tel, qu'on fut longtemps sans les marquer dans l'écriture, laissant au lecteur le soin de les substituer en lisant. Par exemple, on écrivait בת צלם *bth tslm* au lieu de בֵּית צוֹלָם *béth tsólom* « maison éternelle; » שקד *schqd* au lieu de שָׁקֵד *schâqéd*, « amandier. » Les autres langues asiatiques, et à leur tête le samskrit, ne se distinguent pas moins par le jeu continuel des voyelles[2].

[1] Grimm a dit, avec autant d'élégance que de précision : « Die Consonanz gestaltet, der Vocal bestimmt und beleuchtet das Wort. » (*Deut. Gram.* II, 1.)

[2] Voy. Boeckh, *Corp. inscr. græc.* Gesenius, *Lehrg.* Sturz, *De dial. maced. et Alex.* Becker, *Gramm.* Champollion, *Précis du syst. hiér.* et les *Gramm. samsk.* par Colebrooke, Wilkins, Bopp, Desgranges.

Il n'en est pas de même des consonnes; chacune des familles qu'elles composent se distingue nettement de l'autre. Ainsi la gutturale *k* n'alterne pas avec la labiale *b*; la dentale *t* est toujours distincte de la palatale *j*; bref, les consonnes *k*, *t*, *p*, *r*, *n*, formant la base d'articulation de tous les mots, elles représentent les cinq manières de formation radicale. Chacune d'elle se prête à mille combinaisons sans jamais, ou du moins rarement, céder la place à d'autres; et, dans ce cas, l'exception ne fait que confirmer la règle[1].

Les consonnes qui appartiennent à la même famille ne se distinguent les unes des autres que par une articulation plus ou moins forte. Aussi alternent-elles, à tout moment, de langue à langue[2], de dialecte à dialecte : *t* avec *d*: रद् *raḍ*, red-en; θρηνεῖν, dröhn-en; dehn-en, τείν-ειν; dünn, تنك ou تنك ou تنگ (pers.) *tünük*, tenuis; در *der*, thür, դուռն (armén.), tourn, θύρα; — *s* avec *t* ou avec *d* : रिष् *riṣ*, reut-en; mess-en, met-iri; badis-à (goth.), bess-er, بهتر (pers.), *biht-er*; son-are, tön-en; — *p* avec *b* : लिप् *lip*, k-leb-en; λείπ-ω, b-leib-en; — *v* ou *w* avec *p* : सिव् *siv*, zopf; vater, πατήρ; viel, πολ-ύς; neff-e, nëv-o (anc. all.), نواده (pers.), *new-adeh*; — *f* avec *b* : frater, bruder; — *p* avec *f*, ou *f* avec *p*: पद् *pad*, fuss, پا *pa*, ποῦς, fot-us (goth.); neff-e, nep-os; लेप् *laip*, lauf-en; — *g* avec *ch* : रग् *rag*, reich-en; jug-um, joch; — *k* avec *h* : स्तक् *stak*, stech-en; caput, haupt; कर्ण, karṇa,

[1] Voici quelques exemples : La labiale *p* alterne avec la dentale *t*, ou *t* avec *p* : πέντε, πέμπε; σπουδή, *studium*; στολή, σπολή; στάλεις, σπάλεις (éolien); στάδιον, σπάδιον (éolien); *l* alterne avec *g* : *mulier*, muger (espagnol); नील *nila*, niger; *p* avec *k* : ἵππος, ἴκκος; ὅπη, ὄκη (ionien); ὅπου, ὅκου (ionien); ὁπόσος, ὁκόσος (ionien); *t* avec *k* : πότε, πόκα (dorien); ὅτε, ὅκα (dorien), τῆνος (dorien), κῆνος (éolien); *s* avec l'aspirée : *super*, ὑπέρ; *septem*, ἑπτά; *serpere*, ἕρπειν.

[2] Comparez entre eux l'arabe, l'hébreu, le chaldéen et le syriaque. Le changement fréquent des lettres d'un même organe, qu'on remarque dans une foule de mots de ces langues intimement liées entre elles, s'explique aisément par l'immense étendue de pays qu'habitent les peuples qui les parlent.

קֶרֶן, *ker-en*, קַרְנָא (chald.), *karn-a*, horn, corn-u, haurn (goth.), ܩܪܢܐ (syr.), *karn-o*: — *g* avec *k*: तिग् *tig*, tick-en; genu, knie: — *r* avec *l*: ge-ring, लघु *laghu*, ἐ-λαχ-ύς; breit, πλατ-ύς; रुच् *rutch*, լոյս *luis*, luc-eo, λευκ-ός, روشنا *rûch-nâ*, luc-idus, licht; peregrinus, pilgrim; — *r* avec *s*: decor, decus; ταῤῥός, ταρσός; vomer, vomis; war, was (h.-all.); kies-en, kür-en; nas-us, nar-is; स्नुस् *s-nus*, nähr-en; aes, erz; — *n* avec *l*: kind, child (angl.); πνευμονώδης, πλευμονώδης (ion.); sonn-e, sol; himin (goth.), himmel; — *m* avec *l*: بام (pers.) *bâm*, φάλ-ος, भाम् *bhâm*, bal-tas (lithuan.), fahl; — *z* avec *d* ou avec *t*: zahn, ὀ-δόν-τος, dens, tun-pus (goth.), दन्त *dant-a*, ատամն (armén.) *a-tamn*, دندان (pers.) *dan-dân*; — *d* ou *t* avec *l*: δάκρυμα, lacryma; dingua, lingua; mel, meth; — *l* avec *v*: schlaf, خواب (pers.) *chvâb*; — *d* avec *w*: دیر (pers.) *dîr*, δηρ-ός, wier-ig; — *j* avec *z*: جوغ *jûgh*, զոյգ (armén.) *zuig*, joch, ζυγ-ός, jug-um, etc., etc.

Ces changements sont si bien basés sur la nature des lettres, que les enfants qui commencent à parler les font instinctivement.

Ces notions fondamentales une fois acquises, il est facile de s'apercevoir que souvent les mots des langues d'une même famille, analogues par l'objet ou l'idée qu'ils représentent, sont employés de peuple à peuple dans une acception un peu différente, et que souvent même ils offrent une grande différence dans la disposition des mêmes lettres radicales. Ces altérations seules suffisent pour faire regarder ces mots, par ceux qui ne connaissent pas le fonds des langues, comme autant de mots radicalement différents. Mais quiconque sait rapprocher les racines les unes des autres, et les dégager du vêtement d'emprunt qui les couvre, voit que cette diversité dans la disposition des lettres radicales tient à certains procédés étymologiques dont voici les plus essentiels à connaître :

1° L'*anastrophe* (ἀναστροφή), ou renversement de toute la racine :

muth (cœur, courage), θυμός; *laub* (feuille, feuillage), φύλλον; *tief* (profond), βύθιος; *nier-e* (rein), *ren*; *satt* (abondant, plein), *dens-us*; *leid-en* (être blessé), δηλ-εῖν (blesser), etc.

2° La *métathèse* (μετάθεσις), ou transposition d'une partie de la racine : *hart* (dur, fort), κρατ-ερός; *traub-e* (grappe), βότρ-υς; *gerste* (orge), κριθή; *gras* (herbe), herba; *w-olf* (loup), lup-us; *dreck* (fumier), sterc-us; *krumm* (recourbé), camur-us; *hürd-e* (claie), crat-es; σπείρ-ειν, *sprei-z-en* (étendre); *flaus-e*, fals-um (mensonge).

3° La *prosthèse* (πρόσθεσις), ou addition d'une lettre au commencement d'une racine. Cela arrive très-fréquemment en allemand : *sch-nee* (s-naw, en angl.-sax.), νίψ; *sch-nur* (corde), nerv-us, νεῦρ-ον; *schnur* (belle-fille), nur-us; *s-chreit-en*, gradi; *s-chiess-en*, χέ-ειν; *sch-melz-en*, μέλδ-ειν; *s-itz-en*, ἵζ-ειν; *wasser*, ὕδωρ; *w-iss-en*, ἴση-μι; *k-not-en*, nod-us; *s-ter-n*, तारा *târ-â* (étoile), etc.

4° Quelquefois, pour connaître l'étymologie d'un mot, il faut rétablir des lettres perdues par retranchement ou *syncope* (συγκοπή) : *vipera* pour *vivi-pera*; *stella* pour *sterula*; *raucus* pour *ravicus*; *stimulus* pour *sticmulus*; *from* pour *fürom*; *bringen* pour *baringen*; *maid* pour *magd*; *zwölf* pour *zwolif*; *welt* pour *vair-alt*, *etc*.

5° Souvent la prosthèse s'unit à la *paragoge* (παραγωγή), ou addition d'une lettre à la fin d'une racine primitive, pour former des racines qui ont un sens analogue : *k-leb-en*, coller, de ली *lî*, enduire; *g-ro-ss*, grand, de रा *râ*, mouvoir, étendre; *die-n-en*, servir, de दी *dî*, amoindrir, diminuer; *f-lei-ss*, diligence, de इल् *il*, dépêcher; *s-chur-z*, tablier, de गृ *gâr*, entourer, enfermer; *h-er-z*, cœur, de ऋ *ar*, mouvoir; *s-chul-d*, obligation, faute, de कुल् *kul*, lier, accumuler; *k-ra-nz*, couronne, cercle, de रि *ri*, mouvoir, couler, rouler, etc.

6° Mentionnons un dernier procédé; il consiste dans l'*épenthèse* (ἐπένθεσις), ou intercalation d'une consonne au milieu de la racine. Comparez : *dank* à दिश् *diç; sch-ling-en* à लिग् *lig; lenk-en* à लघ् *lagh; fang-en* à पश् *paç; sp-ring-en* à रघ् *ragh; bursch-e* à पुष् *puṣ; t-ramp-eln* à रैप् *raip; bind-en* à बध् *badh; flink* à प्लिह् *plih; stampf-en* à स्तभ् *stabh; pfad* à पद् *pad, etc.* De cette manière se forment surtout une foule de dérivés.

Lorsque l'affinité entre deux racines est établie par leur construction, mais que néanmoins leurs significations présentent une opposition dans les idées, il ne faut pas en conclure que l'affinité soit illusoire. Chacun sait que les notions mêmes du bien et du mal se touchent par quelque endroit. Ainsi on peut admettre qu'il existe une affinité réelle entre *bleich*, pâle; *black* (ang.), noir; Φλέγω, briller, *flagro*, brûler; भ्लाश् *bhlâç*, luire, resplendir, d'abord parce que tous ces mots ont pour base la racine *l-k*, puis parce que tous les effets de la lumière peuvent se manifester à l'œil avec une égale intensité. C'est ainsi encore que μαυρός, obscur, dérive de μαίρω, briller, et que ὄναρ, néant, et ὄνειαρ, bien, peuvent se prendre dans le même sens.

Qu'on ne croie pas cependant, quand il s'agit, comme ici, d'une science aussi positive que l'étymologie, que nous nous soyons laissé souvent déterminer par des raisons qui pourraient paraître à quelques lecteurs plutôt spécieuses que solides. Nous avons recherché les causes positives de l'analogie des mots, et nous les avons trouvées dans les moyens bornés de l'homme de la nature.

Lorsque la langue commença à se reconstituer, l'homme dut exprimer, par le petit nombre des sons radicaux que nous connaissons, toutes les sensations qu'il éprouvait, c'est-à-dire tous les effets de la nature qui tombaient sous ses sens. Ces sons une fois épuisés, et ils devaient l'être bientôt, il les transporta de leur signification propre à une signification qui lui parut en rapport intime avec la première ; il commença à comparer. De là les *tropes*, termes détournés de leur signification première, mais dont la prononciation éveille dans l'âme une impression semblable à celle que procure la présence des choses qu'ils veulent représenter, parce qu'ils en imitent la propriété la plus saillante[1]. Ainsi la gutturale *k*, qui n'exprima d'abord qu'un seul mouvement, fut employée à le rendre dans ses rapports les plus divers : या *yâ*, mouvoir ; हि *hi*, jeter ; शौ *çau*, frapper ; क्षि *ksi*, briser ; शश् *çaç*, sauter ; ईश् *îç*, approcher ; हा *hâ*, détacher ; खै *khâi*, marcher ; चि *c'i*, élever ; कुच् *kuc'*, entourer ; उच् *uc'*, étendre ; गा *gâ*, action d'engendrer, etc. ; ζέω, gratter ; χέω, couler ; κίω, aller ; ἔχω, prendre ; ἄγω, mouvoir ; χεύω, répandre ; γάω, engendrer ; κείω, fendre, etc., etc.

L'enchaînement merveilleux qui existe dans la nature ayant une fois frappé l'intelligence de l'homme sauvage, le son radical, qui ne lui servait d'abord que pour rendre toute sorte de mouvements palpables, fut employé à la reproduction d'une autre espèce de mouvements : la lumière, par exemple, et toutes ses phases jusqu'à l'obscurité. Ce procédé d'expression aurait nécessairement été d'une monotonie qui aurait rendu la langue inintelligible, si le son de la voix et le geste n'avaient pas remédié à cet inconvénient. Le geste, surtout, était primitivement un moyen d'expression encore plus puissant que la voix. Nous en avons la preuve encore aujourd'hui chez les sauvages.

Que toutes les langues primitives aient suivi la marche que

[1] La langue copte fournit beaucoup d'exemples de tropes qui ont gardé tout leur air primitif. Ils prouvent que c'est bien ainsi que nous venons de le dire que procédèrent les hommes de la nature : par exemple ϣⲟⲩϣⲟⲩ (*chouchou*) flatter, caresser ; ⲥⲟⲩⲥⲟⲩ (*souou*) un clin d'œil ; ⲗⲁⲗⲓ, ⲗⲟⲩⲗⲁⲓ (*lali, loulai*) se réjouir, être en joie, etc.

nous venons d'indiquer, c'est ce qui ressort suffisamment de quelques exemples :

Chinois : *khe*, frapper; *ho*, feu ; *hē*[1], noir.

Samskrit : *çau*, frapper; *ki*, paraître clair; *sku*, ombrager.

Germanique : *hugga*, frapper; *sky*, ciel brillant; *ska*, ombre.

Grec : *κείω*, frapper; *γαίω*, briller; *σκιά*, ombrage.

Ce qu'il faut éviter dans les recherches étymologiques (et on s'y laisse aller trop facilement), c'est de s'étudier à établir artificiellement une analogie qui ne serait point justifiée par la signification de toutes les racines correspondantes au même radical et appartenant aux différents idiomes dont la famille des langues indo-germaniques se compose. Ainsi un mot allemand, qui, superficiellement, serait en parfaite concordance avec tel ou tel mot grec et latin, n'aurait qu'une analogie illusoire avec eux, si le mot correspondant au mot allemand, dans l'idiome gothique, anglo-saxon et scandinave, n'admettait pas ce rapport radical.

Nous n'avons reçu, dans le cadre des analogies, à peu d'exceptions près, que les mots fondamentaux de la langue allemande dont l'origine est véritablement germanique. Ainsi nous avons dû écarter beaucoup de mots de forme et d'accentuation allemandes, qui ne sont entrés dans cet idiome que par suite des nombreux rapports de l'Allemagne avec la Grèce et l'Italie. Par exemple, le mot *klar*, clair, quoique fécond en nombreux dérivés conformes au génie de l'allemand, a été mis de côté, parce qu'il dérive du latin *clarus*; de même *segen*, bénédiction, dérivé de *signum*; *preis*, prix, de *pretium*; *fenster*, de *fenestra*; *thurm*, tour, de *τύῤῥις*; *pein*, peine, de *ποινή*; *pflanze*, plante, de *planta*; *opfer*, sacrifice, de *offero*; *öl*, huile, de *ἔλαιον*; *lein*, lin, de *λίνον*; *jubel*, allégresse, de *jubilus*; *zirkel*, compas, de *κίρκος*; *predigen*, prê-

[1] 黑 Ce spécimen des racines chinoises pourrait engager les dessinateurs à en faire l'étude

cher, de *prædicare; doppelt*, double, de *duplus; pinsel*, pinceau, de *penicillum; pilger*, pèlerin, de *peregrinus; pfund*, poids, de *pondus; pforte*, porte, de *porta; pflaster*, emplâtre, pavé, de ἔμπλαστρον; *pfarre*, paroisse, de παροικία; *most*, vin doux, de *mustum; lanze*, lance, de *lancea; lampe*, lampe, de λαμπάς; *gemein*, commun, de *communis; flinte*, arme à pierre, de πλίνθος; *erker*, partie avancée d'une maison, de *arcus; flamme*, flamme, de *flamma; form*, de *forma; gespenst*, revenant, de *spectrum; kloster*, couvent, de *claustrum; kurz*, bref, raccourci, de *curtus; leyer*, lyre, de λύρα; *nerv*, nerf, de *nervus; regieren*, régir, gouverner, de *regere; schule*, école, de σχολή; *sohle*, semelle, de *solea; socke*, chausson, de *soccus; tisch*, table, de δίσκος; *weiher*, vivier, de *vivarium; flaum*, duvet, de *pluma; plage*, fléau, de *plaga; plan*, plaine, de *planum; planke*, planche, de *planca; proben*, vérifier, de *probare; sold*, solde, de *solvo; spiegel*, miroir, de *speculum; weiler*, hameau, de *villaris; zettel*, billet, de *schedula; sünde*, péché, de *sons; nebel*, brouillard, de νεφέλη; *dom*, dôme, coupole, de δόμος, *domus; pfeffer*, poivre, de πίπερι, piper; *marmor*, de μάρμαρος; *weste*, gilet, de *vestire, etc.*

Nous croyons avoir suffisamment expliqué, selon nos moyens, comment nous entendons la science étymologique et sa compagne inséparable, l'analogie des langues, quelles voies et quelles autorités nous avons suivies pour composer cet ouvrage. Il ne nous reste plus maintenant qu'un désir à exprimer, c'est que d'autres fassent mieux, et qu'en attendant ce livre remplisse le but que nous nous sommes proposé. Pour y parvenir et captiver entièrement l'intérêt, il faut que l'attention, déjà guidée à chaque mot par la suite des termes explicatifs, suive en détail le développement logique de l'idée fondamentale, et que l'esprit s'applique à en déterminer toute l'étendue..... Ce travail de raisonnement, nous n'avons pu l'épargner au lecteur, car nous serions sortis du cercle étroit auquel nous étions limités; et d'ailleurs nous aimons à croire qu'en attachant ainsi son esprit par une étude facile, nous ne faisons qu'ajouter un nouvel intérêt à l'ouvrage. Nous le donnons donc tel qu'il est, aimant à espérer que les études sérieuses auxquelles il nous a obligé nous concilieront l'indulgence des hommes compétents.

C. SCHOEBEL.

Reims, mai 1845.

EXPLICATION SOMMAIRE

DE L'ALPHABET SAMSKRIT.

La langue samskrite, capable d'exprimer presque tous les sons des différents organes de la voix humaine, a dix voyelles, quatre diphthongues et trente-quatre consonnes. Les voici, classées dans leur ordre naturel :

VOYELLES.

	Figure.	Prononciation.	Valeur.	Transcription.
VOYELLES SIMPLES.	अ[1]	a.	*a*, *e*, *ô*.	a.
	आ	â.	*a* long.	â.
	इ	i.	*i* bref.	i.
	ई	î.	*î* long.	î.
	उ	ou.	*ou* bref.	u.
	ऊ	oû.	*oû* long.	û.
	ऋ	ri[2].	*r* liquide.	ṛ.
VOYELLES SIMPLES. (Suite.)	ॠ	rî.	*r* long.	ṝ.
	ऌ	lri[3].	*l* liquide.	ḷ.
	ॡ	lrî[3].	*l* long.	ḹ.
DIPHTHONGUES.	ए	ai.	*é* long.	ai.
	ऐ	âi.	*é-i*.	âi.
	ओ	au.	o long.	au.
	औ	âu.	o-u.	âu.

CONSONNES.

	Figure.	Prononciation.	Valeur.	Transcription.
GUTTURALES.	क	ka.	*ka*.	k.
	ख	kha.	*k* aspiré.	kh.
	ग	ga.	*ga*.	g.
	घ	gha.	*g* aspiré.	gh.
	ङ	gna.	*gñ*.	ṅ.
PALATALES.	च	tcha.	*tch*.	ĉ.
	छ	tchha.	*tch* aspiré.	ĉh.
	ज	dja.	*dj*.	j.
	झ	djha.	*dj* aspiré.	jh.
	ञ	jna.	*jñ*.	ñ.

[1] Quelques grammairiens disent que la voyelle अ doit être prononcée comme *a* au commencement des mots, comme *o* au milieu, et comme *e* à la fin; mais que, devant deux consonnes, on doit lui donner le son de l'a long (आ).

[2] La voyelle i doit à peine s'entendre dans la prononciation, qui est du reste assez vague.

[3] La forme et la prononciation de ces deux voyelles indiquent qu'elles sont composées, la première de la consonne ल avec la voyelle ऋ; la seconde, de ल avec ॠ.

SUITE DES CONSONNES.

	Figure.	Prononciation.	Valeur.	Transcription.		Figure.	Prononciation.	Valeur.	Transcription.
Cérébrales ou linguales.	ट	tta.	*t* dur.	ṭ.	Labiales. (Suite.)	ब	ba.	*b*.	b.
	ठ	ttha.	*t* dur asp.	ṭh.		भ	bha.	*b* aspiré.	bh.
	ड	dda.	*d* dur.	ḍ.		म	ma.	*m*.	m.
	ढ	ddha.	*d* dur asp.	ḍh.	Liquides.	य	ya.	*y*.	y.
	ण	nna.	*n* dur.	ṇ.		र	ra.	*r*.	r.
Dentales.	त	ta.	*t*.	t.		ल	la.	*l*.	l.
	थ	tha.	*t* aspiré.	th.		व	wa.	*w*, *v*.	v.
	द	da.	*d*.	d.	Sifflantes.	श	cha.	*ch*.	ç.
	ध	dha.	*d* aspiré.	dh.		ष	sha.	*s* dur.	ṣ.
	न	na.	*n*.	n.		स	sa.	*s*.	s.
Labiales.	प	pa.	*p*.	p.		ह	ha.	*ha*.	h.
	फ	pha.	*p* aspiré.	ph.		क्ष	ksha[1].	*ks* dur.	kṣ.

La consonne ज्ञ, composée de ज् et de ञ, est d'un usage assez fréquent : on la prononce *djna* ; ex. यज्ञ *yadjna*, sacrifice.

On prononce les cérébrales en posant le bout de la langue fortement recourbée au palais ; par un mouvement rapide, on produit alors un son particulier, et qui semble sortir de la tête.

Les diphthongues ओ et औ (*au*, *âu*) s'écrivent aussi अो et अौ.

Il y a six lettres qui prennent quelquefois une forme différente de celle qu'elles ont dans l'alphabet. Ces six lettres sont :

अ ए ऐ झ ण श

Voici leurs variantes : अ ए ऐ झ ण श

a ai âi dj*h* n ç

Quand les voyelles samscrites sont médiales ou finales, on les écrit par des lettres minuscules ou plutôt abrégées. L'*a* seul n'est rendu par aucun signe, parce que cette voyelle est naturellement inhérente à toutes les consonnes, à moins qu'elles ne soient suivies du signe ्, appelé विराम *virâma*, repos, ou, en terme de grammaire orientale, *quiescence*. Ainsi, par exemple, on prononcera le mot नामन्, nom,

[1] Consonne composée de क् et de ष.

nâman; s'il n'y avait pas le signe ् sous la consonne न, on lirait *nâmana.* Une consonne peut cependant n'être pas suivie du signe ्, et se prononcer sans *a*; mais, dans ce cas, il faut qu'elle soit accompagnée d'un signe qui représente quelque autre voyelle. Le mot सखि, ami, se prononce donc *sakhi* et non *sakhia*, parce que la consonne *kh* est accompagnée de la voyelle *i*.

Le signe qui représente la voyelle इ *i* (bref) s'écrit ainsi ि, et se met toujours *avant* la consonne après laquelle il doit être prononcé; par exemple, क्षि *kṣi*, perdre. Les quatre signes que voici : ा, ी, ो, ौ, *â, î, au, âu*, se placent *après* les consonnes qu'ils accompagnent. Ils représentent les voyelles आ *â*, ई *î*, ओ *au*, औ *âu*; exemple : वा *vâ*, souffler; पी *pî*, boire; भो *bhau*, allons! courage! जरसौ *j'arasâu* (le duel de जरा *j'arâ*), vieillesse.

Il y a six signes qui se placent *au-dessous* des consonnes qu'ils accompagnent. Voici ces signes et les voyelles auxquelles ils correspondent :

ु	remplace	उ *ou*, u. Ex. :	लुड् *lud*, cacher, couvrir.
ू	. . . .	ऊ *oû*, û.	धू *dhû*, jeter.
ृ	. . . .	ऋ *ri*, ar.	पृ *par*, avancer.
ॄ	. . . .	ॠ *rî*, âr.	गॄ *gâr*, crier.
ॢ	. . . .	ऌ *lri*, al.	क्लृद् *kalid*, mouiller.
ॣ	. . . .	ॡ *lrî*, âl.	. . . .

Il y a deux signes qui se mettent *sur* les consonnes qu'ils accompagnent. Ce sont े et ै; ils représentent les diphthongues ए *ai* et ऐ *âi*; ex. : मेथ् *maith*, réunir; दै *dâi*, mouiller.

Il y a deux signes qui s'ajoutent à la voyelle *a* pour lui donner une assonance. Ces deux signes sont ं et ः; le premier s'appelle अनुस्वार *anusvâra*, son après; le second विसर्ग *visarga*, séparation. L'anusvârah sert principalement à indiquer un son nasal très-prononcé, tel que l'*n* français à la fin des syllabes. Elle se met *au-dessus* de la lettre après laquelle elle doit être prononcée : बंध् *bandh*, lier. On l'emploie aussi par abréviation à la place d'une des cinq lettres nasales ङ् *gn*, ञ् *ñ*, ण् *n* dur, न् *n*, म् *m*, lorsqu'elles terminent une syllabe. Dans ce cas, elle doit toujours rendre, dans la prononciation, le son exact de la lettre qu'elle remplace, et qu'on reconnaît en examinant le mot qui suit. Ainsi on écrirait तं गतम *tañ* (*taṅ*) *gaj'am*, cet éléphant, pour तद् गजम् ; तं डामरम् *taṇ* (*taṅ*) *dâmaram*, ce bruit, pour तण् डामरम् , etc.

Le signe appelé *visarga* (:) se pose en rang de la ligne, et s'emploie pour indiquer une aspiration plus douce que celle du ह *ha*, et semblable à celle de l'*ah*; on lui donne cependant très-souvent le son de l'*s*. Il remplace euphoniquement les lettres स *s* et र् *r*, et se met seulement à la fin des syllabes et des mots; ex. : भा:पति *bhâḥpati*, soleil, pour भास्पति *bhâspati*; यश: *yaçah*, gloire, pour यशस् *yaças*.

Il y a des consonnes qui subissent un changement dans leur forme lorsqu'elles sont suivies d'un signe voyelle. La dentale द् *d* est semblable à la cérébrale ट *t*, lorsqu'elle se groupe avec les voyelles ु, ू, ृ, ex. : दु *du*, दू *dû*, दृ *dri* (*dar*). ह, composé avec ु, s'écrit हु *hu*; avec ू, हू *hû*; avec ृ, हृ *hri* (*har*). र, avec ु, s'écrit रु *ru*, et avec ू, रू *rû*. La lettre श *ç* prend *communément* la forme श, lorsqu'elle est suivie du signe d'une voyelle ou du signe ्, ou enfin lorsqu'elle se compose avec le signe qui remplace l'*r* (्र) : विश् *viç*, entrer; शुचि *çuc'i* (*choutchi*), pur; श्रान्त *çrânta*, fatigué.

La consonne र् *r* est souvent remplacée par les deux signes que voici : र्, ्र[1]. Le premier se place au-dessus de la consonne *avant* laquelle il doit être lu : अर्व् *arv*, ouvrir en brisant; le second se met au bas de la consonne *après* laquelle il doit être prononcé : प्रुष् *pruṣ*, brûler. S'il arrive qu'il faille mettre au-dessus de la consonne précédée d'un र् le signe d'une voyelle ou l'*anusvârah* (ं), ou tous deux, le signe र् prend la dernière place : सर्वेन्द्रियाणि *sarvaindriyâṇi*, tous les sens; सर्वं *sarvam*, tout. On place encore le signe र् après ी *i*, quoiqu'on le prononce avant : कर्त्री *kartri*, auteur; अतर्पीत् *atarpît*, il a aimé. Quant aux diphthongues ो et ौ, elles se séparent pour prendre le signe de l'*r* au milieu : सर्वौ *sarvau*, chacun, सर्पौ *sarpâu*, deux serpents.

Lorsque plusieurs consonnes se groupent de manière à être prononcées l'une immédiatement après l'autre, elles rejettent l'*a*, dont elles sont toujours accompagnées, et cela sans être suivies du signe ्. Mais, dans ce cas, leur forme varie en ce sens qu'elles s'écrivent sans la ligne perpendiculaire, excepté la dernière, qui conserve sa forme intégrale. Exemples : उत्स्था *utsthâ*, croître, s'élever; भ्रज्ज् *bhraj'j'* (pro-

[1] Cette consonne se combine encore, au moyen d'autres signes, avec celles qui la précèdent : par exemple, त्रुट् *truṭ*, marcher; द्रुण् *druṇ*, pousser, etc.

noncez *bhradjdj*), cuire ; परिष्कार *parishkâra*, ornement. त् est pour त *t*, स् pour स *s*, ज् pour ज *j*, ष् pour ष *s*. Deux consonnes qui se succèdent sans intercaler la voyelle *a* peuvent s'engager l'une dans l'autre en changeant un peu leurs formes respectives. Exemples : विश्व *viçva*, tout; शस्त्रम् *çastram*, flèche ; काष्ठ *kâstha*, bois ; द्यु *dyu* (prononcez *dyou*), jour ; अद्मर *admara*, vorace ; याच्ञा *yâc'ñâ* (prononcez *yâtchjnâ*), prière ; सप्तन् *saptan*, sept ; उच्च *uc'c'a* (prononcez *outchtcha*), haut, etc., etc.

Comme il y a des consonnes qui se forment sans la ligne perpendiculaire affectée à la plupart d'elles, on y joint les consonnes qui leur succèdent en les souscrivant en petits caractères. Exemples : शृङ्ग *çarñga*, corne ; प्राह्ण *prâhṇa*, avant midi ; ह्वे *hvai*, appeler ; द्विपञ्चाशत् (prononcez *dvipajntchâchat*, écrivez *dvipan'c'âçat*), cinquante-deux, etc.

Nous nous arrêtons ici. Les explications qui précèdent sont suffisantes pour lire les mots samskrits contenus dans cet ouvrage. Toutefois, comme il y a beaucoup de personnes qui aimeraient à étudier la belle langue de l'Inde savante, mais qui reculent devant la tâche que leur offrent les grammaires volumineuses des indianistes, nous avons pensé leur être agréable en publiant prochainement les *Éléments de la grammaire samskrite*. Ce livre n'excédera pas le volume d'une grammaire ordinaire, car il ne contiendra que les règles vraiment nécessaires à l'intelligence grammaticale des ouvrages écrits en caractères dèvanâgarîs.

SIGNES ET ABRÉVIATIONS.

Le - dans les mots allemands, marque communément séparation des préfixes et des affixes de la racine actuelle.

Il y a, sous chaque substantif, l'indication du génitif singulier et du nominatif pluriel; le signe - remplace le radical.

On trouvera, sous tous les verbes irréguliers, l'indication du changement de la voyelle du radical.

p. participe passé.
pr. présent, deuxième et troisième personne.
imp. imparfait.
subj. (imparfait) subjonctif.
imp^t. impératif.
m. après un substantif, masculin.
f. féminin.
n. neutre.
g. génitif.
p. pluriel.
adj. adjectif.
adv. adverbe.
conj. conjonction.
pron. pronom.
prép. préposition.
int. interjection.
v. voy. devant un mot allemand, quatrième colonne, voyez.
c. comp. *idem*, comparez.

ANALOGIES CONSTITUTIVES

DE

LA LANGUE ALLEMANDE

AVEC LE GREC ET LE LATIN,

EXPLIQUÉES PAR LE SAMSKRIT.

A

MOTS ALLEMANDS.	ANALOGIES SAMSKRITES.	TRANSCRIPTION DU SAMSKRIT EN lettres romaines.	RACINES GERMANIQUES.	ANALOGIES GRECQUES ET LATINES.	SIGNIFICATIONS avec ordre généalogique, depuis le sens primitif de la racine samskrite ou germanique jusqu'au plus éloigné, en plaçant dans la chaîne des intermédiaires les analogies grecques et latines.
Aa, Ach; *f.*	अग्	ag;	....	*aqua.*	Mouvoir; couler; eau.
Aal; *m. g. -es, p. -e.*	अग्	ag;	aal (ein);	*ἔγχελυς; anguilla.*	Mouvoir, eau; petit animal aquatique; anguille.
Aar; *m. g. -es.*	अर्ह्	arh;	ur;	*ὄρνις; aru-spex.*	Être fort, indomptable, rapide, violent, farouche; oiseau dont le vol sert d'augure, aigle.
Aas; *n. g. -es, p. Äser.*	......	......	voyez eß-en.	....	Pâture, appât, charogne.
Ab; *adv. et prép.*	अप्	ab;	....	*ἀπό, ἄψ; ab, abs.*	Mouvoir, marcher; procéder de, provenir; séparer, marque l'éloignement, l'accomplissement.

MOTS ALLEMANDS.	ANALOGUES SANSCRITS.	TRANSCRIPTION DU SANSCRIT en lettres romaines.	RACINES GERMANIQUES.	ANALOGIES GRECQUES ET LATINES.	SIGNIFICATIONS dans LEUR ORDRE GÉNÉALOGIQUE, depuis le sens primitif de la racine sanskrite ou germanique jusqu'au plus éloigné, en plaçant dans la chaîne des intermédiaires les analogies grecques et latines.
Ab-end ; *m. g. -ds, p. -e.*	अभ्	ab ;	ab ;	ὀψὲ ; *umbra.*	Marcher ; s'éloigner, décroître, disparaître ; jour déclinant, soir.
Ab-er ; *prép.*	……	……	voyez ab.	ἀψ ; ….	Marque l'éloignement, dégénération.
Ab-ge-feim-t ; *adj.*	……	……	voyez feim.	……………	Qui est écumé ; fin, rusé, matois.
Ach ; *int.*	……	……	…………	αἲ ; *ah !*	Ah ! hélas !
Achs-e ; *f. g. -, p. -n.*	अक्ष्	aks ;	…………	ἄξων ; *axis.*	S'avancer, étendre, joindre ; essieu, axe.
Achs-el ; *f. g. -, p. -n.*	अक्ष्	aks ;	…………	μασχάλη ; *axilla.*	S'avancer, étendre ; qui peut s'étendre ; bras, épaule.
Acht ; *nomb.*	अष्टन्	aṣṭan ;	…………	ὀκτώ ; *octo.*	Huit.
Acht-en ; *v. a.*	अच्	ac ;	…………	ἀγῆν, ἄζειν ; ….	Voir, regarder, faire attention ; honorer, estimer, juger.
Äch-z-en ; *v. n.*	अह्	ah ;	ach ;	ἀχεῖν ; ….	Élever la voix ; faire entendre des ah ! hélas ! gémir, pousser des gémissements.
Ack-er ; *m. g. -s, p. ä-.*	अर्व्	arv ;	ar-en ;	ἀροῦν, ἄρουρα, ἀγρός ; *aro, ager.*	Mouvoir, remuer, remuer la terre, labourer, champ labourable, acre.
Aff-e ; *m. g. -n, p. -n.*	अभ्	ab ;	ab ;	κ-ῆβ-ος ; *c-eph-us.*	Se mouvoir, sauter ; singe.
Aft-er ; *adv. pr.*	अभ्	ab ;	ab ;	αὐτάρ ; ….	Mouvoir, éloigner ; en arrière, contraire, faux.
Ahl-e ; *f. g. -, p. -n.*	अश्	aç ;	ag ;	ἀκίς ; *aculeus.*	Piquer, percer ; qui est aigu, pointu ; alène.

MOTS ALLEMANDS.	ANALOGIES SANSKRITES.	TRANSCRIPTION DU SANSKRIT en lettres romaines.	RACINES GERMANIQUES.	ANALOGIES GRECQUES ET LATINES.	SIGNIFICATIONS dans LEUR ORDRE GÉNÉALOGIQUE, depuis le sens primitif de la racine sanskrite ou germanique jusqu'au plus éloigné, en plaçant dans la chaîne des intermédiaires les analogies grecques et latines.
Ahn; *m. g. -en, p. -en.*	जन्	jan;	....	*γονεύς; anus.*	Produire, engendrer; souche; aïeul.
Ahnd-en; *v. a.*	....	......	comp. ahn-en.	....	Ressentir, venger, punir.
Ahn-en; *v. a.*	अन्	an;	....	*ἄειν, ἄνεμος; animus.*	Mouvoir, agiter, vivre; penser, pressentir.
Ähr-e; *f. g. -, p. -n.*	अश्	aç;	ag, al;	*στάχυς, ἄχυρον; acus.*	Piquer; qui est pointu; paille, épi.
All; *adj. et adv.*	अल्	al;	....	*ὅλος; allus, solus.*	Mouvoir, réunir, remplir; ensemble, entier, tout, chaque.
Alp; *m. g. -es.*	अल्	al;	....	.... *olor.*	Mouvoir, couler; eau, oiseau aquatique, ondin, gnome, cauchemar.
Als; *conj.*	....	....	all-so;	*ὡς;*	Tout à fait, ainsi, comme, que, lorsque, quand.
Alt; *adj.*	अल्	al;	all;	.... *alere, altus.*	Mouvoir, emplir, nourrir, croître; qui a crû, âgé, vieux.
Amm-e; *f. g. -, p. -e.*	अम्	am;	....	.... *amita, amare.*	Aimer; mère, nourrice.
Amt; *n. g. -es, p. ämt.*	आप्	âp;	....	.... *ἅψις; aptus.*	Réunir, lier; réunion; devoir, charge, fonction, bailliage.
An; *pr. et adv.*	अन्	an;	....	*ἀνά; in.*	Mouvoir; rapprocher, appliquer; vers, à, sur, en.
And-er; *adj.*	अन्	an;	ent, ant;	*ἕτερος; alter.*	Mouvoir, s'éloigner, séparer; qui est en face, autre, second.
Ang-el; *f. g. -, p. -e.*	अश्	aç;	ag, al;	*ἀγκών, ἀγκύλος; ancus, uncus, angulus.*	Avancer; qui est saillant, pointu, courbé, crochu; hameçon.

MOTS ALLEMANDS.	ANALOGIES SANSKRITES.	TRANSCRIPTION DU SANSKRIT en lettres romaines.	RACINES GERMANIQUES.	ANALOGIES GRECQUES ET LATINES.	SIGNIFICATIONS dans leur ordre généalogique, depuis le sens primitif de la racine sanskrite ou germanique jusqu'au plus éloigné, en plaçant dans la chaîne des intermédiaires les analogies grecques et latines.
Ang-er ; *m. g. -s, p. -.*	अच्	aç ;	ag, ak ;	*ἄγκος* ;	Avancer ; qui s'avance, terrain long et étroit, vallée, lisière (champ), pacage.
Angst ; *f. g. -, p. -äste.*	अग्	ag ;	ag ;	*ἄγχειν, ἐγγύς ; angustia, angor, anxietas.*	Avancer en pointe, rétrécir, serrer ; serrement de cœur, anxiété, angoisse, transe.
Ank-er ; *m. g. -s, p. -.*	अच्	aç ;	ag, ak ;	*ἄγειν, ἄγκυρα ; ancore, anchora.*	Avancer, piquer, pénétrer ; ancre.
Ant ; *préf.*	अन् अत्	an ; at ;	. . . .	*ἀντί ; ante.*	Mouvoir ; s'éloigner ; séparer ; contre, en face, en regard.
Arb-eit ; *f. g. -, p. -en.*	अर्ज्	arj ;	ar-an ;	*ἀροῦν, ἔργον ; arare.*	Être actif, labourer ; labour, travail.
Arg ; *adj. et adv.*	ईर्	ir ;	. . . .	*ἔρρειν, ἀργός ; errare.*	S'égarer, errer, vaguer ; rester oisif ; être misérable, méchant, malin, rusé.
Arm ; *adj.*	अर्भ्	arb ;	. . . .	*ὀρφανός ; orbus.*	Frapper, détruire, dépouiller ; qui manque de, qui est privé de, misérable, malheureux, pauvre.
Arm ; *m. g. -es, p. -e.*	. . . . . .	. . . . . .	. . . .	*ἄρειν, ἁρμός ; armus.*	Joindre, assembler ; assemblage, jointure du bras à l'épaule ; bras.
Arch-e ; *n. f. g. -, p. -n.*	अर्च्	arć ;	. . . .	*ἕρκος ; arca.*	Couvrir, enfermer ; arche, vaisseau.
Art ; *f. g. -, p. -en.*	अर्ध्	ardh ;	. . . .	*ὄρειν ; ortus, ars, ordo.*	Croître ; production ; espèce, genre, manière d'être, condition, mode.
Asch-e ; *f. g. -.*	अष्	aş ;	aib-on ;	*αἴθειν, ἄζα ;*	Brûler ; reste d'une substance brûlée, cendre, poussière.

MOTS ALLEMANDS.	ANALOGIES SANSKRITES.	TRANSCRIPTION DU SANSKRIT EN LETTRES ROMAINES.	RACINES GERMANIQUES.	ANALOGIES GRECQUES ET LATINES.	SIGNIFICATIONS dans LEUR ORDRE GÉNÉALOGIQUE, depuis le sens primitif de la racine sanskrite ou germanique jusqu'au plus éloigné, en plaçant dans la chaîne des intermédiaires les analogies grecques et latines.
Ast; *m. g. -es, p. -ä-e.*	अश्	aś;	ait-on;	*ἄζειν, ὄζος; assare.*	Brûler, consumer; brandon, tison; branche, nœud (dans le bois).
Ath-em; *m. g. -s.*	अत्	at;	. . . .	*ἀΐζειν, ἀτμός; . . . .*	Mouvoir, souffler, exhaler; vapeur, haleine.
Äß-en; *v. a.*	अद्	ad;	eß-en;	*ἐσθίειν; edere.*	Manger, nourrir; faire manger, ronger par des corrosifs, cautériser.
Auch; *adv. et conj.*	उच्	uć;	auk-an;	*αὔξειν, αὖ; augere, ac.*	Croître, multiplier, augmenter; plus, aussi.
Au; *f. g. -, p. -en.*	अब्	ab;	. . . .	*ὄμβρος; amnis.*	Mouvoir; eau courante, rivière, plaine parcourue par une rivière, prairie, contrée fertile.
Auf; *pr. c. adv.*	उभ्	ubh; *pronon.* oubh.	. . . .	*ὑπό; ob.*	Amasser, monter; direction en haut; sur, dessus; ouvert.
Aug-e; *n. g. -s, p. -n.*	अक्ष्	akṣ;	. . . .	*αὐγάζειν, ὄπτειν, αὐγή, ὄκκος; oculus.*	Éclairer; briller, paraître, voir; vue, œil.
Aus; *pré. et adv.*	उच्	uć, *pronon.* outch;	. . . .	*ἐξ, ἐκ; e, ex.*	Croître, sortir; hors de, de; fini, passé.
Axt; *f. g. -, p. -äxte.*	अश्	aç, *pronon.* ach;	al;	*ἀξίνη; ascia.*	Avancer, pénétrer, couper; qui est affilé, tranchant; cognée.

B

MOTS ALLEMANDS.	ANALOGIES SANSKRITES.	TRANSCRIPTION DU SANSKRIT en lettres romaines.	RACINES GERMANIQUES.	ANALOGIES GRECQUES ET LATINES.	SIGNIFICATIONS dans leur ordre généalogique, depuis le sens primitif de la racine sanskrite ou germanique jusqu'au plus éloigné, en plaçant dans la chaîne des intermédiaires les analogies grecques et latines.
Babb-el-n; *v. n.*	......	......	....	*βαβάζειν* ;	Imiter le son d'une parole rapide et confuse, babiller, bavarder.
Bach; *m. g. -es, p. -ä-e.*	पय्	pay;	....	*πηγή, παγά* ;	Mouvoir, couler; source, eau courante, rivière.
Bach-er; *m. g. -s, p. -.*	पिच्	pićć, *pronon.* pitchtch;	bick-en;	*παίειν* ; *pungere.*	Frapper, donner des coups; qui donne des coups; sanglier.
Back-e; *f. g. -, p. -n.*	बह्	bah;	....	*παχύς* ; *pinguis.*	Croître, devenir gras; forme ronde ou convexe, joue.
Back-en; *v. a.*	पच्	pać;	bäh-en;	*πέσσειν, πέπτειν* ; ..	Faire mûrir; amollir, cuire, frire, rôtir.
Bad; *n. g. -es, p. -ä-er.*	पा	pâ;	bäh-en;	*πόμ-α* ; *pot-are.*	Mouiller, tremper, boire; qui est bu; bain.
Bäff-en; *v. n.*	बब्	ab;	....	*βαΰζειν* ; *baubare.*	Retentir; aboyer.
Bäh-en; *v. a.*	पच्	pać;	aa, ach;	.... *baiæ.*	Eau, eau chauffée; chauffer, étuver, fomenter.
Bahn; *f. g. -, p. -en.*	......	......	ban-en;	*βάειν, βαίνειν* ; *vadere.*	Battre; passer et repasser souvent; frayer un chemin; chemin battu, chemin large et aplani, route.
Bahr-e; *f. g. -, p. -n.*	भृ	bhar;	bär-en;	*φέρειν* ; *ferre.*	Porter; instrument qui sert à porter, civière, brancard.

MOTS ALLEMANDS.	ANALOGIES SANSKRITES.	TRANSCRIPTION DU SANSKRIT en lettres romaines.	RACINES GERMANIQUES.	ANALOGIES GRECQUES ET LATINES.	SIGNIFICATIONS dans LEUR ORDRE GÉNÉALOGIQUE, depuis le sens primitif de la racine sanskrite ou germanique jusqu'au plus éloigné, en plaçant dans la chaîne des intermédiaires les analogies grecques et latines.
Balg; *m. g. -es, p. -ä-e.*	वल्ल्	vall;	balg-en;	πάλληξ, παλλακή; *follis, pellex.*	Couvrir; peau; qui est gonflé; soufflet, gros ventre; mauvaise créature, femme prostituée.
Ball; *m. g. -es, p. -ä-e.*	वैल्ल्	vaill;	bill-an;	πάλλειν, πάλλα, βάλλειν, βαλλίζειν, βαλλισμός; *volvere, volutus, pila.*	Mouvoir avec vitesse, tourner, brandir, agiter, jeter, lancer; balle, danse, bal.
Ball-en; *m. g. -s, p. -.*	......	......	voyez ball;	....	Balle; ballot.
Band; *m. n. g. -es, p. -e. ou -ä-e, ou -ä-er.*	......	......	v. bind-en;	....	Lier; ruban; lien; volume.
Bang-e; *adj. adv.*	अग्	ag;	ang-an;	ἄγχειν; *angere.*	Rétrécir, serrer, étreindre; cœur serré, inquiet, craintif.
Bank; *f. g. -, p. -ä-e.*	......	......	binf-an;	πηγνύειν, πηκτόν;	Fixer, attacher; pièces ajustées et unies; banc, établi.
Bann; *m. g. -e.*	फन्	phan;	binn-en;	.... *finis*	Arrêter, lier; limite, ban, bannissement.
Bann-er; *n. g. -s, p. -.*	......	......	voyez bann;	....	Ban, bannière.
Bans-e; *f. g. -, p. -n.*	वट्	vat;	....	.... *benna.*	Lier, construire; grande corbeille carrée; espace pour entasser les gerbes, lassière.
Bar; *adj. e. adv.*	भृ	bhar;	....	φέρειν; *ferre.*	Porter, apporter, produire; qui est produit, mis au jour, nu, dépouillé, visible, comptant.
Bär; *m. g. -en, p. -en.*	ऋक्ष्	arkṣ;	ur;	ἄρκτος; *ursus.*	Déchirer; être sauvage, fort, violent, féroce; ours.

MOTS ALLEMANDS.	ANALOGIES SANSKRITES.	TRANSCRIPTION DU SANSKRIT EN LETTRES ROMAINES.	RACINES GERMANIQUES.	ANALOGIES GRECQUES ET LATINES.	SIGNIFICATIONS dans leur ordre généalogique, depuis le sens primitif de la racine sanskrite ou germanique jusqu'au plus éloigné, en plaçant dans la chaîne des intermédiaires les analogies grecques et latines.
Bart; *m. g. -es, p. -ä-e.*	भृ	bhar;	bär-en;	*φέρειν, φόρτος; ferre, barba, parere, partum.*	Produire, porter, manifester; être proéminent; barbe.
Bas-e; *f. g. -, p. -n.*	बध्	badh;	bas-en;	*πάομαι, ἐπιπάομαι, παῖς, παῖς....*	Produire, posséder, allier; parent par alliance, tante, cousine.
Baß; *adv.*	पट्	pat;	....	*πετάω; patere.*	Étendre; loin, très, bien.
Bauch; *m. g. -es, p. -ä-e.*	......	......	c. bieg-en, beug-en;	....	Courber; ventre, tout plan formant une convexité.
Bau-en; *v. a.*	भू	bhû;	....	*φύειν; fuo.*	Être, prendre origine; s'attacher, demeurer; faire une demeure, fonder, bâtir, cultiver.
Be-; *préf.*	......	......	voyez bei.		
Beb-en; *v. n.*	वेप्	vaip;	....	*φοβεῖν; pavere.*	Mouvoir, secouer; trembler, frémir, tressaillir, craindre.
Bech-er; *m. g. -s, p. -.*	पश्	paç;	....	*βῖκος; bacar, poculum.*	Tenir, contenir, recueillir; gamelle, broc, gobelet, coupe.
Beck-en; *m. g. -s, p. -.*	......	......	v. bech-er.	....	Coupe; bassin.
Beer-e; *f. g. -, p. -n.*	वृ	var;	....	*μορὸς; far.*	Mouiller; qui est plein de suc, fruit succulent, baie, grain.
Beet; *n. g. -es, p. -e.*	......	......	voyez bett.	....	Couche, parterre (jardin).
Beet-e; *f. g. -, p. -n.*	भिद्	......	....	.... *beta.*	Mordre, manger; qui est mangé; bette, poirée.

MOTS ALLEMANDS.	ANALOGUES SANSKRITS.	TRANSCRIPTION DU SANSKRIT en lettres romaines.	RACINES GERMANIQUES.	ANALOGIES GRECQUES ET LATINES.	SIGNIFICATIONS dans leur ordre généalogique, depuis le sens primitif de la racine sanskrite ou germanique jusqu'au plus éloigné, en plaçant dans la chaîne des intermédiaires les analogies grecques et latines.
Be-fest-ig-en; *v. a.*	पस्	pas;	c. faſſ-en.	*πέττειν; ....*	Lier; arrêter, affermir, fortifier.
Be-gehr-en; *v. a.*	गृध्	gardh;	gern-an;	*χρήζειν; quærere.*	Désirer, demander, chercher, convoiter.
Be-gierd-e; *f. g. -, p. -n.*	......	......	v. be-gehr-en.	....	Convoiter; convoitise, désir.
Bei; *pré. adv.*	वि	vi;	....	*ἐπί; ....*	Passer; qui est à peu de distance, auprès, chez, à.
Bei-de; *adj.*	......	......	bai-twa;	*ἀμ-φω; am-bo, bis.*	Deux à deux; tous les deux, les deux, l'un et l'autre.
Be-huf; *m. g. -es.*	कुप्	kup;	....	*.... cupere.*	S'attacher; désirer, avoir besoin; besoin, utilité, avantage, commodité.
Beil; *n. g. -es, p. -e.*	विल	vil;	pil-en;	*πέλεκυς; ....*	Frapper, fendre, tailler; hache.
Beiß-en; *v. a. p. -i-, imp. -i-.*	भिद्	bhid;	bit-an;	*.... findere, fidi.*	Saisir, blesser en saisissant, déchirer; couper avec les dents, mordre.
Beiz-en; *v. a.*	......	......	v. beiß-en.	....	Faire mordre, chasser à l'oiseau, traiter par une substance corrosive.
Bell-en; *v. n.*	बल्ह्	balh;	pil-an;	*βληχᾶσθαι; balare.*	Frapper, rendre un certain son, bêler; aboyer, glapir.
Be-reit; *adj.*	राध्	râdh;	....	*ῥεῖα, ῥᾴδιος; ratus, paratus.*	Procurer, préparer, apprêter; préparé, arrêté, prêt, disposé, facile.
Berg; *m. g. -es, p. -e.*	वृ	var.	berg-an;	*πέργαμος; parcere.*	Couvrir, garantir, cacher, garder; mont, montagne.

MOTS ALLEMANDS.	ANALOGIES SANSKRITES.	TRANSCRIPTION DU SANSKRIT en lettres romaines.	RACINES GERMANIQUES.	ANALOGIES GRECQUES ET LATINES.	SIGNIFICATIONS dans LEUR ORDRE GÉNÉALOGIQUE, depuis le sens primitif de la racine sanskrite ou germanique jusqu'au plus éloigné, en plaçant dans la chaîne des intermédiaires les analogies grecques et latines.
Berg-en; *v. a. -o-, pr. -i-, imp. -a-.*	......	......	voyez berg.	....	Garantir, cacher.
Berst-en; *v. n. p. -o-, imp. -a-, impr. -i-.*	रिश्	ris;	riz-an;	*ῥήσσειν, ῥήξασθαι; rodere, radere.*	Couper, fendre; rompre, briser; crever, se crevasser.
Be-schäl-en; ** v. a.*	कल्	kal;	*scael-an* (anglo-saxon).	*κέλλειν;*	Sauter, se mouvoir avec vitesse; atteindre; aborder; accoupler (chevaux), saillir.
Be-scheid; *m. g. -es.*	......	......	v. scheid-en.	....	Séparer, distinguer; décision, sentence.
Bet-en; *v. a.*	पठ्	path;	....	.... *petere.*	Parler, énoncer; prier, prier Dieu.
Bett; *n. g. -es, p. -en.*	पश्	pas;	....	*πήσσειν, πήττειν, πιέζειν;*	Fixer, arrêter, resserrer; lieu fixé qui sert de couche, lit (fleuve), gîte, grabat.
Beug-en; *v. a.*	......	......	voy. bieg-en.	....	Incliner, fléchir, abattre.
Be-weg-en; *v. a. p. -o-, imp. -o-.*	वग्	vag;	....	.... *vagare.*	Mouvoir, remuer, émouvoir; déterminer, engager.
Bieder; *adj. adv.*	धृ	dhar;	bi-derb;	*δήν, δηρός; durus.*	Durer, être affermi; qui dure, qui est solide, dur, austère, rude, sévère, loyal, honnête.
Bieg-en; *v. n. p. -o-, imp. -o-.*	भुज्	bhuj;	....	*πιέζειν, πτύσσειν;* ..	Frapper, presser, réduire à l'étroit; serrer, joindre, plier, courber.
Bill-ig; *adj. adv.*	व्ली व्लि	vli; vli.	bill;	.... *bellus.*	Aimer, choisir; droit, justice; agréable; équitable, modéré; bon marché.

MOTS ALLEMANDS.	ANALOGIES SANSKRITES.	TRANSCRIPTION DU SANSKRIT EN LETTRES ROMAINES.	RACINES GERMANIQUES.	ANALOGIES GRECQUES ET LATINES.	SIGNIFICATIONS dans LEUR ORDRE GÉNÉALOGIQUE, depuis le sens primitif de la racine sanskrite ou germanique jusqu'au plus éloigné, en plaçant dans la chaîne des intermédiaires les analogies grecques et latines.
Bind-en; *v. a. p. -n-, imp. -a-.*	बन्ध्	bandh;	....	πεδᾶν; — *pedire.*	Lier, attacher.
Birn-e; *f. g. -, p. -n.*	वृ	var;	beer;	.... *pirum.*	Mouiller; fruit succulent, fondant; poire.
Bitt-en; *v. a. p. -e-, imp. -a-.*	......	......	voy. bet-en.	....	Prier, demander, inviter.
Bitt-er; *adj. adv.*	भिद्	bhid;	beiß-en;	πικρός; .	Couper, mordre; mordant, piquant, aigre, amer.
Blach-; *adj.*	लग्	lag;	flig-an;	πλάξ; *plaga.*	Frapper, comprimer, rapprocher, rendre uni; qui est aplani, plat.
Bläh-en; *v. ar.*	[illegible]	phval;	....	Φλέω: *flare.*	Souffler, enfler, gonfler, tirer vanité.
Blas-en; *v. a. pr. -a-, imp. -ie-.*	......	......	c. bläh-en.	....	Souffler, jouer (flûte), sonner (cor).
Blatt; *n. g. -es, p. -ä-er.*	[illegible]	phul.	....	Φύλλον; *folium.*	S'ouvrir, s'épanouir; plante, feuille.
Blau; *adj.*	[illegible]	lauć;	blick-en;	λεύσσειν, γλαύσσειν, γλαυκός, πόλιος; ..	Briller, reluire, être coloré; couleur en général; bleu.
Bläu-en; *v. a.*	......	......	....	πλήσσειν; *plangere.*	Battre, étriller de coups, rosser.
Blech; *n. g. -es, p. -e.*	लग्	lag;	flig-an;	.... πλάξ.	Frapper, comprimer, aplatir, rapprocher; métal battu et mince, fer-blanc, tôle.
Bleck-en; *v. a.*	......	......	voy. blick-en.	....	Faire luire, montrer les dents.

MOTS ALLEMANDS.	ANALOGIES SANSKRITES.	TRANSCRIPTION DU SANSKRIT EN LETTRES ROMAINES.	RACINES GERMANIQUES.	ANALOGIES GRECQUES ET LATINES.	SIGNIFICATIONS dans LEUR ORDRE GÉNÉALOGIQUE, depuis le sens primitif de la racine sanskrite ou germanique jusqu'au plus éloigné, en plaçant dans la chaîne des intermédiaires les analogies grecques et latines.
Blei; *n. g. -es.*	प्लु	plu;	....	*φλύζειν, μόλυβδος; plumbum.*	Couler, fondre; plomb.
Bleib-en; *v. n. p.-ie, imp. -ie-.*	लिप्	lip;	bi-lib-an;	*λιπεῖν; ....*	Coller; attacher à, rester, durer, demeure, demeurer sur la place, mourir.
Bleich; *adj. adv.*	लोच्	lauć;	blick-en;	*λευκός; ....*	Paraître, briller, luire; brillant, clair; pâle, blême.
Blick-en; *v. n.*	लोच्	lauć;	bliq-an;	*φλέγειν, βλέπειν; flagrare, fulgere.*	Luire, briller, percer à travers, regarder.
Blink-en; *v. n.*	......	......	v. blick-en.	....	Luire, briller.
Blitz; *m. g. -es, p. -e.*	......	......	v. blick-en.	*φλόξ; fulmen.*	Briller; flamme, lumière, éclair.
Blök-en; *v. n.*	लोक्	lauk;	be-blök-en;	*λάσκειν, ληκεῖν; βληχᾶσθαι; ....*	Crier, beugler, bêler.
Blüh-en; *v. n.*	फुल्ल्	phul;	....	*φλύειν; florere.*	S'ouvrir, s'épanouir, fleurir, prospérer.
Blum-e; *f. g. -, p. -n.*	......	......	v. blüh-en.	....	Fleur.
Blut; *n. g. -es.*	प्लु	plu;	....	*βλύζειν, βλύειν; fluere, fluidus.*	Couler, jaillir; liquide; sang.
Bock; *m. g. -es, p. -ö-e.*	बुक्क्	bukk;	....	*βῆ, βήκη; batire.*	Crier, bêler; chèvre, bouc, bélier.
Bod-en; *m. g. -s, p. -ö-.*	पट्	pat;	....	*πύνδαξ; fundus.*	Étendre, occuper, affermir; sol, fond, base, plancher, grenier.
Bog-en; *m. g. -s, p. -ö-.*	......	......	v. bieg-en.	*πτύξ; ....*	Plier, courber; feuille de papier, arc.
Bohr-en; *v. a.*	भर्व्	bharv;	....	*περᾶν, πείρειν; forare.*	Briser; passer au travers, forer, percer, trouer, couler à fond.

MOTS ALLEMANDS.	ANALOGIES SANSKRITES.	TRANSCRIPTION DU SANSKRIT EN LETTRES ROMAINES.	RACINES GERMANIQUES.	ANALOGIES GRECQUES ET LATINES.	SIGNIFICATIONS dans leur ordre généalogique, depuis le sens primitif de la racine sanskrite ou germanique jusqu'au plus éloigné, en plaçant dans la chaîne des intermédiaires les analogies grecques et latines.
Boll-e; *f. g. -, p. -n.*	वल्ल्	vaill;	bill-an;	*βολβος; bulbus.*	Mouvoir, rouler; balle, tubercule, bulbe, ognon.
Bolz-en; *m. g. -s, p. -.*	पिल्	pil;	bil-an;	*βάλλειν, βολίς; pilum.*	Lancer, décocher; javelot, flèche, trait.
Boot; *n. g. -es, p. -ö-e.*	बध्	badh;	....	*.... vas.*	Lier, joindre; vaisseau, canot, bateau, chaloupe.
Bord; *m. g. -es, p. -e.*	पृथ्	parth;	....	*πέρθειν; partiri.*	Étendre; diviser; partager; qui est coupé, planche, endroit où une chose est coupée, bord.
Born, Bronn; *m. g. -es, p. -e.*	प्रुष् री	prus; ri;	renn-en, brenn-en;	*ῥεῖν, ῥόος; rivus.*	Couler, bouillonner; eau vive et courante, torrent, ruisseau, fontaine, source.
Borst-e; *f. g. -, p. -e.*	......	......	c. bart.	....	Soie de porc.
Bös-e; *adj. adv.*	बाध्	bâdh;	....	*.... pejor.*	Frapper; qui est nuisible, mauvais, méchant, impie.
Bott-ich; *m. g. -es, p. -e.*	बध्	badh;	butt-e;	*πίθος; vas.*	Joindre, lier, faire contenir; vaisseau, grand vase, cuve.
Brach; *adv.*	रुक्ष्	ruks;	rauh;	*ῥυσσός; ruscus.*	Hérisser; être rude, grossier, rugueux, inculte, en friche.
Brand; *m. g. -es, p. -ä-e.*	......	......	v. brenn-en.	....	Embrasement, brandon, gangrène.
Brand-en; *v. n.*	भ्रम्	bhram;	....	*.... frendere.*	Gronder, briser (vagues); falaiser.
Brat-en; *v. a.*	भ्रस्ज्	bhrasj;	....	*φρύγειν; frigere.*	Bruire (feu); être agité, pétiller; rôtir.

MOTS ALLEMANDS.	ANALOGIES SANSKRITES.	TRANSCRIPTION DU SANSKRIT en lettres romaines.	RACINES GERMANIQUES.	ANALOGIES GRECQUES ET LATINES.	SIGNIFICATIONS dans leur ordre généalogique, depuis le sens primitif de la racine sanskrite ou germanique jusqu'au plus éloigné, en plaçant dans la chaîne des intermédiaires les analogies grecques et latines.
Brauch=en; *v. a.*	प्री	pri;	....	*βρύκειν; fructus, frui.*	Goûter, trouver à son goût, manger avec plaisir; jouir de, user, faire usage.
Brau=en; *v. a.*	भृ भ्रस्ज्	bhar; bhrajj;	....	*βρύειν, βράσσειν; braxare.*	Brûler; agiter violemment; bouillir, cuire, brasser.
Braun; *adj.*	......	......	c. brenn=en.	....	Brûler; brun.
Brauſ=en; *v. n.*	रस्	ras;	....	*βρύχειν: ...*	Gronder, bruir, mugir.
Braut; *f. g. -, p. -ä-e.*	भृ	bhar;	....	*πάρθω; partu.*	Porter, produire, enfanter; qui peut enfanter; fille nubile, fiancée, épousée.
Brech=en; *v. a. p. -o-, pr. -i-, imp. -a-, impr. -i-.*	भृज्	bharç;	....	*ῥηγνύναι; frangere, fregi, fractum.*	Briser, rompre, enfreindre, sortir violemment, vomir.
Breit; *adj. adv.*	पृथ्	parth;	....	*πλατύς.*	Étendre; large.
Brenn=en; *v. n. p. -a-, imp. -a-.*	प्रुष्	pruş;	....	*πρήθειν; com-burere.*	Flamber, flamboyer, brûler, être ardent, bouillonner.
Brett; *n. g. -es, p. -er.*	......	......	c. breit.	....	Bois large, planche.
Bring=en; *v. a. p. -a-, i. -a-.*	भृ	bhar;	bär=en;	*φέρειν; ferre.*	Porter, apporter, amener.
Brod; *n. g. -es, p. -e.*	रद्	rad.	....	*βρωτός, βρωτύς; ...*	Se servir des dents, manger; mangeable, nourriture, pain.
Bruch; *m. g. -es, p. -ü-e.*	......	......	v. brech=en.	....	Fracture, rupture, hernie, fraction.

MOTS ALLEMANDS.	ANALOGUES SANSKRITS.	TRANSCRIPTION DU SANSKRIT EN LETTRES ROMAINES.	RACINES GERMANIQUES.	ANALOGIES GRECQUES ET LATINES.	SIGNIFICATIONS dans LEUR ORDRE GÉNÉALOGIQUE, depuis le sens primitif de la racine sanskrite ou germanique jusqu'au plus éloigné, en plaçant dans la chaîne des intermédiaires les analogies grecques et latines.
Brück-e; *f. g.* -, *p.* -n.	पृ	par;	bru;	*πόρος; portus, porus.*	Passer; endroit où l'on peut passer, passage, pont.
Bru-der; *m. g.* -s, *p.* -ü.	भृ	bhar;	bär-en;	*Φράτηρ; frater.*	Porter, produire; qui est produit, engendré; frère.
Brüll-en; *v. n.*	......	......	c. troll-en.	....	Faire entendre une grosse voix, rugir, mugir, beugler.
Brumm-en; *v. n.*	......	......	rum-en;	*βρέμειν; fremere.*	Mugir, gronder, bourdonner, murmurer, grommeler.
Brunn-en; *m. g.* -s, *p.* -.	......	......	voy. bronn.	....	Source, puits.
Brust; *f. g.* -, *p.* -ü-e.	पृ	pur, *pronon.* pour;	brist-en;	*πρό; pro.*	Avancer, sortir, germer; mamelle, sein, poitrine.
Brüt-en; *v. a.*	भृ	bhâr;	....	*Φρύγειν; frigere.*	Brûler, chauffer; couver, tramer.
Bub-e; *m. g.* -n, *p.* -n.	पा	pâ;	....	*παῖς; papus, puer.*	Nourrir; qui est nourri, qui croît beaucoup, enfant, garçon, mauvais sujet.
Buch; *n. g.* -es, *p.* -ü-er.	भुज्	bhuj', *pronon.* bhoudj;	bieg-en;	*πτύσσειν, πτύξ;* ...	Plier; feuilles pliées, livre.
Buch-e; *f. g.* -, *p.* -n.	......	......	....	*Φαγεῖν, Φηγός; fagus.*	Triturer, manger; chêne esculent, hêtre.
Buck-el; *m. g.* -s, *p.* -.	भुज्	bhuj';	bieg-en;	*πτύσσειν, πτύξ.*	Plier, courber; anfractuosité, dos courbé, bosse.
Bück-en; *v. a.*	......	......	v. bieg-en.	....	Courber, baisser.
Bud-e; *f. g.* -, *p.* -n.	भू	bhû, *pronon.* bhoû;	bau-en;	*Φύειν; fuo, facere.*	Devenir, faire, former, bâtir; petit bâtiment, échoppe, boutique.

MOTS ALLEMANDS.	ANALOGIES SANSKRITES.	TRANSCRIPTION DU SANSKRIT en lettres romaines.	RACINES GERMANIQUES.	ANALOGIES GRECQUES ET LATINES.	SIGNIFICATIONS dans leur ordre généalogique, depuis le sens primitif de la racine sanskrite ou germanique jusqu'au plus éloigné, en plaçant dans la chaîne des intermédiaires les analogies grecques et latines.
Büff-el ; *m. g. -s, p. -.*	......	......	....	*βοᾶν, βούβαλος; boare, bubalus.*	Beugler, mugir; qui mugit, buffle.
Bug ; *m. g. -es.*	......	......	v. bieg-en.	....	Courbure, proue, pli, jarret.
Büg-el ; *m. g. -s, p. -.*	......	......	v. bieg-en.	....	Archet, étrier.
Buhl-en ; *v. n.*	पाल्	pâl ;	all ;	*φιλεῖν ; placere.*	Embrasser tout; aimer, faire l'amour, chercher à plaire, briguer.
Bund ; *m. n. g. -es, p. -ü-e, p. -e.*	......	......	v. bind-en.	....	Lien, alliance; faisceau, trousseau (clefs), botte (foin).
Bürd-e ; *f. g. -, p. -n.*	भृ	bhar ;	bär-en ;	*φόρτος, βάρος ; . . .*	Porter; charge, fardeau.
Burg ; *f. g. -, p. -en.*	वृ	var.	berg-en ;	*πύργος ; burgus.*	Garder, garantir ; château fort, bourg.
Bürg-e ; *m. g. -n, p. -n.*	......	......	v. berg-en.	....	Garant, répondant.
Bursch-e ; *m. g. -n, p. -n.*	पुष्	pus. pronon. push ;	peß ;	*βόσκειν, παῖς ; pascere, puer.*	Nourrir, élever; qui est élevé, enfant, garçon, association de garçons, apprenti, étudiant.
Bürst-e ; *f. g. -, p. -n.*	......	......	v. borst-e.	....	Brosse, vergettes.
Bütt-e ; *f. g. -, p. -n.*	बध्	badh ;	....	*πίθος, βύτις ; . . . .*	Lier; ustensile fait de plusieurs morceaux, grand vase; cuve, baquet.
Butt-er ; *f. g. -.*	......	......	batt-en ;	*βούτυρον ; butyrum.*	Battre; substance qui se fait en battant, beurre.

C

Cette lettre n'est guère en usage au commencement des mots allemands, parce qu'elle n'est pas indigène; elle ne se trouve, à peu d'exceptions près, qu'au commencement des mots dérivés d'une langue étrangère.

D

MOTS ALLEMANDS.	ANALOGIES SANSKRITES.	TRANSCRIPTION DU SANSKRIT en lettres romaines.	RACINES GERMANIQUES.	ANALOGIES GRECQUES ET LATINES.	SIGNIFICATIONS dans leur ordre généalogique, depuis le sens primitif de la racine sanskrite ou germanique jusqu'au plus éloigné, en plaçant dans la chaîne des intermédiaires les analogies grecques et latines.
Da; *adv. et conj.*	दा	dâ;	t-;	τόδι.....	Montrer là, ici, en ce lieu.
Dach; *n. g. -es, p. -äc er.*	त्वच्	tvac;	deck-en;	τέγος; *tectum.*	Couvrir; toit.
Dam-; *m.*	धव्	dhav;	....	....*dama.*	Lancer; animal rapide, daim.
Damm; *m. g. -es, p. -ä-e.*	......	......	tim-en;	τύμβος; *tumulus.*	Élever obstacle, refouler, contenir; digue, jetée.
Damm-en; *v. a.*	......	......	....	δαμάν; *damnare.*	Mettre sous le joug; juger.
Dämm-er-n; *v. n.*	तम्	tam;	tim-an;	τέρεινν; -*taminare.*	Troubler, obscurcir; retrancher; disparaître; commencer à faire nuit.
Dank; *m. g. -es,*	दिश्	diç;	denk-en;	δοκεύειν; *dicere.*	Penser, parler, faire connaître; remercier.
Darb-en; *v. n.*	घर्व्	arv;	....	ὀρφανός; *orbus.*	Serrer de près, être dans une situation pénible, être privé de, souffrir.
Darm; *m. g. -es, p. ä-e.*	दृ	dar.	der-en;	δέρειν, δέρμα.	Couper, percer; boyaux.

3

MOTS ALLEMANDS.	ANALOGIES SANSKRITES.	TRANSCRIPTION DU SANSKRIT en lettres romaines.	RACINES GERMANIQUES.	ANALOGIES GRECQUES ET LATINES.	SIGNIFICATIONS dans leur ordre généalogique, depuis le sens primitif de la racine sanskrite ou germanique jusqu'au plus éloigné, en plaçant dans la chaîne des intermédiaires les analogies grecques et latines.
Das; *art. n.*	......	......	comp. da.	*τό*;	Le.
Däucht-en; *v. n.*	ध्यै	dhyâi;	denk-en;	*δοκεῖν*; *ducere.*	Penser; faire penser, juger, sembler, paraître.
Dauer-n; *v. n.*	धृ	dhar;	....	*θηρεῖν*; *durare.*	Tenir, être affermi; être fixé, être fort; durer, subsister.
Deck-en; *v. a.*	त्वच्	tvač;	....	*στέγειν*, *τειχεῖν*; *tegere.*	Couvrir, garantir, garder, protéger.
Deg-en; *m. g. -s, p. -.*	तिज्	tig;	stig-en;	*θήγειν*, *θιγγάνειν*; *tangere.*	Piquer; toucher avec la pointe, percer; épée.
Deg-en; *m. g. -s, p. -.*	तिज्	tij;	deih-en;	*τίκτειν*, *τέκνον*;	Nourrir, faire fort; faire pousser, prospérer; enfant; homme, guerrier.
Dehn-en; *v. a.*	तन्	tan;	....	*τανύειν*, *τείνειν*; *tendere.*	Tendre, étendre, allonger.
Deich; *m. g. -es, p. -e.*	त्वच्	tvač;	deck-en;	*τεῖχος*;	Couvrir, renfermer; rempart, digue.
Dein; *pr. poss.*	त्वत्	tvat;	du;	*τεός*;	Ton.
Denk-en; *v. a. v. n. p. -dacht-, imp. -dacht-*	ध्यै	dhyâi;	....	*δέχθαι*, *δοκεῖν*;	Recevoir, recevoir dans l'esprit, reproduire dans l'esprit; penser.
Derb; *adj. adv.*	धृ	dhar;	....	*θάρσος*, *θράσος*, *ἀδρός*; *durus.*	Être affermi, durer; qui dure; qui est dur, rude, ferme, sévère.
Dich; *pr. pers.*	त्वा	twâ;	....	*σέ*; *te.*	Te, toi.
Dicht-en; *v. a.*	ध्यै	dhyâi;	denk-en;	*δέχεσθαι*, *δοκεῖν*; *dicere*, *dictare.*	Penser; réciter, faire des poésies, faire des vers, inventer.

MOTS ALLEMANDS.	ANALOGIES SANSKRITES.	TRANSCRIPTION DU SANSKRIT EN lettres romaines.	RACINES GERMANIQUES.	ANALOGIES GRECQUES ET LATINES.	SIGNIFICATIONS dans leur ordre généalogique, depuis le sens primitif de la racine sanskrite ou germanique jusqu'au plus éloigné, en plaçant dans la chaîne des intermédiaires les analogies grecques et latines.
Dien-en ; *v. n.*	दी	di;	de;	*δέειν;....*	Décroître, décliner, être humble; servir, rendre service.
Dies-er; *pr. d.*	......	......	*ti;*	*τόσος;....*	Doublement indicatif; celui-là.
Ding; *n. g. -es, p. -e, p. -er.*	दिश्	diç;	....	*δεικνύναι, δίκη;....*	Parler, démontrer, mettre au jour, disputer; action en justice, procès, affaire; chose.
Dohn-e; *f. g. -, p. -n.*	तन्	tan;	dehn-en;	*τείνειν; tendere, tenus.*	Tendre, étendre; lacs, filet, lacet.
Dolch; *m. g. -es, p. -e.*	......	......	theil-en;	*δόλων; dolon.*	Fendre, couper, frapper de la pointe; poignard.
Donn-er; *m. g. -s, p. -.*	तन्	tan;	....	*τείνειν, τόνος, τόνθρις; tonare, tonitru.*	Étendre, tension de sons; résonner, retentir; tonnerre.
Dorf; *n. g. -es, p. -ö-er.*	धुर्व्	dhurv;	....	*τύρβη; turba.*	Affluer; rassemblement, foule, presse, lieu de réunion; village.
Dorr-en; *v. n.*	तृष्	tarç;	..........,	*τέρσειν; torrere.*	Brûler, dessécher, sécher.
Dörr-en; *v. a.*	......	......	voy. dorr-en.	....	Faire sécher.
Dort; *adv.*	......	......	comp. da.	....	Là, vers ce côté-là.
Draht; *m. g. -es, p. -ä-e.*	......	......	v. dreh-en.	....	Tordre; fil de métal.
Dräng-en; *v. a.*	......	......	v. drück-en.	....	Presser, serrer, vexer.
Dreck; *m. g. -es.*	तृष्	tarç;	....	*τρύγειν, τρύξ; stercus.*	Brûler, dessécher; sédiment, lie, ordure, excréments.

MOTS ALLEMANDS.	ANALOGIES SANSKRITES.	TRANSCRIPTION DU SANSKRIT en lettres romaines.	RACINES GERMANIQUES.	ANALOGIES GRECQUES ET LATINES.	SIGNIFICATIONS dans leur ordre généalogique, depuis le sens primitif de la racine sanskrite ou germanique jusqu'au plus éloigné, en plaçant dans la chaîne des intermédiaires les analogies grecques et latines.
Dreh-en ; *v. a.*	......	......	....	*τρέπειν ; torquere.*	Presser, exercer une pression sur ; tourner, tordre.
Drei ; *nomb.*	तीर्	tir ;	....	*τρεῖς ; tres.*	Traverser au milieu ; qui traverse au milieu, trois.
Dreist ; *adj. adv.*	धृ	dhar ;	....	*θρασύς ; ....*	Tenir, être affermi ; osé, hardi, audacieux.
Dresch-en ; *v. a. p. -o-, imp. -o-.*	......	......	....	*τείρειν ; triturare, terere.*	Frotter, presser, serrer ; battre le blé.
Dring-en ; *v. n. p. -u-, imp. -a-.*	......	......	c. drück-en.	....	Presser, pénétrer.
Dritt-e ; *n. ord.*	......	......	voyez drei.	*τρίτος ; tertius.*	Troisième.
Droll-ig ; *adj. adv.*	......	......	c. roll-en.	....	Rond, bien tourné, vif, plaisant, drôle.
Dröhn-en ; *v. n.*	ध्रण्	dhran ;	....	*θρηνεῖν ; fremere.*	Retentir ; se lamenter ; gronder, s'ébranler, trembler.
Drück-en ; *v. a.*	रघ्	ragh ;	....	*τρέχειν, τρύειν ; torquere.*	Mouvoir, atteindre ; presser, serrer, opprimer, affliger, vexer.
Du ; *pr. pers.*	त्वा	tvâ ;	*t-* ;	*τύ, σύ ; tu.*	Montrer ; désigne la personne à qui l'on parle, tu, toi.
Duck-en ; *v. a.*	......	......	tinh-an ;	*δύειν, δέδυκα ; ....*	Entrer dans, plonger, baisser.
Duft ; *m. g. -es, p. -ü-e.*	धूप्	dhûp ;	dampf-en ;	*τύφειν, τῦφος ; ....*	Exhaler, fumer ; vapeur, parfum.
Duld-en ; *v. a.*	तुल्	tul ;	dul-en ;	*ταλᾶν ; tuli, tolerare.*	Soulever, tenir, porter ; supporter, tolérer, souffrir, endurer.

MOTS ALLEMANDS.	ANALOGIES SANSKRITES.	TRANSCRIPTION DU SANSKRIT en lettres romaines.	RACINES GERMANIQUES.	ANALOGIES GRECQUES ET LATINES.	SIGNIFICATIONS dans LEUR ORDRE GÉNÉALOGIQUE, depuis le sens primitif de la racine sanskrite ou germanique jusqu'au plus éloigné, en plaçant dans la chaîne des intermédiaires les analogies grecques et latines.
Dumm; *adj. adv.*	तम्	tam;	dimb-en;	*θάμβος; stupor.*	Troubler; obscurcir; être stupéfait, hébété, stupide, imbécile, bête.
Dün-e; *f. g. -, p. -n.*	तन्	tan;	t-;	*θὶν;....*	Qui indique, qui est étendu en hauteur; éminence, colline, dune.
Dünk-en; *v. n.*	......	......	v. deuk-en.	....	Penser, sembler, paraître.
Dünn; *adj. adv.*	तन्	tan;	dehn-en;	*ταναός; tenuis*	Étendre, allonger; qui est étendu, mince, clair.
Durch; *pré.*	तॄ	târ;	....	*τρητός; trans.*	Pénétrer, traverser; à travers, par, au moyen de.
Dürf-en; *v. n.*	धृ	dhar;	....	*θαρρεῖν;....*	Être affermi, avoir courage, être hardi; oser, pouvoir, avoir la permission.
Dürr; *adj. adv.*	तृष्	tarș;	derr-en;	*θέρειν; torrere.*	Brûler, dessécher; sec, tari, maigre, aride.
Durst; *m. g. -es.*	......	......	comp. dürr.	....	Soif.
Duz-en; *v. a.*	......	......	voyez du.	....	Tutoyer.

E

MOTS ALLEMANDS.	ANALOGIES SANSKRITES.	TRANSCRIPTION DU SANSKRIT en lettres romaines.	RACINES GERMANIQUES.	ANALOGIES GRECQUES ET LATINES.	SIGNIFICATIONS dans CETTE CHAINE GÉNÉALOGIQUE, depuis le sens primitif de la racine sanskrite ou germanique jusqu'au plus éloigné, en plaçant dans la chaîne des intermédiaires les analogies grecques et latines.
E-ber; *m. g. -s, p. -.*	......	......	aa-bár;	.... *aper.*	Animal fort qui aime le séjour des marécages; mâle du porc sauvage, sanglier.
Echt, ächt; *adj. adv.*	अच्	ach, *pronon.* atchh;	aicht-en;	.... *æquare, æquatus.*	Étendre, mesurer; faire l'examen de; comparer; trouver conformément à la loi, légitime, vrai, pur.
Eck-e; *f. g. -, p. -n.*	अश्	aç;	ak;	*ἀκή; acies.*	Avancer, percer; être aigu, pointu; coin, angle.
Egg-e; *f. g. -, p. -n.*	अश	aç;	....	*ἀκή, ὀξῖνα; occa.*	Percer; qui est pointu; herse.
Eg-el, Ig-el; *m. g. -s, p. -.*	......	......	aa-l;	*ἐγχελυωπός; anguilla.*	Petit animal aquatique de la forme de l'anguille, sangsue.
Eher, Ehe, Eh; *adv.*	ऋ	âr;	er, ur;	*ἦρι- ἦρι-;*	Mouvoir, marcher; tendre vers; avant, auparavant, plus tôt.
Eh-e; *f. g. -, p. -n.*	अह्	ah;	....	*εἰκός; æquum.*	Parler, se prononcer; convenir de, traiter, être égal, légal, lié, joint; mariage.
Eh-er-n; *adj.*	ऋ	âr;	ar, er;	*ἄρ-ης; f-er-rum.*	Mouvoir, s'élever; qui s'élève, métal, airain; d'airain, dur, ferme, inébranlable.
Ehr-e; *f. g. -, p. -n.*	ऋ	âr;	er, ur;	*ἄρχειν;*	Mouvoir, atteindre; être en avant, primer; gloire, honneur.

MOTS ALLEMANDS.	ANALOGIES SANSKRITES.	TRANSCRIPTION DU SANSKRIT EN LETTRES ROMAINES	RACINES GERMANIQUES.	ANALOGIES GRECQUES ET LATINES.	SIGNIFICATIONS dans LEUR ORDRE GÉNÉALOGIQUE, depuis le sens primitif de la racine sanskrite ou germanique jusqu'au plus éloigné, en plaçant dans la chaîne des intermédiaires les analogies grecques et latines.
Ei! *int.*	......	......	ach;	*εἶα; eia.*	Hé! Ah!
Eib-isch; *m. g. -es.*	जीव्	jiv, *pronon.* djiv;	ib-an;	*ἰβίσκος; hibiscus.*	Produire, être fort, être vert; genre de plantes toujours vertes, if, taxus, guimauve.
Eich-e; *f. g. p. -n.*	उच्	uc;	....	*αὔξειν; augere.*	Croître, s'élever; l'arbre par excellence; chêne.
Eid; *m. g. -es, p. -e.*	अह्	ah;	ch-d;	*ἠχεῖν; aio, ait.*	Parler, dire, affirmer; serment.
Eid-ech-se; *f. g. -, p. -n.*	इख्	ikh;	eit-an;	*αἴθειν, ἔχις; anguis.*	Mouvoir, brûler; serpent dont le feu est l'élément, aspic, salamandre, lézard.
Eid-er-gans; *f. g. -, p. -ä-e.*	उद् हस्	ud; has;	....	*ὕδος-χήν; udus-anser.*	Être humide, crier; oiseau aquatique à voix criante; oie des mers du Nord, oie à duvet.
Eig-en; *adj. adv.*	ईश्	iç;	....	*ἔχειν, ἴσχειν; ....*	Tenir, avoir, posséder; propre, particulier, singulier.
Eil-en; *v. n.*	इल्	il;	....	*ἐλᾷν; ....*	Aller, courir, se hâter, se presser.
Eim-er; *m.*	......	......	ein-bär;	*ἀμφορεύς; amphora.*	Vaisseau porté par une seule anse, seau.
Ein; *nomb. c.*	ऊन्	ûn;	....	*εἷς, μία, ἕν; unus.*	Oter; négation de la pluralité, un.
Ein-; *préf. sép.*	अन्	an;	in;	*ἐν; in.*	Mouvoir; mouvement pour entrer dans, repos dans un lieu.
Eis-en; *n. g. -s, p. -.*	......	......	eit-an;	*.... æs.*	Brûler, luire, briller; métal, fer.

MOTS ALLEMANDS.	ANALOGIES SANSKRITES.	TRANSCRIPTION DU SANSKRIT en lettres romaines.	RACINES GERMANIQUES.	ANALOGIES GRECQUES ET LATINES.	SIGNIFICATIONS dans LEUR ORDRE GÉNÉALOGIQUE, depuis le sens primitif de la racine sanskrite ou germanique jusqu'au plus éloigné, en plaçant dans la chaîne des intermédiaires les analogies grecques et latines.
Eit-el; *adj. adv.*	एध्	aidh;	....	οἰδεῖν;	Grossir, se gonfler, s'enfler; gonflé, vain, vide.
Eit-er; *m. g. -s.*	अद्	ad;	eit-an;	*ἔδειν; edere.*	Manger, ronger, corroder, brûler; qui ronge; venin, pus.
El-end; *n. g. -es.*	......	......	eli-land;	*ἄλλος; alius, alter.*	Autre pays, ailleurs, pays étranger; malheureux, misérable.
Ell-er; *f. g. -, p. -n.*	अल्	al;	al-en;	*....alnus.*	Emplir, nourrir; arbre baccifère, aulne.
Emp-fang-en; *pr. ä, imp. i.*	......	......	ent-fang-en, an-fassen, c. fass-en	....	Recevoir, accueillir.
Em-por; *adv.*	भृ	bhar;	ent-bär-en;	*φέρειν, φορεῖσθαι; ferre.*	Porter, enlever; vers le haut, en haut.
End-e; *n. g. -s, p. -n.*	......	......	comp. ent.	*ἀντί; ante.*	Devant, vis-à-vis; en regard, opposé; bout, fin.
Eng; *adj. adv.*	अंग्	ang;	....	*ἐγγύς; ἄγχι; angens, angustus.*	Rétrécir, rapprocher; étroit, serré.
Enk-el; *m. g. -s, p. -.*	......	......	ahn;	*ἔνος; avus.*	Aïeul; jeune aïeul, petit-fils.
Ent; *préf. ins.*	अति	ati;	....	*ἀντί; ante.*	Devant, vis-à-vis; opposé, séparé, privé.
Ent; *préf. ins.*	अन्	an;	voy. an, ein.	....	Mouvoir; marque rapprochement, application.
Ent-e; *f. g. -, p. -n.*	उन्द्	und;	....	*νῆττα; anas.*	Mouiller; oiseau aquatique, canard.
Eph-eu; *m. g. -(e)s.*	जीव्	jiv;	aiw;	*ἥβός; ævum.*	Vivre, durer; toujours; plante toujours verte, lierre.
Epp-ich; *m. g. (e)s.*	जीव्	jiv;	aiw;	*ἄπιον; apium.*	Vivre, durer; toujours; plantes toujours vertes, lierre, arches, persil.

MOTS ALLEMANDS.	ANALOGIES SAMSKRITES.	TRANSCRIPTION DU SAMSKRIT en lettres romaines.	RACINES GERMANIQUES.	ANALOGIES GRECQUES ET LATINES.	SIGNIFICATIONS dans LEUR ORDRE GÉNÉALOGIQUE ; depuis le sens primitif de la racine samskrite ou germanique jusqu'au plus éloigné, en plaçant dans la chaîne des intermédiaires les analogues grecques et latines.
Er; *pr. pers.*	. . . . . .	. . . . . .	i, is, ir ;	. . . . *is.*	Il, lui.
Er-; *préf. ins.*	ऋ	ar;	. . . .	*ἐρι-ἀρι ; . . . .*	Mouvoir; marcher, atteindre; marque le mouvement vers, la tendance vers, le commencement, la naissance, l'acquisition, l'accomplissement.
Erb-e; *n. g. -s.*	ऋ	ar ;	er ;	*χηρωσταί, χῆρος ; gerere, hæreditas.*	Mouvoir; travailler, atteindre, réussir, acquérir; possession, héritage.
Erb-se; *f. g. -, p. -n.*	रि	ri ;	. . . .	*ὄροβος ; ervum.*	Rouler; grain rond, pois.
Erd-e; *f. g. -, p. -n.*	अर्व्	arv ;	ar-en ;	*ἀροῦν, ἄρουρα, ἔρα ; arvum.*	Se mouvoir, travailler, labourer; terre labourable; terre.
Erl-e; *f. g. -, p. -n*	. . . . . .	. . . . . .	voyez ell-er.	. . . .	Aune.
Ern-te; *f. g. -, p. -n.*	अर्व्	arv ;	ar-en ;	*ἐργάζεσθαι ; . . . .*	Labourer, cultiver, acquérir, amasser, moissonner; moisson.
Erst; *adv.*	. . . . . .	. . . . . .	voyez eher.	*ἄριστος ; . . . .*	Premièrement, d'abord.
Erz; *part.*	अर्ह्	arh ;	. . . .	*ἀρχι- ; archi-.*	Pouvoir, être puissant; marque la prééminence, la distinction; très.
Erz; *n. g. -es, p. -e.*	ऋध्	ardh ;	ar, ur ;	*ἄρης ; ferrum, æs.*	Qui s'élève, roche (qui recèle un métal); minéral, métal.
Es; *p. pers.*	. . . . . .	. . . . . .	er ;	. . . . *id.*	Ce, cet.
Ess-e; *f. g. -, p. -n.*	अस्	as ;	eit-en ;	*αἴθειν, ἑστία ; ustrina.*	Brûler; foyer, cheminée, forge.

MOTS ALLEMANDS.	ANALOGIES SANSKRITES.	TRANSCRIPTION DU SANSKRIT en lettres romaines.	RACINES GERMANIQUES.	ANALOGIES GRECQUES ET LATINES.	SIGNIFICATIONS dans LEUR ORDRE GÉNÉALOGIQUE, depuis le sens primitif de la racine sanskrite ou germanique jusqu'au plus éloigné, en plaçant dans la chaîne des intermédiaires les analogies grecques et latines.
Eſſ-en; *v. a. pr.* -i-, *imp.* aß, *impr.* i-.	अद् घस्	ad; ghas;	....	*ἔδειν, ἐσθίειν; edere.*	Saisir avec les dents pour manger; manger.
Eul-e; *f. g.* -, *p.* -n.	......	......	....	*ὀλολύζειν, ὀλολυγών; ulula.*	Hurler d'une manière lugubre; hibou.
Eut-er; *n. g.* -s, *p.* -.	एध्	aidh;	....	*οὖθαρ; uber.*	Croître, gonfler; qui est gonflé, pis, tétine.
Ew-ig; *adj. adv.*	अय्	ay;	aiw;	*αἰών; ævum.*	Aller, passer; temps, âge, durée, éternité; éternel.

F

MOTS ALLEMANDS.	ANALOGIES SANSKRITES.	TRANSCRIPTION DU SANSKRIT en lettres romaines.	RACINES GERMANIQUES.	ANALOGIES GRECQUES ET LATINES.	SIGNIFICATIONS dans leur ordre généalogique, depuis le sens primitif de la racine sanskrite ou germanique jusqu'au plus éloigné, en plaçant dans la chaîne des intermédiaires les analogies grecques et latines.
Fach-en; *v. a.*	वज्	vaj, *pronon.* vadj;	....	ὀχεῖν; *vagare.*	Faire des mouvements saccadés, secouer; souffler, donner du vent.
Fack-el; *f. g. -, p. -n.*	वज्	vaj;	....	φάος; *fax.*	Secouer, vaciller; qui fait des mouvements vacillants; torche, flambeau.
Fad-e; *adj. adv.*	बध्	badh;	....	....*fatuus.*	Lier; sans force, faible, insipide, fade.
Fah-en; *v. a.*	पच्	pac;	....	πάγειν, πηγνύναι; *pangere.*	Lier, tenir; planter, arrêter, saisir, prendre.
Fahl; *adj. adv.*	पल्	pal;	....	φαλός; *falvus, fulvus.*	Passer; qui est passé, fané, pâle, clair, fauve, blême.
Fahn-e; *f. g. -, p. -n.*	मन्	man;	....	πῆνος; *pannus.*	Serrer, arrêter, attacher; qui est serré, tissu serré, toile, drap; qui attache, drapeau, enseigne.
Fahr-en; *v. a. n. pr. -d-, imp. -u-.*	पृ	par;	....	περᾶν; *perire.*	Avancer; pénétrer, traverser, passer, s'élancer, s'en aller en voiture; bateau; voyager.
Falb; *adj.*	फुल्	phul;	comp. fahl.	φαλός; *flavus, falvus.*	Fleurir, être brillant; blanc, pâle, fauve.
Fall-en; *v. n. pr. -ä-, imp. -ie.*	स्फल्	sphal;	....	σφάλλειν; *fallere.*	Mouvoir, être détourné d'une direction; tomber, descendre, se déconsidérer.
Falt-en; *v. a.*	विल्	vil;	....	πλέκειν; *plicare.*	Rompre la ligne droite, joindre en rompant; froncer, plier, plisser.

MOTS ALLEMANDS.	ANALOGIES SANSKRITES.	TRANSCRIPTION DU SANSKRIT EN LETTRES ROMAINES.	RACINES GERMANIQUES.	ANALOGIES GRECQUES ET LATINES.	SIGNIFICATIONS dans LEUR ORDRE GÉNÉALOGIQUE, depuis le sens primitif de la racine sanskrite ou germanique jusqu'au plus éloigné, en plaçant dans la chaîne des intermédiaires les analogies grecques et latines.
Fang-en; *v. a. pr. -ä-, imp. -i-.*	......	......	voy. fah-en.	....	Prendre, faire une capture.
Farb-e; *f. g. -, p. -n.*	वर्ण्	varṇ, *prononc.* varnh;	....	φάρμακον;	Enduire; préparation chimique, couleur.
Faß; *n. g. -es, p. -ä-er.*	वट्	vaṭ, *pronon.* vatt;	faſſ-en;	.... *vas, vasum.*	Joindre, ajouter, embrasser, contenir; vase, tonneau.
Faſſ-en; *v. a.*	वट्	vaṭ;	....	πάσσειν, πήττειν.	Joindre, ajouter, saisir, contenir, concevoir.
Faſt; *adv.*	पथ्	path;	....	πατεῖν; *spatior.*	Marcher, avancer, rapprocher; se rapprochant, très; presque, à peu près.
Faul; *adj. adv.*	मल्	mal;	....	φαῦλος; *pallus.*	Graisser; qui est graisseux, sale, pourri, mauvais, laid, inutile, paresseux.
Feim, faum; *m. g. -es.*	वम्	vam;	voy. ſchaum.	πτύειν; *spuma.*	Rejeter, cracher; écume.
Fauſt; *f. g. -, p. -ä-e.*	......	......	faſſ-en;	πύξ; *fustis.*	Tenir, prendre, fermer la main pour frapper; poing.
Fecht-en; *v. n. p. -o-, imp. -o-, impr. -i-.*	पिच्	piċ;	....	πυκτεύειν; *pugnare.*	Toucher, frapper; combattre, escrimer.
Fed-er; *f. g. -, p. -n.*	पत्	pat;	....	πέτεσθαι, πετερόν, πτερόν; *penna.*	Voler; aile; plume, ressort (montre, etc.).
Feg-en; *v. a.*	विच्	viċ;	....	.... *fugare, fugere.*	Éloigner, séparer, repousser; balayer, nettoyer.
Fehd-e; *f. g. -, p. -n.*	......	......	v. fecht-en.	....	Combat, querelle, guerre.

MOTS ALLEMANDS.	ANALOGIES SANSKRITES.	TRANSCRIPTION DU SANSKRIT en lettres romaines.	RACINES GERMANIQUES.	ANALOGIES GRECQUES ET LATINES.	SIGNIFICATIONS dans leur ordre généalogique, depuis le sens primitif de la racine sanskrite ou germanique jusqu'au plus éloigné, en plaçant dans la chaîne des intermédiaires les analogies grecques et latines.
Fehl-en; *v. n.*	स्फल्	phal;	....	*σφάλλειν; fallere.*	Mouvoir, dévier de la ligne droite; manquer, errer, tomber, faillir.
Fehm; *f.*	......	......	voy. fah-en.	....	Arrêter; tribunal criminel secret.
Feig; *adj. adv.*	विच्	vić;	....	*....piger.*	Céder; qui cède, qui est mou, paresseux, lâche.
Feil; *adj. adv.*	वेल्	vail;	....	*πωλεῖν; vilis.*	Se mouvoir, aller et venir, tourner et retourner, trafiquer, vendre; vénal, vil.
Feil-en; *v. a.*	वेल्	vail;	....	*πωλεῖν; vellicare.*	Se mouvoir, aller et venir, tourner et retourner, harceler; frotter, limer.
Fein; *adj. adv.*	भन्	bhan;	....	*φαίνειν, φαεινός; venustare, venustus.*	Briller, éclater; se présenter dans toute sa beauté, être agréable, gracieux, beau, fin, subtil, rusé.
Feind; *m. g. -es, p. -e.*	पिच्	pić;	fij-an, fei-en;	*φῦ, φεῦ; phy.*	Frapper; faire une exclamation de haine ou de mépris; haïr; ennemi.
Feld; *n. g. -es, p. -er.*	विल्	vil;	....	*πόλος; villa.*	Couper, partager; terre partagée, coupée, labourée; champ, panneau (porte), case (damier).
Fell; *n. g. -es, p. -e.*	विल्	vil;	fill-en;	*φλοιός, φολίς; vellus, pellis.*	Couper, partager; peler; pellicule, enveloppe, peau.
Fels; *m. g. -ens, p. -en.*	मुल्	mul;	....	*φέλλα; ....*	Fixer, affermir; rocher, falaise.
Fern; *adj. adv.*	पृ	par;	far-an;	*πόῤῥω; porro.*	Avancer; avant, devant, éloigné, loin.

MOTS ALLEMANDS.	ANALOGIES SANSCRITES.	TRANSCRIPTION DU SANSCRIT en lettres romaines.	RACINES GERMANIQUES.	ANALOGIES GRECQUES ET LATINES.	SIGNIFICATIONS dans leur ordre généalogique, depuis le sens primitif de la racine sanscrite ou germanique jusqu'au plus éloigné, en plaçant dans la chaîne des intermédiaires les analogies grecques et latines.
Fers-e; *f. g. -, p. -n.*	पृ	par;	far-an;	*πτέρνα;*	Avancer, marcher; partie du corps qui sert à marcher, pied, talon.
Fert-ig; *adj. adv.*	पृ	par;	far-an;	. . . . *peritus.*	Marcher, avancer; qui est prompt, prêt, habile, capable.
Fess-el; *f. g. -, p. -n.*	. . . . . .	. . . . . .	voy. fass-en.	. . . .	Saisir; chaîne.
Fest; *adj. adv.*	. . . . . .	. . . . . .	voy. fass-en.	. . . .	Qui est saisi, arrêté; ferme, fixe, solide.
Feuer; *n. g. -s, p. -.*	प्रुष्	prus;	fiuh-en;	*πῦρ; puter.*	Être agité, dégager des vapeurs, souffler, vaciller; feu.
Ficht-e; *f. g. -, p. -n.*	पिज्	pij;	. . . .	*πεύκη; picea.*	Enduire de matières grasses; arbre à poix, pin.
Filz; *m. g. -es, p. -e.*	पिल्	pil;	filz-en;	*πῖλος; vellus, pilus.*	Battre, presser, fouler, rendre compact; feutre, laine foulée.
Find-en; *p. -u, imp. -a.*	वुन्द्	vunt, *pronon.* vountt;	. . . .	. . . . *findere.*	Fendre, couper; séparer; discerner, reconnaître, trouver, découvrir.
Fink; *m. g. -en, p. -en.*	. . . . . .	. . . . . .	. . . .	*σπίζειν, σπίζα; fringilla, fringilla.*	Retentir; gazouiller; oiseau de chant; pinson.
Finn-e; *f. g. -, p. -n.*	. . . . . .	. . . . . .	. . . .	*πῖνος; pinna.*	Tisser; tissu, nœud, bouton, bourgeon, pointe, aigrette, nageoire.
First-e; *f. g. -, p. -n.*	. . . . . .	. . . . . .	comp. fürst.	. . . .	Sommet, faîte, comble.
Fisch; *m. g. -es, p. -e.*	पय्	pay;	. . . .	*ἰχθύς; piscis.*	Mouvoir, hâter; qui fait des mouvements rapides, poisson.
Fitt-ich; *m. g. -es, p. -e.*	. . . . . .	. . . . . .	voyez fed-er.	. . . .	Aile.

MOTS ALLEMANDS.	ANALOGIES SANSKRITES.	TRANSCRIPTION DU SANSKRIT en lettres romaines.	RACINES GERMANIQUES.	ANALOGIES GRECQUES ET LATINES.	SIGNIFICATIONS dans leur ordre généalogique, depuis le sens primitif de la racine sanskrite ou germanique jusqu'au plus éloigné, en plaçant dans la chaîne des intermédiaires les analogies grecques et latines.
Flach; *adj. adv.*	लग्	lag;	flig-en;	πλάξ; *placare.*	Joindre, aplanir, battre; plan, plat.
Flachs; *m. g. -es.*	लग्	lag;	flig-en;	πλέκειν, πλοκή, λάχνη; *ligare, ligula.*	Battre; joindre, lier, entrelacer, tresser; qui peut être tressé; chevelure, filasse, lin.
Flack-er-n; *v. n.*	लघ्	lagh;	flig-en;	.... *flagrare.*	Mouvoir; mouvement vacillant; vaciller, flamber, jeter de la flamme.
Flagg-e; *f. g. -, p. -n.*	......	......	v. flieg-en.	....	Pavillon, bannière.
Flatt-er-n; *v. n.*	लड्	lad;	flit-en;	φλεδᾶν, φληναφᾶδες.	Battre; babiller; être d'une gaieté frivole, folâtrer, voltiger.
Flau; *adj. adv.*	लुप्	lup;	flig-en;	φλάξ; *flaccus.*	Frapper, battre; qui est battu, amolli, abattu, faible, languissant.
Flecht-en; *v. a. p. -o-, pr. -i-, imp. -o-.*	लग्	lag;	fligen;	πλάσσειν, πλέκειν; *figere, flectere, plectere.*	Battre; joindre; enlacer, tresser, natter.
Fleck; *m. g. -es, p. -en.*	......	......	c. lieg-en. leg-en.	....	Qui est placé; lieu, endroit; morceau, tache.
Fleg-el; *m. g. -s, p. -.*	......	......	flig-en;	πλάγειν; *figere, flagellare, flagellum.*	Battre; flageller; fouet, battant d'un fléau; lourdaud, rustre.
Fleiß; *m. g. -es.*	......	......	c. fließ-en;	....	Couler, mouvement rapide; hâte; zèle, assiduité.
Flieg-en; *v. n. p. -o-, imp. -o-.*	लघ्	lagh;	....	πλίσσειν;	Mouvoir; marcher à grands pas, aller vite par les airs, voler.

MOTS ALLEMANDS.	ANALOGIES SANSCRITES.	TRANSCRIPTION DU SANSCRIT EN LETTRES ROMAINES.	RACINES GERMANIQUES.	ANALOGIES GRECQUES ET LATINES.	SIGNIFICATIONS dans LEUR ORDRE GÉNÉALOGIQUE, depuis le sens primitif de la racine sanskrite ou germanique jusqu'au plus éloigné, en plaçant dans la chaîne des intermédiaires les analogies grecques et latines.
Flieh-en; *v. a. p. -o-, imp. -o-.*	......	......	v. flieg-en.	....	Fuir.
Fließ-en; *v. n. p. -o-, imp. -o-.*	प्लु	plu;	....	*πλέειν; fluere.*	Mouvoir; couler, passer, s'écouler, s'ensuivre, provenir.
Flink; *adj. adv.*	......	......	v. flieg-en.	....	Rapide, alerte, vif.
Flock-e; *f. g. -, p. -n.*	लग्	lag;	flecht-en;	*πλέκειν, πλόκος; floccus.*	Approcher; joindre, enlacer, tortiller; touffe (laine), flocon (neige).
Floh; *m. g. -es, p. -ö-e.*	......	......	flieh-en;	*ψύλλος; pulex.*	Qui fait des mouvements rapides, puce.
Floß; *n. g. -es, p. -ö-e.*	प्लु	plu;	fließ-en;	*πλέειν; fluere.*	Couler; bois flottant, radeau, bateau.
Flöt-e; *f. g. -, p. -n.*	......	......	blas-en;	*φλόειν; flare, flatare, flatus.*	Respirer, souffler; flûte.
Fluch-en; *v. n.*	लंक्	lank;	....	*λύζειν; lugere.*	Se plaindre, sangloter, gémir; crier, pester, jurer, maudire.
Flucht; *f. g. -, p.*	......	......	v. flieh-en.	....	Fuir; fuite.
Flug; *m. g. -es, p. -ü-e.*	......	......	v. flieg-en.	....	Voler; vol, essor.
Fluß; *m. g. -es, p. -ü-e.*	......	......	v. fließ-en.	....	Couler; fleuve, flux, fluxion.
Fluth; *f. g. -, p. -en.*	......	......	v. fließ-en.	....	Couler; flot, reflux, marée.

MOTS ALLEMANDS.	ANALOGIES SANSKRITES.	TRANSCRIPTION DU SANSKRIT EN LETTRES ROMAINES.	RACINES GERMANIQUES.	ANALOGIES GRECQUES ET LATINES.	SIGNIFICATIONS dans leur ordre généalogique, depuis le sens primitif de la racine sanskrite ou germanique jusqu'au plus éloigné, en plaçant dans la chaîne des intermédiaires les analogies grecques et latines.
Förd-er-n; *v. a.*	....	....	v. vor, für:	....	Avant, en avant; avancer, expédier.
Fort; *adv.*	पृ	par.	vor;	*πρό, πρόσθεν; pro.*	Avancer; avant, devant, en avant; loin; parti.
Fracht; *f. g. –, p. -en.*	....	....	v. bring-en.	....	Apporter; qui est apporté, port, charge, cargaison.
Frack; *m. g. -es, p. -e.*	व्रच्	*arć, pronon.* ritch;	....	*βράκαι; bracca.*	Couvrir; vêtement; habit, frac.
Frag-en; *v. a.*	प्रह्	prah;	....	*φράζειν; rogare, precari.*	Énoncer; parler, adresser la parole; s'informer, demander.
Frau; *f. g. –, p. -en.*	प्री	pri;	frei-en,	*πραός, πρᾶος; frui.*	Aimer; être affable ou doux, qui fait jouir, qui est aimé, recherché; femme.
Frech; *adj. adv.*	वृक्	vark;	....	... *ferox.*	Approcher, saisir; audacieux, intrépide, effronté.
Frei; *adj. adv.*	प्री	pri;	....	*πρᾶος;*	Qui est recherché, accessible, facile, affable, sociable, libre, franc.
Fress-en; *v. a. pr. -i-, imp. -aß-, impr. -i-.*	रद्	rad;	....	*ῥάσσειν; rodere, fricare.*	Briser; broyer, partager; ronger, dévorer, manger.
Freu-en; *v. a.*	....	....	v. frei, froh;	....	Être libre; éprouver une vive satisfaction; se réjouir.
Freund; *m. g. -es, p. -e.*	....	....	voy. freu-en;	....	Ami.
Frev-el; *m. g. -s, p. –.*	....	....	frai;	...... *pravus.*	Brave, courageux, osé, téméraire, effréné, méchant; crime, forfait, délit.

MOTS ALLEMANDS.	ANALOGIES SANSKRITES.	TRANSCRIPTION DU SANSKRIT EN LETTRES ROMAINES.	RACINES GERMANIQUES.	ANALOGIES GRECQUES ET LATINES.	SIGNIFICATIONS dans leur ordre généalogique, depuis le sens primitif de la racine sanskrite ou germanique jusqu'au plus éloigné, en plaçant dans la chaîne des intermédiaires les analogies grecques et latines.
Fried-e; *m. g. -es, p.*	प्री	pri;	frei;	*πραΰτης;*	Approcher librement, aimer; qui est aimable, doux; paix, calme.
Frier-en; *v. n. p. -o-, imp. -o-.*	भ्रेष्	bhraiç;	....	*φρίσσειν; frigere.*	Trembler; frissonner; éprouver du froid, geler.
Frisch; *adj. adv.*	......	......	frier-en;	*φρῖξ; frigidus.*	Frissonner, éprouver du froid; froid, frais.
Froh; *adj. adv.*	......	......	v. frei, freu-en, frau;	....	Gai, joyeux.
Fromm; *adj. adv.*	......	......	vor, für;	*πρό; pro, primus.*	Être en avant, le premier; digne, bon, pieux.
Frost; *m. g. -es, p. -öe.*	......	......	v. frier-en;	....	Geler; gelée, frisson.
Frucht; *f. g. -, p. -üe.*	भृ	bhar;	bring-en;	... *fructus, fruges.*	Porter, produire; fruit, grains.
Früh; *adj. adv.*	पुर्	pur;	vor, für;	*πρό, πρωΐ; πρίν; prius.*	Avancer; en avant, avant; prématuré, précoce, de bonne heure.
Füg-en; *v. a.*	पच्	paç;	....	*πηγνύναι, πάγος; pangere, pactum.*	Lier; joindre, contracter, ajuster, emboîter, adapter, arranger, disposer.
Führ-en; *v. a.*	पृ पुर्	par; pur;	fahr-en;	*περᾶν;*	Avancer, aller; faire passer, conduire, mener, guider.
Füll-en; *v. a.*	पुल्	pul;	voll;	*πλέος; plenus.*	Amonceler; être plein, rempli; emplir, farcir.
Füll-en; *n. g. -s, p. -.*	......	......	....	*πῶλος; pullus.*	Poulain.
Fund; *m. g. -es.*	......	......	v. find-en;	....	Trouver; trouvaille.

MOTS ALLEMANDS.	ANALOGIES SANSKRITES.	TRANSCRIPTION DU SANSKRIT en lettres romaines.	RACINES GERMANIQUES.	ANALOGIES GRECQUES ET LATINES.	SIGNIFICATIONS dans leur ordre généalogique, depuis le sens primitif de la racine sanskrite ou germanique jusqu'au plus éloigné, en plaçant dans la chaîne des intermédiaires les analogies grecques et latines.
Fünf; *nomb.*	......	......	......	*πέμπε, πέντε;* ...	Cinq.
Funk-e; *m. g. -es, p. -n.*	......	......	funk-en;	*φέγγειν, φέγγος; focus.*	Brûler, briller; éclat, étincelle.
Für; *pr.*	पुर्	pur;	vor;	*πρός; pro.*	Avancer; avant, devant, pour, à la place de.
Furch-e; *f. g. -, p. -n.*	पुर्	pur;	fahr-en;	*φαρκίς; porca.*	Avancer; pénétrer, sillonner; sillon, ride.
Furcht; *f. g. -.*	पुर्	pur;	fahr-en;	*φρίξ;* ...	Avancer; éprouver; appréhension, crainte, peur.
Fürst; *m. g. -en, p. -en.*	पुर्	pur;	vor, für;	*προς, πρῶτος; pro.*	Avancer; avant, devant, le premier; prince.
Furt; *f. g. -, p. -en.*	पुर्	pur;	fahr-en;	*πόρος; fretum.*	Avancer, aller; endroit où l'on peut passer, détroit, passage, gué.
Fuß; *m. g. -es, p. -üe.*	पद्	pad;	fat-en;	*πάτος, ποῦς; pes.*	Marcher; pied.
Futt-er; *n. g. -s.*	पुष्	pus;	......	*βόσις; pastus.*	Nourrir; pâture.

G

MOTS ALLEMANDS.	ANALOGIES SANSKRITES.	TRANSCRIPTION DU SANSKRIT en lettres romaines.	RACINES GERMANIQUES.	ANALOGIES GRECQUES ET LATINES.	SIGNIFICATIONS dans leur ordre généalogique, depuis le sens primitif de la racine sanskrite ou germanique jusqu'au plus éloigné, en plaçant dans la chaîne des intermédiaires les analogies grecques et latines.
Gab-el; *f. g. -, p. -n.*	हा	hâ;	gaff-en;	.... *gabalus.*	Détacher; ouvrir, être béant; fourche, fourchette.
Gack-er-n; *v. n.*	कख्	kakh;	....	*κακκάζειν; cacillare.*	Crier; rendre un son aigu et saccadé (poule qui pond), glousser, caqueter.
Gaff-en; *v. n.*	हा	hâ;	....	*χάσκειν;*	Détacher; faire descendre (mâchoire inférieure), bayer, regarder bouche béante.
Gähn-en; *v. n.*	हा	hâ;	gaff-en;	*χαίνειν; hiare.*	Détacher; s'ouvrir, bâiller.
Gähr-en; *v. n. p. -o-, imp. -o-.*	शूर्	çûr;	jes-en;	*χρῆν;*	S'élever, dominer, commander; avoir des mouvements impérieux, être dans une agitation violente, fermenter.
Galg-en; *m. g. -s, p. -.*	कुल्	kul;	....	*ξύλον;*	Croître, s'élever; bois, arbre; charpente, potence, gibet.
Gall-e; *f. g. -.*	ज्वल्	jval, *pronon.* djval;	gel;	*χολή; fel.*	Brûler, briller; être jaune; bile, fiel; colère.
Gäll-en, gell-en; *v. n.*	कल्	kal;	....	*καλεῖν; calare.*	Élever la voix, appeler; retentir, résonner.
Gang; *m. g. -es, p. -ä-e.*	......	......	voy. geh-en;	....	Allure, marche; corridor.
Gans; *f. g. -, p. -ä-e.*	हस् (हंस्)	has;	gähn-en;	*χήν; anser.*	Ouvrir la bouche, crier; oie.

MOTS ALLEMANDS.	ANALOGIES SANSKRITES.	TRANSCRIPTION DU SANSKRIT EN LETTRES ROMAINES.	RACINES GERMANIQUES.	ANALOGIES GRECQUES ET LATINES.	SIGNIFICATIONS dans LEUR ORDRE GÉNÉALOGIQUE, depuis le sens primitif de la racine sanskritano germanique jusqu'au plus éloigné, en plaçant dans la chaîne des intermédiaires les analogies grecques et latines.
Garb-e; *f. g. -, p. -n.*	गृह्	garh;	gair-da;	*γυροῦν; carpere.*	Saisir, enfermer; arrondir; faire un paquet, faisceau de blé coupé, gerbe.
Gart-en; *m. g. -s, p. -ä-.*	गृह्	garh;	gert-en;	*χόρτος; hortus.*	Saisir, enfermer; entourer; clôture, enclos; jardin.
Gäscht; *m. g. -es.*	......	......	c. gähr-en.	......	Fermentation, levure, mousse, écume.
Gass-e; *f. g. -, p. -n.*	......	......	c. geh-en.	......	Chemin, rue, ruelle.
Gast; *m. g. -es, p. -ä-e.*	घस्	ghas;	eß-en;	*γεύειν; gustare, hospes.*	Manger; faire manger; qui vient manger, qui demande l'hospitalité, étranger, hôte.
Gatt-en; *v. a.*	कुट्	kut;	gid-en;	*κεύθειν; catenare.*	Couvrir; renfermer; assembler, réunir; lier ensemble, assortir, accoupler.
Gau; *m. -es, p. -e.*	गा	gâ;	......	*γῆ, γαῖα ....*	Produire; terre, pays, district, canton, -govie.
Gauch; *m. g. -es, p. -ä-e.*	शश्	çaç;	grig-en;	*κηκίειν; jocare, jocus.*	Sauter, s'élancer, folâtrer; qui folâtre; fat, sot, un blanc-bec.
Gauk-el-n; *v. n.*	शश्	çaç, *pronon.* chach;	geig-en;	*κηκίειν; joculari.*	Sauter; s'élancer, voltiger; faire des jongleries, des tours de passe-passe, évoquer des fantômes.
Ge-; *préf. ins.*	चि शम्	ći, çam;	......	...... co-, con-, cum.	Assembler, amonceler; marque un assemblage, une réunion, une répétition, quelquefois explétif.

MOTS ALLEMANDS.	ANALOGIES SANSCRITES.	TRANSCRIPTION DU SANSCRIT en lettres romaines.	RACINES GERMANIQUES.	ANALOGIES GRECQUES ET LATINES.	SIGNIFICATIONS dans leur ordre généalogique, depuis le sens primitif de la racine sanskrite ou germanique jusqu'au plus éloigné, en plaçant dans la chaîne des intermédiaires les analogies grecques et latines.
Ge-bär-en; *v. a. p. -o-, pr. -ie-, imp. -a-, impr. -ie-.*	भृ	bhar;	bär-en;	*φέρειν; ferre.*	Porter; produire, enfanter.
Ge-biet-en; *v. a. p. -o-, imp. -o-.*	पठ्	paṭh, *pronon.* path;	biet-en;	*πυθεῖν; petere.*	Parler, parler avec exigence; désirer; demander; mander; ordonner, commander.
Ge-bot; *n. g. -es, p. -e.*	......	......	v. gebiet-en.	....	Commandement.
Ge-burt; *f. g. -, p. -en.*	......	......	v. gebär-en.	....	Accouchement, naissance.
Geck; *m. g. -en, p. -en.*	......	......	voyez gauch.	....	Fat, présomptueux, niais, fou.
Ge-dank-e; *m. g. -es, p. -n.*	......	......	v. denk-en.	....	Pensée.
Ge-fahr; *f. g. -, p. -en.*	पृ	par;	fahr-en;	*πειρᾶν; periculum.*	Avancer; pénétrer, traverser, tenter un passage; mouvement chanceux, péril, danger.
Ge-fallen; *v. n.*	वल्	val;	fall-en;	*φιλεῖν; placere.*	Tomber sur; choisir, aimer, plaire.
Geh-en; *v. n. p. -a-, imp. -ing.*	या	yâ;	....	*κίειν; ciere.*	Se mettre en mouvement, marcher, aller.
Ge-heuer; *adj.*	ह्री	hri;	hyr (isl.).	*χαίρειν; ...*	Mouvement intérieur; ressentir du plaisir; être joyeux, doux, calme, sûr, sans danger, convenable.
Ge-hirn; *n. g. -es, p. -e.*	शृ	çar;	horn;	*κάρηνον, κρανίον; cranium.*	Percer; cime, sommet, tête; boîte osseuse de la tête, crâne; cerveau, cervelle.

MOTS ALLEMANDS.	ANALOGIES SANSKRITES.	TRANSCRIPTION DU SANSKRIT en lettres romaines.	RACINES GERMANIQUES.	ANALOGIES GRECQUES ET LATINES.	SIGNIFICATIONS dans LEUR ORDRE GÉNÉALOGIQUE, depuis le sens primitif de la racine sanskrite ou germanique jusqu'au plus éloigné, en plaçant dans la chaîne des intermédiaires les analogies grecques et latines.
Geier; *m. g. -s, p. -.*	हृ	har;	gier-nan;	*ἱέραξ; ....*	Saisir; convoiter; oiseau de proie, vautour.
Geif-er; *m. g. -s.*	हा	hâ;	gaff-en;	*χάσκειν, χαίνειν; hiare.*	Détacher; ouvrir la bouche; bouche béante; bave, médisance, venin.
Geil; *adj. adv.*	हिल्	hil;	....	*χλίειν, ἱλαρὸς; hilaris.*	Jouir, folâtrer; être vivace, être vert, vigoureux; luxurieux, lascif.
Geiß; *f. g. -, p. -en.*	घस्	ghas.	....	*γεύειν; gustare, hœdus.*	Mâcher, brouter, goûter, déguster; être friand, délicat dans le manger, chèvre.
Geist; *m. g. -es, p. -er*	....	....	c. gähr-en, gäscht.	....	Mouvement impétueux, air agité, souffle; force vitale, esprit, âme, génie.
Gelb; *adj. adv.*	ज्वल्	jval;	gal-en;	*χλοῦν; gilvus.*	Brûler, briller; couleur luisante; jaune.
Ge-lind; *adj. adv.*	ली	lî;	....	*....; lenis.*	Liquéfier, rendre roulant; doux, indulgent.
Ge-ling-en; *v. n. p. -u-, imp. -a-.*	लघ्	lagh;	lang-en;	*λαγχάνειν; ....*	Mouvoir, atteindre; obtenir, parvenir, réussir.
Gell-en; *v. n.*	....	....	v. gällen.	....	Retentir.
Gems-e; *f. g. -, p. -n.*	कुप्	kup;	....	*κεμάς; capra.*	S'élever; qui s'élève, qui grimpe; chèvre, chamois.
Ge-müth; *n. g. -es, p. -er.*	मन्	man;	muth-en;	*μηνιᾶν, μῆνις; mens.*	Agir; penser; méditer; réflexion, intelligence, âme, caractère.

MOTS ALLEMANDS.	ANALOGIES SANSKRITES.	TRANSCRIPTION DU SANSKRIT en lettres romaines.	RACINES GERMANIQUES.	ANALOGIES GRECQUES ET LATINES.	SIGNIFICATIONS dans LEUR ORDRE GÉNÉALOGIQUE, depuis le sens primitif de la racine sanskrite ou germanique jusqu'au plus éloigné, en plaçant dans la chaîne des intermédiaires les analogies grecques et latines.
Ge-nau; *adj. adv.*	....	....	v. nah.	....	Qui s'applique étroitement; serré, juste, ponctuel, sévère, parcimonieux.
Ge-nes-en; *v. n. imp. -a-.*	नस्	nas;	nes-en;	*νοστεῖν; nasus.*	Respirer par le nez, vivre, se fortifier, se rétablir, devenir sain, se sauver, entrer en convalescence.
Ge-nick; *n. g. -es, p. -e.*	नह्	nah;	nack-en;	*νήθειν, νῆσις; nectere, nexus.*	Joindre, lier; agglomérer, nouer; nœud, cou, nuque.
Genoss-e; *m. g. -n, p. -n.*	जन्	jan;	....	*γεννᾶν, γίγνεσθαι, γένος; gnasci, cognatus.*	Engendrer, naître; famille, enfants, parent, proche; compagnon, collègue, camarade.
Ge-nug; *adv.*	नह्	nah;	nah;	*νήθειν, νῆτος; nectere, nodus.*	Joindre, lier; agglomérer, être près, entassé, accumulé; assez, suffisamment.
Ge-rath-en; *v. n. pr. -ä-, imp. -ie-.*	रा	râ;	....	....*gradi.*	Mouvoir; s'avancer, tomber sur, parvenir, réussir, prospérer.
Ge-recht; *adj. adv.*	....	....	v. recht.	....	Juste.
Ge-richt; *n. g. -es, p. -e.*	....	....	v. recht.	....	Justice, jugement, qui rend la justice, cour de justice.
Ge-ring; *adj. adv.*	लघु	laghu;	-ling;	*ἐλαχύς;*	Petit, chétif, peu considérable.
Gern; *adv.*	गृध्	gardh;	gern-an;	*χρήζειν; quaerere.*	Désirer, demander; convoiter; avide, de bon cœur, volontiers.
Gerst-e; *f. g. -.*	शृ	çar;	....	*κριθή; hordeum.*	Percer, piquer; plantes céréales à prolongement filiforme; orge.

MOTS ALLEMANDS.	ANALOGIES SANSKRITES.	TRANSCRIPTION DU SANSKRIT en lettres romaines.	RACINES GERMANIQUES.	ANALOGIES GRECQUES ET LATINES.	SIGNIFICATIONS dans leur ordre généalogique, depuis le sens primitif de la racine sanskrite congermanique jusqu'au plus éloigné, en plaçant dans la chaîne des intermédiaires les analogies grecques et latines.
Ge-rücht; *n. g. -es, p. -e.*	रुश्	ràç;	rucht;	*ῥοχθεῖν; rugire.*	Retentir; bruire; clameur, bruit, rumeur.
Ge-sammt; *adj.*	......	......	v. sam.	....	Avec; tout entier, tous ensemble.
Ge-schlecht; *n. g. -es, p. -er.*	लग्	lag;	schlag-en;	*λέγειν; ....*	Battre; approcher; rassembler; famille, genre, sexe.
Ge-sell; *m. g. -en, p. -en*	तुल्	tul;	sal;	*τλῆν; tolerare.*	Tenir, lier, joindre, supporter; qui est joint, supporté, associé; commis, compagnon, garçon (métier).
Ge-setz; *n. g. -es, p. -e*	......	......	v. setz-en.	....	Chose posée, fixée; règle, loi, commandement.
Ge-sicht; *n. g. -es, p. -er, -e.*	......	......	v. seh-en.	....	Vue, visage; vision.
Ge-sims; *n. g. -es, p. -e.*	......	......	v. saum.	....	Bord saillant, chambranle, entablement, corniche.
Ge-sind-e; *n. g. -s, p. -.*	सि	si;	send-en;	*.... suere, sutus.*	Lier; accompagner; avoir de la liaison, domestique, suite.
Ge-spräch; *n. g. -es, p. -e*	......	......	v. sprech-en.	....	Discours, dialogue.
Ge-stad-e. *n. g. -s, p. -.*	स्था	sthâ;	steh-en;	*ἱστάναι; stare.*	Se tenir, être debout; bord, rive, côte, plage.
Ge-stalt; *f. g. -, p. -en.*	......	......	v. stellen.	....	Qui est placé, forme, figure.
Gestern; *adv.*	......	......	....	*χές, χθές; hesternus.*	Demain.
Ge-sund; *adj. adv.*	सि	si;	....	*σάος, σῶος; sanus.*	Joindre, affermir; entier, fort, bien portant, sain.

MOTS ALLEMANDS.	ANALOGIES SANSCRITES.	TRANSCRIPTION DU SANSCRIT en lettres romaines.	RACINES GERMANIQUES.	ANALOGIES GRECQUES ET LATINES.	SIGNIFICATIONS dans leur ordre généalogique, depuis le sens primitif de la racine sanskrite ou germanique jusqu'au plus éloigné, en plaçant dans la chaîne des intermédiaires les analogies grecques et latines.
Ge-tränk; *n. g. -es, p. -e.*	......	......	v. trink-en.	....	Boire; boisson.
Ge-währ-en; *v. a.*	......	......	v. wahr.	....	Donner pour vrai, garantir, accorder, adhérer, conférer, procurer.
Ge-walt; *f. g. -, p. -en.*	वल्ल्	vall;	walt-en;	*ὀφέλλειν; valere, validitas.*	Tenir, porter, appuyer; être fort, avoir de l'autorité, gouverner; pouvoir, autorité, violence.
Ge-wand; *n. g. -es, p. -ä-er.*	बंध्	bandh;	wind-en;	*vestire, vestis.*	Lier; tourner, entourer; s'habiller; vêtement, robe.
Ge-wäsch; *n. g. -es, p. -e.*	वश्	vaç;	wasch-en;	*Φάσκειν, ὄσσα; vocare, vagire, vox.*	Parler avec bruit et confusément, hâbler, bavarder; voix criardes et confuses, caquetage, babil.
Ge-wicht; *n. g. -es, p. -e*	......	......	v. wäg-en.	....	Peser; poids.
Ge-winn-en; *v. a. p. -o-, imp. -a-.*	वन्	van;	winn-en;	*ἐργάζεσθαι, ὠνεῖσθαι; venare, vendere.*	Agir, travailler; commercer, acheter et vendre; gagner.
Ge-wiß; *adj. adv.*	......	......	voy. wiss-en.	....	Savoir; qui est su, déterminé, sûr, certain, fixe, indubitable.
Ge-wölb-e; *n. g. -s, p. -.*	......	......	v. wölb-en.	....	Voûter; qui est voûté, voûte, caveau, magasin.
Gicht; *f. g. -, p. -en.*	शश्	çaç;	geh-en;	*σκαίρειν; ....*	Sauter; s'élancer; circuler; douleur ambulante, douleurs rhumatismales, goutte, podagre, chiragre.
Gie-bel; *m. g. -s, p. -.*	कुप्	kup;	....	*κεφαλή; caput.*	S'élever; le haut, sommet, tête, pignon, fronton.

MOTS ALLEMANDS.	ANALOGIES SANSKRITES.	TRANSCRIPTION DU SANSKRIT en lettres romaines.	RACINES GERMANIQUES.	ANALOGIES GRECQUES ET LATINES.	SIGNIFICATIONS dans leur ordre généalogique, depuis le sens primitif de la racine sanskrite ou germanique jusqu'au plus éloigné, en plaçant dans la chaîne des intermédiaires les analogies grecques et latines.
Gieß-en; *v. a. p. -oſſ-, imp. -o-.*	हट्	hat;	....	χέω, χεῦμα; *guttare.*	Vider; s'échapper, laisser tomber, épancher, verser, répandre.
Girr-en; *v. n.*	गॄ	gâr;	....	γηρύειν; *garrire.*	Faire entendre sa voix, rendre un son; gazouiller; roucouler, gémir.
Gitt-er; *n. g. -s, p. -.*	......	......	v. gatt-en.	....	Réunir; treillis, grille.
Glanz; *m. g. -es.*	......	......	v. gleiß-en.	....	Briller; éclat, splendeur, lustre.
Glas; *n. g. -es, p. -äſer*	घस्	as;	gleiß-en;	.... *glessum.*	Briller; corps luisant, succin; verre.
Glatt; *adj. adv.*	घस्	as;	gleiß-en;	γλοιός; *glotus.*	Briller; être poli, lisse, aplani, glissant; insinuant, flatteur.
Glaub-en; *v. a.*	लप्	lap;	laub-en, lieb-en;	.... *lubet.*	Prononcer sur, louer, aimer, plaire, permettre, consentir, croire, espérer.
Gleich; *adj. adv.*	लिग्	lig;	leif, lich:	-λικος, λέχος; *ligare, licus.*	Joindre, réunir, ensemble, semblable, égal, pareil.
Gleiß-en; *v. n.*	घस्	as;	....	γλαύσσειν;	Luire, briller, paraître, sembler, tromper.
Gleit-en; *v. n. p. -itt-, imp. -itt.*	......	......	v. glatt.	....	Se mouvoir sur une surface glissante, glisser, couler légèrement.
Gletſch-er; *m. g. -s, p. -.*	......	......	gleiß-en;	.... *glacies.*	Briller; glace, glacier.
Glock-e; *f. g. -, p. -n.*	लोक्	lauk;	glock-en:	κλάζειν, κλαγγή; *clangor.*	Produire des sons par des coups, retentir, bruit perçant; sonner; cloche, horloge, heure.

MOTS ALLEMANDS.	ANALOGIES SANSKRITES.	TRANSCRIPTION DU SANSKRIT EN LETTRES ROMAINES.	RACINES GERMANIQUES.	ANALOGIES GRECQUES ET LATINES.	SIGNIFICATIONS dans LEUR ORDRE GÉNÉALOGIQUE, depuis le sens primitif de la racine sanskrite ou germanique jusqu'au plus éloigné, en plaçant dans la chaîne des intermédiaires les analogies grecques et latines.
Glotz-en; *v. n.*	लोच्	lauć;	glaz-en;	γλαύσσειν;	Paraître, briller; ouvrir de grands yeux, regarder fixement.
Gluchs-en; *v. n.*	लोक्	lauk;	glach-en;	κλώζειν; *glocire.*	Produire des sons par des coups, claquer avec la langue; glousser.
Glück; *n. g. -es.*	लघ्	lagh;	ling-en;	λαγχάνειν, λαχόν; ...	Atteindre, réussir, obtenir par le sort la part échue; bonheur, fortune.
Glüh-en; *v. n.*	लोच्	lauć;	glah-en;	γλαύσσειν; *lucere.*	Paraître; luire, briller, darder des traits de feu, flamboyer, être embrasé.
Gnad-e; *f. g. -.*	नह्	nah;	nah-en;	ἐντός; *nodus.*	Joindre, approcher; qui est approché, entassé; approchement, inclination, faveur, grâce, clémence.
Gold; *n. g. -es.*	......	......	glüh-en;	κηλοῦν; *calere.*	Brûler, briller; qui brille; or.
Goss-e; *f. g. -, p. -n.*	......	.....	v. giess-en.	....	Verser; égout, rigole.
Gott; *m. g. -es, p. -ö-er.*	शुध्	çudh;	god;	καθαίρειν; *candens, castus.*	Purifier; être pur, brillant; Dieu.
Grab-en; *v. a. p. -ä-, imp. -u-.*	रफ्	raph;	....	γράφειν; *rapere.*	Briser; inciser, creuser, graver.
Gränz-e; *f. g. -, p. -n.*	....	....	grin-en;	κρίνειν;	Partager, séparer; limite, borne, frontière.
Gras; *n. g. -es, p. -ä-er.*	रुह्	ruh;	gran-an;	γράστις; *gramen, herba.*	Croître, verdir; herbe.

MOTS ALLEMANDS.	ANALOGIES SANSCRITES.	TRANSCRIPTION DU SANSCRIT EN LETTRES ROMAINES.	RACINES GERMANIQUES.	ANALOGIES GRECQUES ET LATINES.	SIGNIFICATIONS dans leur ordre généalogique, depuis le sens primitif de la racine sanskrite ou germanique jusqu'au plus éloigné, en plaçant dans la chaîne des intermédiaires les analogies grecques et latines.
Graß; *adj. adv.*	भ्रेष्	bhrais;	grau-en, graus-en;	*φρίσσειν; frigere.*	Trembler, éprouver des mouvements convulsifs, frémir, craindre; qui est à craindre, effroyable, hideux.
Grat; *m. g. -es, p. -e.*	शॄ	çâr;	....	*κείρειν; ....*	Percer, pénétrer, déchirer; pointe, tranchant, bord supérieur et tranchant, arête.
Grät-e; *f. g. -, p. -n.*	......	......	voyez grat.	....	Arête.
Grau; *adj. adv.*	जॄ	jar;	....	*γεραιός; ravus.*	Avancer, vieillir; vieux, gris, grison.
Graus-en; *v. n.*	भ्रेष्	bhrais;	....	*φρίσσειν; horrere.*	Trembler, éprouver des frissons, frémir, craindre, avoir de l'horreur.
Greif; *m. g. -es, p. -e.*	......	......	greif-en;	*γρύψ; gryphus.*	Prendre, saisir; oiseau de proie, griffon, condor.
Greif-en; *v. a. p. -iff, imp. -iff-.*	रिफ्	riph;	....	*γριπίζειν; carpere.*	Briser; saisir, attrapper, prendre.
Grein-en. *v. n.*	......	......	grin-en;	*κρίνειν; cernere.*	Partager, séparer, fendre, ouvrir la bouche en décomposant les traits, en grimaçant pour rire ou pour pleurer.
Greis; *adj. adv.*	......	......	voyez grau.	....	Grisâtre, grisonnant, fort âgé.
Gries; *m. g. -es.*	......	......	griut-an;	*κριθή; ....*	Broyer, égruger; gruau, gravier.
Griff; *m. g. -es, p. -e.*	......	......	v. greif-en.	....	Action de saisir; attouchement, poignée, anse, finesse, habitude.

MOTS allemands.	ANALOGIES SANSKRITES.	TRANSCRIPTION DU SANSKRIT en lettres romaines.	RACINES germaniques.	ANALOGIES grecques et latines.	SIGNIFICATIONS dans leur ordre généalogique, depuis le sens primitif de la racine sanskrite ou germanique jusqu'au plus éloigné, en plaçant dans la chaîne des intermédiaires les analogies grecques et latines.
Grill-e; *f. g. -, p. -n.*	....	....	grill-en;	*γρυλλίζειν; gryllus.*	Rendre un son particulier; grillon; idée singulière, fantaisie, lubie, rêverie.
Grimm; *m. g. -es.*	क्री	kri;	grim-en;	*κρυμός;....*	Éprouver des mouvements intérieurs; frissonner, frémir; frisson; colère, fureur, rage.
Grins-en; *v. n.*	....	....	v. grein-en.	....	Grimacer, ricaner.
Grob; *adj. adv.*	रफ्	raph;	....	*....gravis.*	Briser; qui est brisé, rude, grossier, gros, lourd.
Groß; *adj. adv.*	....	....	gro-an;	*....crescere; cretus, grandis, crassus.*	Croître; qui a beaucoup d'étendue, gros, grand, vaste.
Grott-e; *f. g. -, p. -n.*	रिश्	ris;	....	*κρύπτη; crypta.*	Couper, fendre; fente de rocher, caverne, voûte souterraine, grotte.
Grub-e; *f. g. -, p. -n.*	रफ्	raph;	grab-en;	*κρύπτω; crypta, zcrobs.*	Briser; creuser; creux, fosse.
Gruft; *f. g. -, p. -ü-.*	....	....	v. grab-en.	....	Creuser; fosse, tombeau.
Grunz-en; *v. n.*	रुद्	rud;	....	*γρύζειν; grunnire.*	Soupirer; murmurer, marmotter; grogner (cochons).
Grüß-en; *v. a.*	रज्	raj;	gret-an;	*χαίρειν, χαιρετίζειν; gratari.*	Parler; adresser la parole, parler avec affabilité, aborder en saluant, féliciter, souhaiter le bonjour, saluer.
Grütz-e; *f. g. -.*	रु	ru;	griut-an;	*ῥέειν, κριθή, μαργαρίτης; ruo, rutum.*	Agiter, remuer; broyer, qui est broyé, qui est réduit en petits morceaux; perle; gruau, orge mondé.

MOTS ALLEMANDS.	ANALOGIES SANSKRITES.	TRANSCRIPTION DU SANSKRIT en lettres romaines.	RACINES GERMANIQUES.	ANALOGIES GRECQUES ET LATINES.	SIGNIFICATIONS dans leur ordre généalogique, depuis le sens primitif de la racine sanskrite ou germanique jusqu'au plus éloigné, en plaçant dans la chaîne des intermédiaires les analogies grecques et latines.
Guck-en; *v. n.*	ईक्ष्	ikş;	....	*ὄκος; oculus.*	Être visible, regarder, voir.
Gurg-el; *f. g. -, p. -n.*	कुर् गॄ	kur; gar;	....	*γαργαρεών; gurges.*	Retentir; organe phonateur, gosier, gorge.
Gurt; *m. g. -es, p. -e.*	गर्ह्	garh;	....	*γυροῦν, γῦρος; gyrare, gyrus.*	Saisir, renfermer, entourer, ceindre, sangler; ceinture, sangle.
Guß; *m. g. -es, p. -ü-e.*	....	....	v. gieß-en.	....	Verser; averse, jet, fonte.
Gut; *adj. adv.*	शुध्	çudh;	....	*καθαίρειν, γηθεῖν, ἀγαθός; gaudere.*	Purifier; être pur, blanc, brillant; qui réjouit, qui plaît, estimable, honnête, bon, utile.

H

MOTS ALLEMANDS.	ANALOGIES SANSKRITES.	TRANSCRIPTION DU SANSKRIT EN LETTRES ROMAINES.	RACINES GERMANIQUES.	ANALOGIES GRECQUES ET LATINES.	SIGNIFICATIONS dans leur ordre généalogique, depuis le sens primitif de la racine sanskrite ou germanique jusqu'au plus éloigné, en plaçant dans la chaîne des intermédiaires les analogies grecques et latines.
Haar; *n. g. -es, p. -e.*	शॄ	çṝ;	....	*κείρειν, κόῤῥη; cirrus, cæsaries.*	Percer, couper, fendre; qui est fendu ou semble l'être, filament délié, cheveu, chevelure, poil.
Hab-en; *v. a.*	आप्	âp;	....	*ἅπτειν; habere.*	Tenir; être en rapport, posséder, avoir.
Hab-icht; *m. g. -es, p. -e.*	कश्	kaç;	hau-en, hack-en, kapp-en;	*κόπτειν; accipiter.*	Frapper, fendre, mettre en morceaux; oiseau de proie, autour, astur.
Hack-en; *v. a.*	कश्	kaç;	hau-en;	*κόπτειν, κεάζειν; cædere.*	Frapper, couper, fendre; hacher, mettre en petits morceaux.
Had-er; *m. g. -s.*	......	......	voy. hass-en.	....	Haïr; querelle, dispute.
Haf-en; *m. g. -s, p. -ä-.*	......	......	hab-en;	*κάδος; cavum, cabas.*	Avoir; contenir, cavité, port; ustensile creux, tonneau, pot, vase.
Haff; *n. g. -es, p. -e.*	......	......	voy. haf-en.	....	Baie, golfe.
Haft-en. *v. n.*	आप्	âp;	hab-en;	*ἅπτειν; habere.*	Avoir; tenir, être fixé, être attaché.
Hag; *m. g. -es, p. -e.*	......	......	voy. häg-en.	....	Clore; enclos, haie.
Häg-en; *v. a.*	कुच्	kuč;	....	*ἔχειν, κυκλοῦν; cingere.*	Tenir, tenir ensemble, réunir, ramasser en cercle, entourer, ceindre, clore, garder, protéger, nourrir.
Hag-el; *m. g. -es.*	......	......	hack-en;	*χάλαζα; ....*	Frapper, hacher; petits corps arrondis, grêle, petit plomb.

MOTS ALLEMANDS.	ANALOGIES SANSKRITES.	TRANSCRIPTION DU SANSKRIT EN LETTRES ROMAINES.	RACINES GERMANIQUES.	ANALOGIES GRECQUES ET LATINES.	SIGNIFICATIONS dans LEUR ORDRE GÉNÉALOGIQUE, depuis le sens primitif de la racine sanskrite ou germanique jusqu'au plus éloigné, en plaçant dans la chaîne des intermédiaires les analogies grecques et latines.
Hag-er; *adj. adv.*	उच्	uc;	....	*αὔξειν, αὔειν, αὖος...*	S'élever, sortir de; qui est saillant, desséché, sec, décharné, maigre, hâve.
Hahn; *m. g. -es, p. -ä-e.*	कण्	kaṇ;	han-an;	*χανάειν; canere.*	Retentir, crier, chanter; coq, chien (fusil), robinet.
Hain; *m. g. -es, p. -e.*	....	....	voyez hag.	....	Haie; bocage, bosquet, bois fermé par une clôture.
Hak-en; *m. g. -s, p. -.*	अश्	aç;	....	*ὄγκος; uncus.*	Pénétrer; qui pénètre, chose pointue, instrument recourbé, croc, crochet.
Halb; *adj. adv.*	....	....	....	*κολούειν, κολοβός...*	Couper, diminuer, tronquer; tronqué, demi, moitié.
Hall-e; *f. g. -, p. -n.*	कल्	kal;	hall-en;	*καλιά, αὐλή; cella, aula.*	Retentir, répercuter; qui répercute; vaste pièce, vestibule, salle, portique.
Hall-en; *v. n.*	कल्	kal;	....	*καλεῖν; calare.*	Retentir, résonner.
Halm; *m. g. -es, p. -e.*	....	....	hel-en;	*καλύπτειν, κάλαμος, καλαμίς; calamus, culmus.*	Envelopper, enfermer; être creux, tuyau de plante, tige.
Hals; *m. g. -es, p. -ä-e.*	कल्	kal;	....	*... collum.*	Retentir, rendre des sons; gorge, cou.
Halt-en; *v. a. pr. -ä-, imp. -ie.*	खल्	khal;	....	*κωλύειν, ...*	Fixer, arrêter, tenir, retenir, soutenir, contenir, maintenir.
Hand; *f. g. -, p. -ä-e.*	हिंस्	his;	hind-en;	*κεντεῖν; ....*	Frapper; atteindre; saisir; prendre; organe de préhension, main.

MOTS ALLEMANDS.	ANALOGIES SANSKRITES.	TRANSCRIPTION DU SANSKRIT en lettres romaines.	RACINES GERMANIQUES.	ANALOGIES GRECQUES ET LATINES.	SIGNIFICATIONS dans LEUR ORDRE GÉNÉALOGIQUE, depuis le sens primitif de la racine teutonique ou germanique jusqu'au plus éloigné, en plaçant dans la chaîne des intermédiaires les analogies grecques et latines.
Hand-el; *m. g. -s, p. -ä-.*	......	......	voyez hand.	....	Main; manier; action, affaire, négociation, débat.
Hanf; *m. g. -es.*	शम्	çam;	....	*κάνναβις; cannabis.*	Lier, joindre; roseau qui sert à lier, chanvre.
Hang-en; *v. n. p. -ä-, imp. -i-.*	......	......	hab-en;	*ἄγχειν; angere.*	Être lié, serré; être attaché, accroché, être suspendu.
Hark-e; *f. g. -, p. -n.*	गृह्	garh;	rif-en;	*....hirpex.*	Saisir; ramasser; qui ramasse, rateau.
Harm; *m. g. -es.*	गॄ	gâr;	har-en;	*γηρύειν; garrire.*	Crier, faire entendre sa voix; cri, plainte, affliction, chagrin.
Harn; *m. g. -es.*	रि	ri;	harn;	*οὖρον; urina.*	Couler; urine.
Harr-en; *v. n.*	गॄ	gâr;	har-en;	*γρηγορεῖν, ἐγείρειν; ....*	Crier, veiller; attendre, demeurer.
Harsch; *adj. adv.*	......	......	voyez hart.	....	Dur; rude.
Hart; *adj. adv.*	शॄ	çâr;	....	*καρτερός, κάρτα....*	Percer, pénétrer; qui est pénétrant; fort, ferme, solide, dur, rude, inflexible, cruel.
Harz, Hart; *m. g. -es.*	ऋध्	ardh, *pronon.* ridh;	....	*ὄρος; hercynia.*	S'élever; montagne, montagne boisée.
Hassen; *v. a.*	वध्	bath;	....	*κοτεῖν; odisse.*	Blesser; vexer, tourmenter; irriter, s'irriter; haïr.
Haub-e; *f. g. -, p. -n.*	कुभ्	kub;	....	*σκέπειν; capillare.*	Couvrir; envelopper; coiffe, bonnet, chaperon, huppe (oiseau).
Hauch-en; *v. n.*	......	......	....	*ἄζειν; ....*	Souffler, exhaler, aspirer, inspirer.

MOTS ALLEMANDS.	RACINES SANSKRITES.	TRANSCRIPTION DU SANSKRIT en lettres romaines.	RACINES GERMANIQUES.	ANALOGIES GRECQUES ET LATINES.	SIGNIFICATIONS dans leur ordre généalogique, depuis le sens primitif de la racine sanskrite ou germanique jusqu'au plus éloigné, en passant dans la chaîne des intermédiaires les analogies grecques et latines.
Hau-en; *v. a. imp. -ieb.*	शौ	çau;	....	*κείειν, κεάζειν; cædere.*	Couper, détruire; frapper, battre.
Hauf-e; *m. g. -ns, p. -n.*	कुप्	kup;	....	..... *copia, cumulus.*	Élever, accumuler; amas, tas, monceau, quantité, foule.
Haupt; *n. g. -es, p. -ä-er.*	कुप्	kup;	auf;	*κύβη; caput.*	Élever; partie supérieure, cime, tête, chef.
Haus; *n. g. -es, p. -ä-er.*	कुट्	kut;	huot-an;	*κεύθειν, κεῦθος; casa.*	Couvrir; cacher, protéger, garder; lieu couvert, maison, famille.
Haut; *f. g. -, p. ä-e.*	कुट्	kut;	huot-an;	*κύτος; cutis.*	Couvrir, protéger; peau.
Hech-el; *f. g. -, p. -n.*	......	......	c. hak-en.	....	Pointe, croc; séran, regayoir, affinoir.
Hecht; *m. g. -es, p. -e.*	......	......	c. hak-en.	....	Crochet; qui a des dents crochues, brochet.
Heck-e; *f. g. -, p. -n.*	......	......	voy. hag-en.	....	Entourer, clore; haie.
Heck-en; *v. n.*	......	......	voy. hag-en.	....	Entourer, enlacer; s'accoupler, s'apparier, couver.
Heer; *n. g. -es, p. -e.*	हृ	har;	hairð-an;	..... *hærere.*	Garder, tenir, saisir, réunir; multitude, troupe, armée.
Heerd-e; *f. g. -, p. -n.*	......	......	voyez heer.	....	Multitude, troupe, troupeau.
Heg-en; *v. a.*	......	......	voy. hag-en.		
Hehl-en; *v. a.*	हुल्	hul,	....	*κλείειν, καλύπτειν; celare.*	Couvrir, enfermer, cacher, celer.

MOTS ALLEMANDS.	ANALOGIES SANSKRITES.	TRANSCRIPTION DU SANSKRIT EN LETTRES ROMAINES.	RACINES GERMANIQUES.	ANALOGIES GRECQUES ET LATINES.	SIGNIFICATIONS dans LEUR ORDRE GÉNÉALOGIQUE, depuis le sens primitif de la racine sanskrite ou germanique jusqu'au plus éloigné, en plaçant dans la chaîne des intermédiaires les analogies grecques et latines.
Hehr; *adj. adv.*	....	....	comp. herr.	....	Être puissant, auguste, grand.
Heil; *adj. adv.*	खल्	khal;	....	*ὅλος; solus.*	Lier, joindre; être entier, ferme, sain, guéri, sauf, intègre.
Heil; *n. g. -es.*	....	....	voyez heil.	.... *salus.*	Santé, bonheur, salut, félicité.
Heim; *adv.*	शम्	çam;	him-en;	*χαμαί; humus.*	Réunir, unir; protéger, couvrir; lien protecteur, maison, famille, patrie; chez soi, à la maison.
Heisch-en; *v. a.*	....	....	....	*ἠχεῖν; egere.*	Faire retentir sa voix, réclamer, désirer impérieusement, exiger, demander.
Heiß; *adj. adv.*	इध्	idh;	heit-en;	*αἶθος; æstus.*	Brûler; brûlant, ardent, être chaud.
Heiß-en; *v. a.*	इध्	idh;	heit-en;	*αἴθειν;*	Brûler; enflammer; pousser vers, exhorter, demander, ordonner, appeler, nommer.
Heit-er; *adj. adv.*	इध्	idh;	heit-en;	*αἴθριος, αἰθήρ; ætherius, æther.*	Brûler, briller; lumière, clarté; clair, serein, gai, enjoué, jovial.
Heiz-en; *v. a.*	....	....	voyez heiß.	....	Chauffer.
Held; *m. g. -en, p. -en.*	....	....	halt-en	.... *altus.*	Tenir; qui se tient, qui est ferme, fier, grand, fort, vaillant; homme intrépide, héros.
Hell; *adj. adv.*	कल्	kal;	hell-an, hall-en;	*ἕλη;*	Éclater; éclat; éclatant, clair, retentissant, aigu, vif, lumineux.

MOTS ALLEMANDS.	ANALOGIES SANSKRITES.	TRANSCRIPTION DU SANSKRIT en lettres romaines.	RACINES GERMANIQUES.	ANALOGIES GRECQUES ET LATINES.	SIGNIFICATIONS dans leur ordre généalogique, depuis le sens primitif de la racine sanskrite ou germanique jusqu'au plus éloigné, en plaçant dans la chaîne des intermédiaires les analogies grecques et latines.
Helm; *m. g. -es, p. -e.*	हुल्	hul;	hel-an;	*κάλυμμα; galea.*	Couvrir, cacher, envelopper; cape, huppe, casque.
Hemd; *n. g. -es, p. -en.*	कुब्	kub;	hemman;	*εἷμα, ἱμάτιον; amictus.*	Couvrir, revêtir; vêtement, robe; chemise.
Hengst; *m. g. -es, p. -e.*	कण्	kaṇ;	....	*γίννος; hinnire, hinnus.*	Crier, hennir; mulet, cheval; cheval entier, étalon.
Henk-en; *v. a.*	....		v. hang-en, häng-en.	....	Être suspendu; faire suspendre; pendre.
Henn-e; *f. g. -, p. -n.*	....		voyez Hahn.	....	Femelle du coq, poule.
Her; *adv.*	हृ	har;	....	..... *hic, huc.*	Saisir, prendre; marque rapprochement: ici, vers moi.
Herb-e; *adj. adv.*	शॄ	çar;	....	..... *acerbus.*	Percer, corroder; être corrosif, âpre, acerbe, aigre, amer.
Herbst; *m. g. -es, p. -e.*	कृव्	karv;	....	*καρπός; carpere.*	Couper; cueillir les fruits; moisson, automne (saison des récoltes).
Her-old; *m. g. -es, p. -e.*	गॄ	gar;	har-wald;	*κηρύσσειν, κῆρυξ...*	Crier; qui a le pouvoir de crier, de publier à haute voix, hérant.
Herr; *m. g. -en, p. -en.*	अर्ह् शूर्	arh; çûr;	hait-an, hais, her;	*κύριος; herus.*	Briller, être éclatant; être puissant, dominer; maître, seigneur, monsieur.
Herz; *n. g. -ens, p. -en.*	ऋ (हृद्)	ar;	....	*καρδία; cor (cordis).*	Se mouvoir, qui est en mouvement; cœur, âme, courage.
Her-zog; *m. g. -es, p. -e.*	....		voyez her, zieh-en.	....	Qui marche à la tête d'une armée, chef militaire; duc.

MOTS ALLEMANDS.	ANALOGIES SANSKRITES.	TRANSCRIPTION DU SANSKRIT en lettres romaines.	RACINES GERMANIQUES.	ANALOGIES GRECQUES ET LATINES.	SIGNIFICATIONS dans LEUR ORDRE GÉNÉALOGIQUE, depuis le sens primitif de la racine sanskrite ou germanique jusqu'au plus éloigné, en plaçant dans la chaîne des intermédiaires les analogies grecques et latines.
Heu; *n. g. -es.*	......	......	voy. hau-en.	....	Couper; herbe coupée, foin.
Heuch-el-n; *v. n.*	शश्	çaç;	....	*αἰκάλλειν*	Exécuter des mouvements; chercher à tromper en affectant, cacher la vérité, faire l'hypocrite, feindre.
Heul-en; *v. n.*	कल्	kal;	....	*ὑλᾷν; ululare.*	Retentir, crier, aboyer, hurler.
Heut-e; *adv.*	......	......	hiu-tagu;	.... *hodie* (*hoc die*).	Ce jour, aujourd'hui.
Here; *f. g. -, p. -n.*	......	......	heg-en, sie;	*Ἑκάτη; Hecate.*	Qui a le pouvoir d'entourer, de fixer, d'ensorceler, de charmer; femme puissante, déesse qui préside aux enchantements et à la magie, magicienne, sorcière.
Hieb; *m. g. -es, p. -e.*	......	......	v. hau-en.	....	Couper, tailler, frapper; coup.
Hier, hie; *adv.*	हु	hu;	her, his;	.... *hic.*	Offrir; marque approchement, présence; celui-ci, ce, ici.
Hin; *adv.*	......	......	his;	.... *hic, hinc.*	Signification indicative ou démonstrative; ce, en ce lieu-là, vers.
Hind-er-n; *v. a.*	......	......	v. hint-er.	....	En arrière; refouler, faire reculer, retenir, entraver, empêcher.
Hind-in; *f. g. -, p. -en.*	......	......	hinth-en;	*ἴννος, ἴνος; hinnuleus.*	Produire; qui produit; biche.
Hint-en; *adv.*	अत्	at;	ent;	*ἀντί; ante.*	Mouvoir d'un côté opposé; avant; derrière, à la fin.

MOTS ALLEMANDS.	ANALOGIES SANSKRITES.	TRANSCRIPTION DU SANSKRIT EN lettres romaines.	RACINES GERMANIQUES.	ANALOGIES GRECQUES ET LATINES.	SIGNIFICATIONS dans LEUR ORDRE GÉNÉALOGIQUE, depuis le sens primitif de la racine sanskrite ou germanique jusqu'au plus éloigné, en plaçant dans la chaîne des intermédiaires les analogies grecques et latines.
Hint-er; *prp.*	......	......	v. hint-en.	....	Derrière, après.
Hirn; *n. g. -es, p. -e.*	......	......	v. ge-hirn.	....	Cerveau, cervelle.
Hirsch; *m. g. -es, p. -e.*	शृ	çâr;	....	*κέρας, κεραός; cornu, cervus.*	Percer; qui perce, corne, animal à cornes, cerf.
Hirt; *m. g. -en, p. -en.*	गृह्	garh;	hyrd-an; (angl. sax.)	*γυροῦν; gerere.*	Saisir, enfermer; garder, protéger, gouverner; gardien, surveillant, pasteur, pâtre, berger.
Hitz-e; *f. g. -.*	......	......	voyez heiß.	....	Chaud; chaleur.
Hob-el; *m. g. -s, p. -.*	......	......	voy. hau-en.	....	Couper, fendre; instrument tranchant, rabot.
Hoch; *adj. adv.*	उच्	uc;	auf-an;	*αὔξειν; augere, auctus.*	Augmenter, croître; haut, élevé, grand.
Höck-er; *m. g. -s, p. -.*	......	......	voyez hoch.	....	Haut; éminence arrondie, bosse, protubérance.
Hod-e; *f. g. -, p. -n.*	हद्	had;	....	*χέζειν*....	Vider; verser; glande séminale, testicule.
Hof; *m. g. -es, ö-e.*	आप्	âp;	hab-en;	*κῆπος; campus.*	Contenir; qui contient, enclos, jardin, cour, ferme, domaine, assemblée.
Hoff-en; *v. n.*	कुप्	kup;	....	*κάπτειν; cupere.*	Éprouver un désir, s'irriter, soupirer après; désirer, espérer.
Hohl; *adj. adv.*	हल्	hal;	hel-an;	*κοῖλος*....	Creuser; qui renferme un espace vide, qui couvre; creux, vide.

MOTS ALLEMANDS.	ANALOGIES SANSKRITES.	TRANSCRIPTION DU SANSKRIT EN LETTRES ROMAINES.	RACINES GERMANIQUES.	ANALOGIES GRECQUES ET LATINES.	SIGNIFICATIONS dans LEUR ORDRE GÉNÉALOGIQUE, depuis le sens primitif de la racine sanskrite ou germanique jusqu'au plus éloigné, en plaçant dans la chaîne des intermédiaires les analogies grecques et latines.
Hohn; *m. g. -es.*	कण्	kaṇ;	han-an;	*ὄνειδος; honos.*	Retentir; crier, se moquer de quelqu'un en imitant sa voix, insulter, déshonorer; mépris, dédain, moquerie, raillerie.
Hol-en; *v. a.*	चल्	*čal.*	....	*κέλλειν; celer.*	Mouvoir, aller, avancer; aller chercher, quérir, amener.
Hold; *adj. adv.*	......	......	v. halt-en.	....	Arrêter, tenir; qui tient, qui est attaché, dévoué, favorable, affable.
Höll-e; *f. g. -.*	......	......	voyez hohl.	....	Creux; caverne, endroit caché; enfer.
Holun-der; *m. g. -s.*	......	......	v. hohl; tar (arbre).	....	Arbre dont les branches sont creuses, sureau.
Holz; *n. g. -es, p. -ö-er.*	कुल्	kul;	halt-en;	*ὕλη, ξύλον; silva.*	Augmenter; croître; qui croît, bois, forêt.
Hon-ig; *m. g. -s*	......	......	....	*οἶνος? οἰνίσκος?...*	Suc doux, vin; miel.
Horch-en; *v. n.*	......	......	voy. hör-en.	....	Écouter, faire des efforts pour écouter, être aux écoutes.
Hord-e; *f. g. -, p. -n.*	चर्	*čar;*	....	.... *cohors.*	Mouvoir, avancer; troupe errante, tribu nomade, horde.
Hör-en; *v. n.*	......	......	voyez ohr.	.... *audire.*	Oreille; recevoir l'impression des sons, ouïr, entendre, faire attention, obéir.
Horn; *n. g. -s, p. -örer.*	शृ	*çar;*	....	*κέρας; cornu.*	Percer; qui est saillant, corne, cor.

MOTS ALLEMANDS.	ANALOGIES SANSKRITES.	TRANSCRIPTION DU SANSKRIT EN LETTRES ROMAINES.	RACINES GERMANIQUES.	ANALOGIES GRECQUES ET LATINES.	SIGNIFICATIONS dans LEUR ORDRE GÉNÉALOGIQUE, depuis le sens primitif de la racine sanskrite ou germanique jusqu'au plus éloigné, en plaçant dans la chaîne des intermédiaires les analogies grecques et latines.
Horst; *m. f. f. g. -es, p. -e.*	गृह	garh;	haird-an;	γυρόω;	Enfermer, enclore; qui est clos, foule serrée, faisceau, touffe d'arbres, buisson; nid d'un oiseau de proie, aire.
Hort; *m. g. -es.*	....	....	comp. horst.	....	Qui est enfermé, gardé; lieu sûr, asile, appui, salut, protecteur; trésor.
Hos-e; *f. g. -, p. -n.*	....	....	comp. haut.	....	Enveloppe; vêtement, pantalon, culotte.
Hübsch; *adj. adv.*	....	....	voyez hof.	....	Cour; qui est reçu à la cour, qui en a les manières, poli, présentable; joli, gentil.
Huf; *m. g. -es, p. -e.*	....	....	heb-en;	ὁπλή;	Lever; corne (pied), sabot.
Huf-e; *f. g. -, p. -n.*	....	....	voyez hof.	....	Enclos; portion de terre défendue par un enclos, charrue (de terre), 30 acres.
Hüg-el; *m. g. -s, p. -.*	....	....	voyez hoch.	....	Élevé; éminence, colline, coteau.
Huhn; *m. g. -es, p. -ü-er.*	....	....	voyez hahn.	....	Terme générique des gallinacés; femelle du coq, poule.
Huld; *f. g. -.*	....	....	voy. halt-en, hold;	....	Tenir fortement; qui est attaché, attachement, fidélité, amitié; bienveillance, faveur, bonnes grâces.
Hüllen; *v. a.*	हुल्	hul;	hel-an;	....celare.	Couvrir; tenir caché, envelopper, voiler.
Hüls-e; *f. g. -, p. -n.*	....	....	v. hüll-en.	....	Envelopper; enveloppe, gousse, cosse, boîte.

MOTS ALLEMANDS.	ANALOGIES SANSKRITES.	TRANSCRIPTION DU SANSKRIT EN LETTRES ROMAINES.	RACINES GERMANIQUES.	ANALOGIES GRECQUES ET LATINES.	SIGNIFICATIONS dans leur ordre généalogique, depuis le sens primitif de la racine sanskrite ou germanique jusqu'au plus éloigné, en plaçant dans la chaîne des intermédiaires les analogies grecques et latines.
Hump-en ; *m. g. -s, p. -.*	......	......	....	*κύμβη ; cymba.*	Vase, bocal, hanap.
Hund ; *m. g. -es, p. -e.*	कण्	kaṇ ;	....	*κύων ; canis.*	Retentir, hurler, aboyer; chien.
Hund-ert ; *nomb. ord.*	शत	çata ;	hund ;	*ἑκατόν ; centum.*	Cent.
Hürd-e ; *f. g. -, p. -n.*	गृह्	garh ;	haird-an ;	*κόρτη ; cratis.*	Enfermer, enclore d'un treillis, ouvrage à mailles, enceinte entourée d'une clôture de claies, parc.
Hur-e ; *f. g. -, p. -n.*	......	......	harn-en ;	*οὖρον ; urina.*	Ensemencer; fille publique......
Hurt-ig ; *adj. adv.*	चर्	ćar ;	....	*χωρεῖν ; currere.*	Se mouvoir avec empressement, courir; vite, prompt, agile, actif.
Hust-en ; *m. g. -s.*	हस्	has ;	....	*χάσκειν ; hiscere.*	Ouvrir; faire entendre un effort de voix convulsif en ouvrant la bouche; tousser.
Hut ; *m. g. -es, p. -ü-e.*	......	......	voy. hüt-en.	....	Couvrir; chapeau, garde, pacage.
Hüt-en ; *v. a.*	कुट्	kuṭ ;	....	*κεύθειν ; ....*	Couvrir, cacher, protéger, garder, surveiller.
Hütt-e ; *f. g. -, p. -n.*	......	......	v. hüt-en.	*κύθος, κεῦθος ; ....*	Couvrir; lieu couvert, cabane, hutte, baraque.

I

MOTS ALLEMANDS.	ANALOGIES SANSKRITES.	TRANSCRIPTION DU SANSKRIT en lettres romaines.	RACINES GERMANIQUES.	ANALOGIES GRECQUES ET LATINES.	SIGNIFICATIONS dans LEUR ORDRE GÉNÉALOGIQUE, depuis le sens primitif de la racine sanskrite ou germanique jusqu'au plus éloigné, en plaçant dans la chaîne des intermédiaires les analogies grecques et latines.
Ich; *prop.*	अह्	ah;	....	*ἐγώ; ego.*	Parler; la personne qui parle, je, moi.
Ig-el; *m. g. -s, p. -.*	अश्	aç;	....	*ἐχῖνος; echinus.*	Pénétrer; piquer; qui pique, hérisson, sangsue.
Ihn; *pro. p.*	......	......	....	.... *eum.*	Lui, le.
Imm-er; *adv.*	अंब्	amb;	....	*ἡμέρα; semper.*	Marcher; mouvement continu, temps, durée; toujours, à jamais.
In; *prép.*	अन्	an;	....	*ἐν; in.*	Mouvoir; dans, en, à.
Ins-el; *f. g. -, p. -n.*	......	......	is-land, aus-land;	*ἐνάλιος? insula.*	Pays séparé ou isolé, terre environnée d'eau; île, oasis.
Ird-en; *adj. adv.*	......	......	voyez erd-e.	....	De terre.
Ird-isch; *adj. adv.*	......	......	voyez erd-e.	....	Terrestre.
Irr-en; *v. n.*	ईर्	ir;	....	*ἔρρειν; errare.*	Se mouvoir; aller à l'aventure, vaguer, s'égarer, errer.
Ist; *prés. du verbe sein.*	अस्	as;	....	*ἐστί; est.*	Exister, être; (il) est.

J

MOTS allemands.	ANALOGIES SANSCRITES.	TRANSCRIPTION DU SANSCRIT en lettres romaines.	RACINES germaniques.	ANALOGIES grecques et latines.	SIGNIFICATIONS dans leur ordre généalogique, depuis le sens primitif de la racine sanskrite ou germanique jusqu'au plus éloigné, en plaçant dans la chaîne des intermédiaires les analogies grecques et latines.
Ja; *adv.*	......	......	....	*γε, γα; jam.*	Marque l'affirmation, certainement, oui, si, même.
Jacht; *f. g. -, p. -en.*	......	......	voyez jag-en	....	Courir; bâtiment fin voilier, yacht.
Jack-e; *f. g. -, p. -n.*	कुच्	kuć;	....	*[illegible]; ....*	Entourer, enfermer; couverture, surtout, casaque, veste.
Jag-en; *v. a., v. n.*	शक्	çak;	jäh, jach;	*ἄγειν; jacere.*	Se mouvoir avec vitesse; être rapide, lancer, courir, galoper, chasser.
Jäh, jach; *adj. adv.*	......	......	voy. jag-en.	....	Mouvement d'une extrême vitesse; précipité, rapide, prompt, soudain, vif, brusque, abrupte, escarpé.
Jahr; *n. g. -es, p. -e.*	अर्ज्	arj;	ar-an;	*ἔαρ, ὧρος; aru.*	Travailler, labourer, récolter; temps de la moisson, époque fixe, saison, année, an.
Jamm-er; *m. g. -s.*	घु	ghu;	....	*γόος; gemitus.*	Crier, gémir; gémissement, lamentation, calamité.
Jauch-z-en; *v. n.*	जक्ष्	jaks;	juh;	*ἰού, ἰύζειν; jocari.*	Jeter des cris de joie ou d'allégresse, crier souvent juch, faire des acclamations.
Je; *adv. conj.*	......	......	....	*ἀεί; ....*	Toujours, quelquefois; jamais, à présent, actuellement; plus. . . . plus.

MOTS ALLEMANDS.	ANALOGIES SANSCRITES.	TRANSCRIPTION DU SANSCRIT en lettres romaines.	RACINES GERMANIQUES.	ANALOGIES GRECQUES ET LATINES.	SIGNIFICATIONS dans LEUR ORDRE GÉNÉALOGIQUE, depuis le sens primitif de la racine sanskrite ou germanique jusqu'au plus éloigné, en plaçant dans la chaîne des intermédiaires les analogies grecques et latines.
Jetzt, itzt; *adv.*	....	....	voyez ist.	....	Qui est; à présent, actuellement.
Joch; *n. g. -es, p. -e.*	युज्	yuj;	....	ζυγόν; *jugum*	Lier, réunir; jonction, support, joug, fourches, oppression, servitude.
Jug-end; *f. g. -*	....	....	voyez jung.	....	Jeune; jeunesse.
Jung; *adj. adv*	यु	yu;	....	.... *juvenis.*	Croître; qui croît, jeune.

K

MOTS ALLEMANDS.	ANALOGIES SANSCRITES.	TRANSCRIPTION DU SANSCRIT en lettres romaines.	RACINES GERMANIQUES.	ANALOGIES GRECQUES ET LATINES.	SIGNIFICATIONS dans leur ordre généalogique depuis le sens primitif de la racine sanscrite ou germanique jusqu'au plus éloigné, en plaçant dans la chaîne des intermédiaires les analogies grecques et latines.
Kach-el; *f. g. -, p. -n.*	कुच्	kuç;	....	*κόχλειν, κόχλος; cugnolius, cacabus.*	Enfermer; vase creux, pot de terre, carreau.
Kack-en; *v. n.*	हद्	had;	....	*χέζειν; κακᾶν; cacare.*	Verser, vider; aller à la selle.
Käf-ich; *m. g. -es, p. -e.*	यम्	yam;	kaf;	.... *cavea.*	Contenir; qui est creux; espace creux, pièce, cage, prison étroite.
Kahn; *m. g. -es, p. -ä-e.*	......	......	....	*κάννα; canna.*	Creux; roseau, vaisseau creux; canot, barque.
Kalk; *m. g. -es, p. -e.*	खल्	khal;	....	*χάλιξ; calx.*	Lier; matière liante, chaux.
Kalt; *adj. adv.*	जल्	jal;	....	.... *gelidus.*	Fixer, condenser; roidir; qui est roide, gelé, froid, indifférent.
Kamm; *m. g. -es, p. -ä-e.*	......	......	kimb-en;	*κόμη; coma.*	Entailler, denteler; corps dentelé, feuille, crinière, cheveux; crête, peigne.
Kamm-er; *f. g. -, p. -n.*	शम्	çam;	....	*καμάρα; camara.*	Lier, réunir; espace clos ou voûté, chambre, administration.
Kampf; *m. g. -es, p. -ä-e.*	चप्	čap; *pronon.* tchap;	kapp-en;	.... *campus.*	Rompre; se battre, lieu où l'on se bat, champ de bataille; combat.
Kan-in-chen; *n. g. -s, p. -.*	जन्	jan,	kein-en;	*κούνικλος; cuniculus.*	Engendrer, produire, être fécond; lapin.
Kann-e; *f. g. -, p. -n.*	......	......	....	*κάνη, κάνθαρος; canna, cantharus.*	Creux; vaisseau creux; vase ou coupe à boire, pot.

MOTS ALLEMANDS.	ANALOGUES SANSKRITS.	TRANSCRIPTION DU SANSKRIT EN LETTRES ROMAINES.	RACINES GERMANIQUES.	ANALOGIES GRECQUES ET LATINES.	SIGNIFICATIONS dans leur ordre généalogique, depuis le sens primitif de la racine sanskrite ou germanique jusqu'au plus éloigné, en plaçant dans la chaîne des intermédiaires les analogies grecques et latines.
Kant-e; *f. g. -, p. -n.*	कट्	kaṭ;	....	*κανθός; canthus.*	Percer; angle tranchant, coin, bord, dentelle.
Kap-aun; *m. g. -es, p. -e.*	चप्	čap;	kapp-en;	*κόπτειν; capo.*	Rompre, couper, châtrer; chapon.
Kapp-en; *v. a.*	चप्	čap;	....	*κόπτειν; cavare.*	Rompre, couper, trancher, tailler, châtrer.
Karg; *adj. adv.*	गृह्	garh;	....	*γυροῦν; gyrare.*	Saisir, enfermer; tracer un cercle, tourner dans; avoir l'esprit étroit; être mesquin, avare, chiche.
Karr-en; *m. g. -s, p. -.*	चर्	čar;	....	*χωρεῖν, ἅρμα; carrus.*	Mouvoir, s'avancer; marcher; char, charrette, tombereau, brouette.
Karst; *m. g. -es, p. -e.*	कर्त्	kart;	kār-en;	.... *cartare.*	Fendre, couper; houe, hoyau.
Käs-e; *m. g. -s, p. -.*	......	......	kās, kar;	.... *caseus.*	Vase creux, ustensile qui sert à la fabrication du fromage; fromage.
Kat-er; *m. g. -s, p. -.*	......	......	voy. katz-e.	....	Mâle de la chatte, matou.
Kath-en; *m. g. -s, p. -.*	......	......	voyez koth-i.	....	Cabane, chaumière.
Katz-e; *f. g. -, p. -n.*	हठ्	haṭh;	....	*κοτεῖν, κότος; catta.*	Faire du mal avec malice; garder rancune, être rancuneux; chat, chatte.
Kau-en; *v. a.*	शौ	çau,	....	*κεάζειν, γεύειν;*	Couper, broyer, briser avec les dents, mâcher.
Kauf-en; *v. a.*	......	......	....	*κάπηλος; capere, cauponari.*	Prendre et recevoir, chercher le gain, qui vend et achète; acheter.

MOTS ALLEMANDS.	ANALOGIES SANSKRITES.	TRANSCRIPTION DU SANSKRIT EN LETTRES ROMAINES.	RACINES GERMANIQUES.	ANALOGIES GRECQUES ET LATINES.	SIGNIFICATIONS dans leur ordre généalogique, depuis le sens primitif de la racine sanskrite ou germanique jusqu'au plus éloigné, en plaçant dans la chaîne des intermédiaires les analogies grecques et latines.
Kaum; *adv.*	क्षम्	kṣam;	tum;	*κάμνειν; ....*	Se fatiguer, être las, succomber; souffrant, malade, fatigué; avec peine, à peine.
Keck; *adj. adv.*	शक्	çak;	vig-an;	*κικίειν, κινύειν; ...*	Se mouvoir avec vivacité, s'élancer; être vif, éveillé, fort, sans crainte, hardi, audacieux.
Kehl-e; *f. g. -, p. -n.*	कल्	kal;	hall-en;	*κέλειν, κελεύειν, γόλλον; calare, gula, collum.*	Retentir, appeler; qui produit les sons de la voix; gorge, gosier, cou.
Kehl-e; *f. g. -, p. -n.*	......	......	voyez hohl.	....	Creux; gouttière, rigole, cannelure, cymaise.
Kehr-en; *v. a.*	चर्	čar;	....	*κορεῖν, γυροῦν; gyrare.*	Mouvoir, changer de position par des mouvements saccadés, tourner et retourner, pousser, balayer, nettoyer, ramoner.
Keich-en; *v. n.*	कश्	kaç;	....	*κιχλίζειν; ....*	Respirer d'une manière saccadée et bruyante, haleter, souffler.
Keil; *m. g. -es, p. -e.*	......	......	voy. feul-e.	....	Corps allongé; coin.
Keim; *m. g. -es, p. -e.*	जन्	jan;	kein-en.	*κῦμα; gemma.*	Engendrer, produire, fruit de la conception, première pointe, bourgeon, germe.
Kein; *pron. adj.*	......	......	voyez ein.	....	Un, aucun; pas un, nul.
Kell-er; *m. g. -s, p. -.*	हल्	hal;	hel-an;	*κυλλός; celare, cellarium.*	Creuser; qui est creusé, qui contient ou renferme; souterrain, réservoir, cave, cellier.

MOTS ALLEMANDS.	ANALOGIES SANSKRITES.	TRANSCRIPTION DU SANSKRIT en lettres romaines.	RACINES GERMANIQUES.	ANALOGIES GRECQUES ET LATINES.	SIGNIFICATIONS dans leur ordre généalogique, depuis le sens primitif de la racine sanskrite ou germanique jusqu'au plus éloigné, en plaçant dans la chaîne des intermédiaires les analogies grecques et latines.
Kenn-en; *v. a. p.* -a-, *imp.* -a-	......	......	kenn-en;	*γιγνώσκειν; gnoscere.*	Engendrer, procréer, avoir la force; connaître, savoir.
Kerb-en; *v. a.*	कृप्	karp;	......	*κείρειν; carpere.*	Rompre; couper, tailler, faire une entaille, créneler.
Kerl; *m. g.* -s, *p.* -e.	शूर्	çûr,	karl;	*κύριος; herus.*	Être fort, dominer; maître, homme vigoureux, homme du peuple, garçon, valet, drôle.
Kern; *m. g.* -es, *p.* -e.	कृ	kar;	......	... *granum.*	Produire; qui provoque la végétation; pepin, graine, grain, noyau, élite.
Kett-e; *f. g.* -, *p.* -n.	कुट्	kuṭ;	katt-en;	... *catena.*	Contenir; renfermer, joindre; qui est joint, qui joint, chaîne.
Keuch-en; *v. n.*	......	......	v. keich-en.		
Keul-e; *f. g.* -, *p.* -n.	......	......	......	*κόνδυλος, κῶλον, κό-λον; clava.*	Frapper; extrémité d'une chose qui sert à frapper, verge, massue, pilon, cuisse.
Keusch; *adj. adv.*	शुध्	çudh;	kisk-en;	... *castus.*	Purifier; retrancher, choisir, qui est choisi, exempt de fautes, pur, chaste, pudique.
Kich-er-n; *v. n.*	कख्	kakh;	......	*κιχλίζειν; cachinnari.*	Rire; ricaner, rire sous cape, rire d'une voix aigue et tremblante.
Kick-s; *m. g.* -es, *p.* -e.	शिख्	çikh,	......	*κιχάνειν;* ...	Mouvoir, atteindre, rencontrer; rencontrer mal, coup manqué.
Kies; *m. g.* -es.	......	......	......	... *cos.*	Qui est solide, dur; rocher, caillou, gravier.

MOTS ALLEMANDS.	ANALOGIES SANSKRITES.	TRANSCRIPTION DU SANSKRIT en lettres romaines.	RACINES GERMANIQUES.	ANALOGIES GRECQUES ET LATINES.	SIGNIFICATIONS dans LEUR ORDRE GÉNÉALOGIQUE, depuis le sens primitif de la racine sanskrite ou germanique jusqu'au plus éloigné, en plaçant dans la chaîne des intermédiaires les analogies grecques et latines.
Kies-en; *v. a.*	छिद्	chid;	....	*γεύειν; gustare.*	Couper, partager; discerner, goûter, déguster; connaître, choisir.
Kind; *n. g. -es, p. -er.*	जन्	jan;	kein-an;	*γεννᾶν, γέννημα, γεννητός; genitura, gnatus, gnata.*	Engendrer, faire germer, enfanter; qui est engendré, enfant.
Kinn; *n. g. -es, p. -e.*	जन्	jan;	kein-an;	*γένυς; gena.*	Engendrer, produire; germer; qui produit (barbe), joue, menton.
Kipp-en; *v. n.*	कुप्	kup;	....	*κύπτειν; cubare.*	Descendre, incliner, pencher; perdre l'équilibre, basculer.
Kirr-e; *adj. adv.*	......	......	....	*χαίρειν; cicur.*	Rendre réjouissant, aimable, complaisant, doux; traitable, apprivoisé, docile.
Kitt; *m. g. -es, p. -e.*	......	......	c. keit-e.	....	Qui joint, qui lie, ciment, mastic, badigeon.
Kitt-el; *m. g. -s, p. -.*	छद्	chad.	....	*χιτών; ....*	Couvrir; sorte de chemise, blouse, souquenille.
Kitz-el-n; *v. a.*	हिस्	his;	kit-en;	*..... titillare.*	Atteindre, toucher; chatouiller, exciter, flatter.
Klack-en; *v. n.*	क्लद्	klad;	....	*κλάζειν; ....*	Retentir, rendre un son aigu en frappant.
Kläffen; *v. n.*	लप्	lap;	....	*λαπίζειν ....*	Parler; se vanter, faire l'insolent, clabauder, glapir.
Klaffen; *v. n.*	क्लप्	klap;	....	*κολάπτειν; ....*	Frapper, entailler en frappant; fendre, s'entr'ouvrir, bâiller (fente).
Klag-en; *v. n.*	लघ्	lagh;	....	*κλαίειν; clangere.*	Crier; faire entendre des cris de douleur, gémir, se plaindre, porter plainte, plaider.

MOTS ALLEMANDS.	ANALOGIES SANSKRITES.	TRANSCRIPTION DU SANSKRIT en lettres romaines.	RACINES GERMANIQUES.	ANALOGIES GRECQUES ET LATINES.	SIGNIFICATIONS dans leur ordre généalogique, depuis le sens primitif de la racine sanskrite ou germanique jusqu'au plus éloigné, en plaçant dans la chaîne des intermédiaires les analogies grecques et latines.
Klang; *m. g. -es, p. -ä-e.*	......	......	v. kling-en.	....	Résonner; résonnance, timbre, son, réputation.
Klapp-en; *v. a.*	क्लप्	klap;	klieb-en.	κολάπτειν; *colaphizare.*	Frapper, claquer, s'abattre, se fermer avec bruit.
Klatsch-en; *v. n.*	क्लद्	klad;	....	κλάζειν;	Retentir, rendre un bruit perçant; claquer, battre (mains), caqueter, bavarder.
Klaub-en; *v. a.*	लभ्	labh;	klae, claw, klau-e;	γλύφειν; *glubere.*	Prendre; ôter avec les doigts, détacher, polir; mettre au net, trier, éplucher, censurer, pointiller.
Klau-e; *f. g. -, p. -n.*	......	......	v. klieb-en.	....	Fendre; chose fendue, griffe, serre, sabot fendu.
Kleb-en; *v. a., v. n.*	लिप्	lip;	....	λιπαρόν, γλία; *glu.*	Enduire d'une matière visqueuse; être gluant; adhérer, se coller, s'attacher, faire tenir.
Kleid; *n. g. -es, p. -er.*	श्लिष्	cliṣ;	....	χλαῖνα; *claudere.*	Enfermer, couvrir; couverture, vêtement, robe, habit.
Klein; *adj. adv.*	लिश्	liç, *pronon.* lich;	lein;	λιτός;	Diminuer; qui a peu d'étendue, petit, mince, exigu.
Kleist-er; *m. g. -s.*	......	......	voy. kleb-en.	....	Coller; matière collante; colle, empois.
Klemp-ner; *m. g. -s, p. -.*	......	......	v. klapp-en.	....	Claquer, cliqueter, faire du bruit; ferblantier.
Klett-e; *f. g. -, p. -n.*	......	......	v. kleb-en.	....	Coller; chose qui s'attache, glouteron, bardane.

MOTS ALLEMANDS.	ANALOGIES SANSKRITES.	TRANSCRIPTION DU SANSKRIT en lettres romaines.	RACINES GERMANIQUES.	ANALOGIES GRECQUES ET LATINES.	SIGNIFICATIONS dans leur ordre généalogique, depuis le sens primitif de la racine sanskrite ou germanique jusqu'au plus éloigné, en plaçant dans la chaîne des intermédiaires les analogies grecques et latines.
Klett-er-n; *v. n.*	......	......	voy. klett-e.	....	Qui monte en s'attachant à, grimper, gravir.
Klieb-en; *v. a. p. -o-, imp. -o-.*	क्लप्	klap;	....	κολάπτειν;	Frapper, fendre, se fendiller.
Klimp-er-n; *v. n.*	......	......	v. klapp-en.	....	Produire des sons en frappant; tirer des sons d'un instrument, en jouer mal, l'écorcher.
Kling-en; *v. n. p. -u-, imp. -a-.*	लघ्	lagh;	....	κλαγγάζειν; clangere.	Retentir, sonner, tinter.
Klink-e; *f. g. -, p. -n*	लिग्	lig;	chlench-an;	.... *ligare, ligula, lingula.*	Réunir, joindre, lier; isthme; languette, cordon; loquet, chaînette, (porte).
Klipp-e; *f. g. -, p. -n.*	क्लप्	klap;	klieb-en;	λέπειν, λέπας;	Frapper; fendre, détacher, peler, être nu; roche nue, écueil, brisant.
Klirr-en; *v. n.*	......	......	c. plärr-en,	λυραίνειν; *plorare.*	Rendre des sons aigus et vibrants; cliqueter.
Klob-en; *m. g. -s, p. -.*	लिप्	lip;	kleb-en;	.... *globus.*	Être gluant; coller, adhérer; masse compacte; tas, amas.
Klob-en; *m. g. -s, p. -.*	क्लप्	klap;	klieb-en;	κλαδός;	Frapper; fendre; corps fendu, bûche, poulie, chasse (balance), gâche.
Klopf-en; *v. n., v. a.*	क्लप्	klap;	klapp-en;	κολάπτειν;	Produire un son en frappant, heurter, palpiter, battre.
Klug; *adj. adv.*	लोच्	lanć;	lug-en;	γλαυκός; *lucens.*	Paraître, voir; qui voit; clairvoyant, pénétrant, prudent.

MOTS ALLEMANDS.	ANALOGIES SANSKRITES	TRANSCRIPTION DU SANSKRIT en lettres romaines.	RACINES GERMANIQUES.	ANALOGIES GRECQUES ET LATINES.	SIGNIFICATIONS dans leur ordre généalogique, depuis le sens primitif de la racine sanskrite ou germanique jusqu'au plus éloigné, en plaçant dans la chaîne des intermédiaires les analogies grecques et latines.
Klump-en; *m. g. -s, p. -.*	....	....	v. kleb-en;	.... *glomus.*	Coller; masse cohérente, monceau, boule, tas.
Knab-e; *m. g. -n, p. -n.*	....	....	voyez kind.	....	Enfant, garçon.
Knack-en; *v. n., v. a.*	....	....	....	κναγχεῖν;	Résonner; faire du bruit; éclater, rompre, briser, casser.
Knapp; *adj. adv.*	नभ्	nabh;	kneip-en;	κναπός;	Pénétrer, presser, serrer; étroit, mesquin, modique, trop juste, qui suffit à peine.
Knapp-e; *m. g. -n, p. -n.*	....	....	voy. knab-e.	....	Garçon, valet, écuyer.
Kneb-el; *m. g. -s, p. -.*	....	....	kneip-en;	....	Serrer; garrot, bâillon.
Knecht; *m. g. -es, p. -e.*	....	....	voyez kind, knab-e.	....	Garçon; serviteur, valet.
Kneif-en; *v. a. p. -iff-, imp. -iff.*	नभ्	nabh;	....	κνάπτειν, γνάπτειν.	Prendre et serrer, presser, pincer, tenailler.
Kneip-en; *v. a.*	....	....	v. kneif-en.	....	Pincer, tenailler.
Knet-en; *v. a.*	नद्	nad;	cnaed-an; (angl. sax.)	κνεφᾶν;	Mouvement en bas; s'asseoir; s'établir; s'abattre, abattre, affaisser en pressant; pétrir.
Knick-en; *v. n., v. a.*	नश्	naç;	....	νικᾷν; *necare.*	Détruire, succomber; abattre, briser, rompre, casser, ployer, fléchir.
Knie; *n. g. -s, p. -.*	ज्ञा	jnâ, *pronon.* djñâ;	....	γόνυ; *genu.*	Rompre, plier; fléchir, courber; courbure, articulation de la cuisse avec la jambe, genou.

MOTS ALLEMANDS.	ANALOGIES SANSKRITES.	TRANSCRIPTION DU SANSKRIT en lettres romaines.	RACINES GERMANIQUES.	ANALOGIES GRECQUES ET LATINES.	SIGNIFICATIONS dans leur ordre généalogique, depuis le sens primitif de la racine sanskrite ou germanique jusqu'au plus éloigné, en plaçant dans la chaîne des intermédiaires les analogies grecques et latines.
Kniff; *m. g. -es, p. -e.*	......	......	v. kneif-en.	....	Pincer; pinçure, pinçon, finesse, ruse, artifice, stratagème.
Knöch-el; *m. g. -s, p. -.*	......	......	v. knoch-en.	....	Os, nœud des doigts, cheville.
Knoch-en; *m. g. -s, p. -.*	नह्	nah;	nah, noch;	*νέειν; nectere, nexare.*	Joindre, ajouter; amasser, nouer; tissu osseux, os.
Knopf; *m. g. -es, p. -ö-e.*	......	......	v. kneif-en.	....	Serrer; qui est serré; nœud; bouton, pommeau.
Knosp-e; *f. g. -, p. -n.*	......	......	voyez knopf.	....	Nœud, bouton, bourgeon, gemme.
Knot-en; *m. g. -s, p. -.*	नध्	nadh;	....	*νήθειν, νητός; nodus.*	Joindre; tisser, filer, entrelacer; entrelacement, tissu, nœud, difficulté, obstacle.
Knüpf-en; *v. a.*	......	......	voyez knopf.	....	Nœud; nouer.
Koch-en; *v. n.; v.-a.*	......	......	kock-a; (isl.)	.... *coquere.*	Bouillir, cuire, mûrir.
Kohl; *m. g. -es.*	......	......	....	*κόλον, καυλός; caulis.*	Plante esculente, herbe légumineuse, chou.
Kohl-e; *f. g. -, p. -n.*	ज्वल्	jval;	köl-en;	*κηλοῦν, κᾶλον, κῆλον; calere.*	Brûler; matière combustible, bois sec, charbon.
Kolb-en; *m. g. -s, p. -.*	......	......	voy. kreul-e.	....	Corps épais et arrondi; massue, crosse (fusil).
Koll-er-n; *v. n.*	......	......	....	*κυλίειν; ....*	Rouler; faire entendre un roulement, glouglotter (dindon).
Komm-en; *v. n. imp. -a-*	गम्	gam;	....	*κομίζειν; ....*	Mouvoir, aller; s'approcher, venir, arriver.

MOTS ALLEMANDS.	ANALOGIES SANSCRITES.	TRANSCRIPTION DU SANSCRIT en lettres romaines.	RACINES GERMANIQUES.	ANALOGIES GRECQUES ET LATINES.	SIGNIFICATIONS dans LEUR ORDRE GÉNÉALOGIQUE, depuis le sens primitif de la racine sanskrite ou germanique jusqu'au plus éloigné, en plaçant dans la chaîne des intermédiaires les analogies grecques et latines.
König; *m. g. -s, p. -e.*	जन्	jan;	kein-en;	*γίνεσθαι, γενετήρ; genitor.*	Engendrer, produire; générateur, chef de sa race; père, maître, roi.
Können; *v. n.; v. a. p. -o-, pr. -a-, imp. -o-.*	जन्	jan;	kein-en;	*γιγνώσκειν; gnire.*	Procréer; avoir la force, pouvoir, savoir.
Kopf; *m. g. -es, p. -ö-e*	कुप्	kup;	....	*κυβή, κεφαλή; caput.*	S'étendre, s'élever; cime, sommet, tête, génie.
Korb; *m. g. -es, p. -ö-e.*	गृह्	garh;	....	...., *corbis.*	Entourer, enfermer, qui enferme, qui est propre à serrer; panier, corbeille, cabas, ruche.
Korn; *n. g. -es, p. -ö-er.*	......	......	voyez kern.	....	Grain, blé, bouton, mire.
Kost-en; *v. a.*	घस्	ghas;	kief-en;	*γεύειν; gustare.*	Choisir; examiner par le goût, goûter, déguster, essayer.
Koth-e; *f. g. -, p. -n.*	छद्	čhad;	kutt-en;	*κεῦθος, κοίτη; casa.*	Couvrir, espace couvert, gîte; chaumière, cabane, petite métairie.
Koth; *m. g. -es.*	हद्	had;	....	*χέζειν; (σκώρ), σκατός; ....*	Vider, vidanger; excrément, ordure, boue, crotte.
Kotz-en; *v. n.*	......	......	....	*κοίζειν; ....*	Faire entendre un son particulier; rendre gorge, vomir.
Krach-en; *v. n.*	राश्	râç;	....	*κρέκειν, κράζειν; ...*	Retentir, crier, craquer, éclater avec fracas.
Krächz-en; *m*	राश्	râç;	kräk-en;	*κράζειν; crocitare.*	Retentir; crier d'une voix enrouée, croasser.

MOTS ALLEMANDS.	ANALOGIES SANSKRITES.	TRANSCRIPTION DU SANSKRIT en lettres romaines.	RACINES GERMANIQUES.	ANALOGIES GRECQUES ET LATINES.	SIGNIFICATIONS dans leur ordre généalogique, depuis le sens primitif de la racine sanskrite ou germanique jusqu'au plus éloigné, en plaçant dans la chaîne des intermédiaires les analogies grecques et latines.
Kraft; *f. g. -, p. -ä-e.*	रफ्	raph;	....	*κραιπνός;*	Faire des mouvements énergiques, saisir, briser; force, vigueur, énergie, vertu.
Kräh-en; *v. n.*	राश्	râç;	....	*κρώζειν, κράζειν; crocire.*	Retentir; crier, croasser.
Krall-e; *f. g. -, p. -n.*	......	......	v. kratz-en.	....	Gratter; griffe, serre, ongle.
Kram; *m. g. -es.*	......	......	....	*χρᾶν, χρῆμα;*	Parler hautement, faire du bruit; faire le commerce de petites marchandises; quincaillerie, mercerie, clinquant; boutique, affaire.
Kran-ich; *g. -s, p. -e.*	राश्	*râç;*	kräh-en;	*γέρανος; grus.*	Retentir; crier, croasser; grue.
Krank; *adj. adv.*	रिश्	riç;	....	*ῥηγνύναι; frangere.*	Frapper; enfoncer, briser; qui est brisé, blessé, faible, infirme, malade.
Kranz; *m. g. -es, p. -ä-e.*	......	......	kreis;	*κορώνη; corona.*	Qui tourne; courbure, cercle, couronne.
Kratz-en; *v. a.*	रद्	rad;	....	*χαράσσειν; radere.*	Fendre, briser; déchirer, égratigner, gratter, racler, carder.
Krätz-e; *f. g. -*	......	......	v. kratz-en.	....	Racler; raclure, gale.
Krau-en; *v. a.*	......	......	krabbl-en;	*χραύειν;*	Remuer légèrement, ramper, effleurer, gratter, chatouiller.
Kraus; *adj. adv.*	......	......	kratz-en;	.... *crispus.*	Racler; qui est raclé, ridé, froncé, crispé, crépu, frisé, bouclé.

MOTS ALLEMANDS.	ANALOGIES SANSCRITES.	TRANSCRIPTION DU SANSCRIT en lettres romaines.	RACINES GERMANIQUES.	ANALOGIES GRECQUES ET LATINES.	SIGNIFICATIONS dans LEUR ORDRE GÉNÉALOGIQUE, depuis le sens primitif de la racine sanscrite ou germanique jusqu'au plus éloigné, en plaçant dans la chaîne des intermédiaires les analogies grecques et latines.
Kraut; *n. g. -es, p. -ä-er.*	......	......	grow-an;	...... *crescere, cretum.*	Croître, végéter; plante, herbe.
Krebs; *m. g. -es, p. -e.*	रेप्	raip;	krabb-en;	*καρκίνος; cancer.*	Remuer; ramper; écrevisse, cancer, gangrène.
Kreid-e; *f. g. -, p. -n.*	रद्	rad;	....	... *creta*	Fendre, briser; pierre molle et friable, craie.
Kreis; *m. g. -es, p. -e.*	री	ri;	rinn-en;	*γῦρος, κίρκος; circus.*	Mouvoir, courir; ligne circulaire, cercle, tour, rond.
Kreisch-en; *v. n.*	रश्	raç;	....	*κρίζειν;*	Crier; jeter des cris perçants et aigus, criailler.
Kreiß-en; *v. n.*	......	......	v. kreisch-en.	....	Jeter des cris perçants, jeter des cris d'angoisse, être en travail d'enfant.
Kriech-en; *v. n. p. -o-, imp. -o-.*	रेप्	raip;	krabb-en;	*ἕρπειν; repere.*	Remuer; marcher lentement, ramper, s'humilier.
Krieg; *m. g. -es, p. -e.*	......	......	kri-en, kreisch-en.	*κραυγή;*	Crier; disputer, quereller; cris; guerre, dispute, polémique.
Kripp-e; *f. g. -, p. -n.*	......	......	....	*γρῖπος;*	Tressis, filet, panier, crèche, mangeoire.
Kritz-el-n; *v. n.*	......	......	v. kratz-en.	....	Gratter; griffonner, écrire en petits caractères.
Kröt-e; *f. g. -, p. -n.*	......	......	v. schreit-en.	....	Marcher à pas lents; crapaud, homme méchant.
Krück-e; *f. g. -, p. -n.*	रुह्	ruh.	....	... *crux.*	Monter, étendre, bois traversier, bois mis en forme de croix, potence, béquille, râble, rabot.

MOTS ALLEMANDS.	ANALOGIES SANSKRITES.	TRANSCRIPTION DU SANSKRIT EN LETTRES ROMAINES.	RACINES GERMANIQUES.	ANALOGIES GRECQUES ET LATINES.	SIGNIFICATIONS dans LEUR ORDRE GÉNÉALOGIQUE, depuis le sens primitif de la racine sanskrite ou germanique jusqu'au plus éloigné, en plaçant dans la chaîne des intermédiaires les analogies grecques et latines.
Krug; *m. g. -es, p. p. -ü-e*	......	......	kraben;	*κρωσσός; orca, urceus.*	Courber; qui est arqué, convexe, vase à ventre large, cruche, cruchon, cabaret.
Krum-e; *f. g. -, p. -n.*	[illegible]	cu;	....	*κρίμνον; ....*	Séparer, rompre; parcelle; son; mie de pain.
Krumm; *adj. ad.*	रिफ्	riph.	krimp-en, rümpf-en;	.... *curvus.*	Rompre, courber, contracter, resserrer; courbe, tordu, crochu, sinueux.
Krüpp-el; *m. g. -s, p. -.*	......	......	v. krumm.	....	Courbé, contourné; homme contrefait, estropié, invalide, rabougri.
Krust-e; *f. g. -, p. -n.*	रद्	rad;	....	*χρώς, crusta.*	Briser, fendre; qui est brisé, raboteux; surface inégale, écorce, croûte.
Küb-el; *m. g. -s, p. -.*	......	......	voyez kuf-e.	....	Cuve; cuvier, baquet.
Küch-e; *f. g. -, p. -n.*	......	......	voy. koch-en.	....	Cuire; cuisine.
Küch-lein; *n. g. -s; p. -.*	शश्	çaç;	quick, keck;	*κικίειν, κινέειν; ...*	Sauter, s'élancer, marcher d'un pas agile; être animé, vivant; poussin.
Kufe; *f. g. -, p. -n.*	आप्	âp;	....	*σκέπειν; cupa.*	Tenir; entourer, envelopper; vase de bois, cuve.
Kugel; *f. g. -, p. -n.*	कुल्	kul;	....	*κύκλος; globus.*	Joindre, amonceler; objet rond, mouvant, boule, balle, globe, bille.
Kuh; *f. g. -, p. -ü-e.*	गा	gâ;	....	*κύειν, κυεῖν; ceva.*	Engendrer, produire, être fécond; qui est doué d'une grande force productive; bête de la race bovine, vache.

MOTS ALLEMANDS.	ANALOGIES SANSKRITES.	TRANSCRIPTION DU SANSKRIT EN LETTRES ROMAINES.	RACINES GERMANIQUES.	ANALOGIES GRECQUES ET LATINES.	SIGNIFICATIONS dans LEUR ORDRE GÉNÉALOGIQUE, depuis le sens primitif de la racine sanskrite ou germanique jusqu'au plus éloigné, en plaçant dans la chaîne des intermédiaires les analogies grecques et latines.
Kühl; *adj. adv.*	......	......	comp. kalt.	......	Froid; un peu froid, frais, rafraîchissant.
Kühn; *adj. adv.*	शम्	çam;	......	*comari.*	Être actif; faire des efforts; hardi, osé, audacieux, vaillant.
Kumm-er; *m. g. -s.*	......	......	......	*cumulus.*	Obstacle, peine, affliction.
Kümm-el; *m. g. -s.*	......	......	......	*κύμινον; cuminum.*	Cueillir; carvi, serpolet, cumin.
Kund-e; *f. m. g. -, p. -n.*	......	......	v. kenn-en.	......	Connaître; connaissance, notion, qui a connaissance, connaisseur, correspondant, chaland, pratique.
Künft-ig; *adj. adv.*	......	......	v. komm-en.	......	Venir; venant, à venir, prochain, futur.
Kunst; *f. g. -, p. -ü-e.*	......	......	v. könn-en.	......	Produire, pouvoir, art, adresse, artifice.
Küp-e; *f. g. -, p. -n.*	......	......	voyez kuf-e.	......	Cuve.
Kupf-er; *n. g. -s.*	......	......	kuf-erz;	*cuprum.*	Métal qui sert à fabriquer des ustensiles de ménage, cuivre.
Kupp-el; *f. g. -, p. -n.*	......	......	voyez kopf.	......	Sommet, cime, coupole.
Küss-en; *v. a.*	कुस्	kus;	......	*κύειν, κυνεῖν, ἔκυσα;*	Mouvoir la bouche; baiser, embrasser.
Kutsch-e; *f. g. -, p. -n.*	......	......	voyez kutt-e.	......	Couverture; voiture couverte, carrosse.
Kutt-e; *f. g. -, p. -n.*	छद्	chad, pronon. tchhad;	kutt-en;	*κύτος; cutis.*	Couvrir; couverture, toison, peau; cotte, froc.

L

MOTS ALLEMANDS.	ANALOGIES SANSKRITES.	TRANSCRIPTION DU SANSKRIT en lettres romaines.	RACINES GERMANIQUES.	ANALOGIES GRECQUES ET LATINES.	SIGNIFICATIONS dans leur ordre généalogique, depuis le sens primitif de la racine sanskrite ou germanique jusqu'au plus éloigné, en plaçant dans la chaîne des intermédiaires les analogies grecques et latines.
Lach-e; *f. g. -, p. -n.*	......	......	lech-en;	*λάκκος; lacus.*	Être ouvert; trouée, trou, mare, bourbier, lagune.
Lach-en; *v. n.*	लघ्	lagh;	....	*λάσκειν, λακεῖν; loqui.*	Parler, élever la voix, retentir, éclater; rire.
Lacht-er; *f. p. -n.*	......	......	v. klaff-en.	....	Entr'ouvrir, être ouvert; longueur des deux bras ouverts, mesure de six pieds, toise, brasse.
Lad-e; *f. g. -, p. -n.*	लुड्	luḍ;	....	*λήθειν; latere.*	Couvrir, cacher; chose qui cache, qui ferme, caisse, coffre.
Lad-en; *m. g. -s, p. -ä-.*	......	......	voyez lad-e.	....	Chose qui cache, qui couvre; clôture, volet, devanture, boutique.
Lad-en; *v. a. imp. -u-.*	लुट्	luṭ;	....	*λίτειν, λίσσειν; laudare.*	Parler; appeler, citer, demander, inviter, prier.
Laff-e; *m. g. -n, p. -n*	......	......	laf-en;	*λάπτειν, λαπαρός;....*	Lécher, laper, vider; qui est vide, creux, affaissé, flasque, mou, fade, insipide; niais, benêt.
Lag-e; *f. g. -, p. -n.*	......	......	voy. lieg-en.	....	Être placé, être situé; situation, position.
Lag-er; *n. g. -s, p. -*	......	......	voy. lieg-en.	....	Être placé; couche, lit, camp.
Lak-en; *n. g. -s, p. -.*	लिग्	lig;	....	*λάχνη? λακίς? ligare.*	Joindre, ajouter, lier; objet flexible dont les parties sont entrelacées, pièce; drap, toile.

MOTS allemands.	Analogies sanskrites.	Transcription du sanskrit en lettres romaines.	RACINES germaniques.	ANALOGIES grecques et latines.	SIGNIFICATIONS dans leur ordre généalogique, depuis le sens primitif de la racine sanskrite ou germanique jusqu'au plus éloigné, en plaçant dans la chaîne des intermédiaires les analogies grecques et latines.
Lall-en; *v. n.*	लल्	lal;	....	λαλεῖν; *lallare.*	Demander; parler, babiller; rendre des sons confus, bégayer, balbutier.
Lak-ei; *m. g. -en, p. -en.*	......	......	laif-an.	λακτίζειν;	Courir, sauter, gambader; coureur, laquais.
Lamm; *n. g. -es, p. -ä-er.*	......	......	....	ἀμνός;	Agneau, homme débonnaire.
Land; *n. g. -es, p. -ä-er.*	सद्	sad;	lehn-en;	κλίνειν; *latus.*	Coucher, s'étendre; espace étendu et spacieux; plaine, terrain uni, campagne, pays, terre.
Lang; *adj. adv.*	लघ्	lagh;	ling-en;	.... *longus.*	Mouvoir en s'étendant; étendre, allonger; long, haut.
Lapp-en; *m. g. -s, p. -.*	......	......	lof-en;	λάπτειν; *lambere.*	Lécher, laper, effleurer une chose; ravauder, rapiécer; pièce, lambeau, chiffon.
Lärm; *m. g. -s.*	......	......	c. plärr-en.	....	Faire un bruit discordant; bruit, fracas, tapage, tumulte, alarme.
Laß; *adj. adv.*	......	......	voy. laß-en.	.... *lassus.*	Las, fatigué, harassé, nonchalant.
Laß-en; *v. a. pr. -ä-, imp. -ieß, -.*	लस्	las;	....	.... *laxare.*	Se relâcher; relâcher, délivrer, laisser, abandonner, laisser faire, permettre, céder.
Läss-ig; *adj. adv.*	......	......	voy. laß.	....	Las, indolent, négligent, paresseux, insouciant.
Last-er; *n. g. -s, p. -.*	लट्	lat;	leß-en;	λάζειν; *laedere.*	Ôter, dégrader; léser, blesser, insulter; forfait, crime, vice.

MOTS ALLEMANDS.	ANALOGIES SANSCRITES.	TRANSCRIPTION DU SANSCRIT EN LETTRES ROMAINES.	RACINES GERMANIQUES.	ANALOGIES GRECQUES ET LATINES.	SIGNIFICATIONS dans leur ordre généalogique, depuis le sens primitif de la racine sanskritique ou germanique jusqu'au plus éloigné, en plaçant dans la chaîne des intermédiaires les analogies grecques et latines.
Laß; *m. g. -es, p. -ä-e.*	......	......	voy. letz-en.	....	Léser, rompre, déchirer; morceau d'étoffe, pièce de corps, corsage.
Lau; *adj. adv.*	ली	li;	....	*λύειν; luere.*	Liquéfier, délier, dissoudre, fondre par la chaleur; un peu chaud, tiède, tempéré.
Laub; *n. g. -es.*	लुप्	lup;	....	*φύλλον, λέπος, λοβός; ...*	Couper, détacher; morceau détaché, bout, pelure, gousse, feuille; feuillage.
Lau-er-n; *v. n.*	......	......	c. lausch-en.	....	Écouter; écouter avec une attention soutenue, guetter, épier.
Lauf-en; *v. n. pr. -ä-, imp. -ie -.*	लिप्	laip;	....	*λείπειν; labi, lapsus.*	Se mouvoir avec vitesse, s'éloigner, couler, courir.
Laug-e; *f. g. -, p. -n*	लिह्	lich;	....	*λούειν; lavo, lautum, lix.*	Lécher, rendre propre, laver; qui lave, eau caustique, lessive.
Läug-nen; *v. a.*	लोक्	lauk;	lüg-en, lüg-en;	*λακεῖν; loqui.*	Crier, parler, dire, déclarer; contester, démentir, nier.
Laus; *f. g. -, p. -ä-e.*	......	......	leis-en;	*λύσσα ....*	Ramper; petit ver ou insecte rampant; pou.
Lausch-en; *v. n.*	......	......	laut-en;	*κλύειν; cluere.*	Retentir, qui peut être entendu, entendre; écouter, guetter, épier.
Laut; *adj. adv.*	......	......	v. laut-en.	....	Retentir; sonore, éclatant, bruyant, haut.
Laut-en; *v. n.*	लुट्	lut;	....	.... *laudare.*	Élever la voix, faire retentir ses paroles, sonner, présenter une teneur, prouver

MOTS ALLEMANDS.	ANALOGIES SANSKRITES.	TRANSCRIPTION DU SANSKRIT EN LETTRES ROMAINES.	RACINES GERMANIQUES.	ANALOGIES GRECQUES ET LATINES.	SIGNIFICATIONS dans leur ordre généalogique, depuis le sens primitif de la racine sanskrite ou germanique jusqu'au plus éloigné, en plaçant dans la chaîne des intermédiaires les analogies grecques et latines.
Laut-er; *adj. adv.*	....	....	v. laut-en.	....	Retentir, résonner; son distinct et clair; clair, pur, vrai.
Leb-en; *v. n.*	....	....	c. bleib-en.	....	Durer; subsister, vivre.
Leb-er; *f. g. -, p. -n.*	....	....	lab-en;	*ἧπαρ; c-lie-us.*	Se réunir en coulant, coaguler; masse cohérente et informe, monceau; foie.
Lech-z-en; *v. n.*	....	....	voy. leck-en.	....	Être ouvert, être crevassé; se crevasser, être altéré, brûler de soif.
Leck-en; *v. n.*	....	....	lech-en;	.... *liquescere.*	Être ouvert, être crevassé; faire eau, couler, dégoutter.
Leck-en; *v. n. v. a.*	लिह्	lih;	....	*λείχειν; lingere.*	Goûter, attirer un liquide avec la langue, lécher.
Led-er; *n. g. -s.*	लद्	lud;	....	*λήθειν; latere.*	Couvrir, cacher; couverture, peau, cuir.
Led-ig; *adj. adv.*	....	....	c. lass-en.	....	Laisser, permettre; libre, dégagé, exempt, affranchi, non marié.
Lefz-e; *f. g. -, p. -n.*	....	....	voyez lippe.	....	Lèvre, grosse lèvre, babine.
Leg-en; *v. a.*	लिग्	lig;	lieg-en;	*λέγειν; legere, locare.*	Joindre; approcher, étendre, coucher, poser, pondre.
Leh-en; *n. g. -s, p. -.*	....	....	voy. leih-en;	....	Donner à condition; prêt, fief, investiture.
Lehm; *m. g. -es.*	लिप्	lip;	....	*λίπος; limus.*	Graisser; être gras; graisse; terre collante, argile.

MOTS ALLEMANDS.	ANALOGIES SANSKRITES.	TRANSCRIPTION DU SANSKRIT EN LETTRES ROMAINES.	RACINES GERMANIQUES.	ANALOGIES GRECQUES ET LATINES.	SIGNIFICATIONS dans leur ordre généalogique, depuis le sens primitif de la racine sanskrite ou germanique jusqu'au plus éloigné, en plaçant dans la chaîne des intermédiaires les analogies grecques et latines.
Lehn-en; *v. n.; v. a.*	....	....	....	*κλίνειν; clinare.*	Incliner, pencher, appuyer, adosser.
Leib; *m. g. -es, p. -er.*	....	....	v. leb-en, lip;	....	Vie, corps animé, ventre.
Leicht; *adj. adv.*	लघ्	lagh;	....	*ἐλαχύς; levis.*	Mouvoir; qui se meut sans gêne; léger, agile, facile, peu considérable.
Leid-en; *v. n.; v. a. p. -itt-, imp. -itt.*	लुट्	luṭ;	....	*λάζειν, ἀλγεῖν; lædere.*	Blesser; être blessé, ressentir des douleurs, souffrir, supporter, permettre.
Leih-en; *v. a. p. -ie-, imp. -ie.*	लिग्	lig;	leg-en;	.... *locare.*	Approcher; poser, placer quelque chose, donner à condition, prêter, emprunter.
Leim; *m. g. -es.*	....	....	voyez lehm.	....	Chose collante, colle, glu.
Leis-e; *adj. adv.*	....	....	voyez laut.	....	Qui s'entend; son faible, bas, doux, léger, fin.
Leit-en; *v. a.*	इट्	iṭ;	....	*ἐλεύθειν;*	Aller, s'avancer, donner la direction, conduire, guider.
Lend-e; *f. g. -, p. -n.*	....	....	....	.... *latus.*	Côté, flanc, rein, hanche.
Les-en; *v. a. pr. -ie-, imp. -a-, impr. -ie-.*	लिग्	lig;	....	*λέγειν; legere.*	Incliner, coucher, approcher, joindre; ramasser, réunir (par les yeux), lire.
Letz-en; *v. a.*	....	....	voyez ver-letz-en;	....	Léser, blesser.
Letz-en; *v. a.*	लड्	laḍ;	....	.... *lætari.*	Se récréer, être en joie, trouver plaisir, se repaître.

MOTS ALLEMANDS.	RACINES SANSCRITES.	[illegible]	RACINES GERMANIQUES.	ANALOGIES GRECQUES ET LATINES.	SIGNIFICATIONS dans leur ordre généalogique, depuis le sens primitif de la racine sanscrite ou germanique jusqu'au plus éloigné, en plaçant dans la chaîne des intermédiaires les analogies grecques et latines.
Letzt; *adj. adv.*	....	....	voyez lass.	....	Négligent, paresseux; dernier, dernièrement.
Leucht-en; *v. n.*	लोच्	louç, *pronon.* lotch;	....	λεύσσειν, γλαύσσειν; *lucere.*	Paraître, briller, luire, éclairer.
Leum-und; *m. g. -es.*	....	....	leum-den;	κλύειν; *clamare.*	Retentir, crier; proclamer, entendre dire; opinion publique, réputation, renom.
Leut-e; *pl.*	लुट्	lut;	laut;	λαός, λαοί;	Parler; bruyant; qui est bruyant, foule, peuple, gens, hommes.
Licht; *n. g. -es, p. -er.*	....	....	v. leucht-en.	....	Éclairer; lumière, chandelle.
Lieb-en; *v. a.*	लुभ्	lubh;	lieb;	λίπτειν; *libet.*	Désirer; qui fait plaisir, qui est agréable; aimer, chérir, affectionner.
Lieb; *adj. adv.*	लिप्	lip;	voy. kleb-en.	λιπαρ, φίλος;	Enduire d'une matière visqueuse, être gluant, se coller, adhérer, s'attacher; trouver attachant, qui fait plaisir, agréable, aimé, chéri, cher, bon.
Lied; *n. g. -es, p. -er.*	....	....	v. laut-en.	....	Résonner, chanter; ce qu'on chante, chant, chanson, air.
Lieder-lich; *adj. adv.*	लड्	lad;	....	.... *ludere, ludicer.*	Jouer, folâtrer; qui aime à jouer, qui manque d'ordre, déréglé, dissolu, débauché, flasque.
Liefer-n; *v. a.*	लभ्	labh;	....	.... *liberare.*	Prendre; lever, tendre, donner, délivrer, livrer, fournir.
Lieg-en; *v. n.*	....	....	voy. leg-en.	....	Être couché, être étendu, être situé.

MOTS ALLEMANDS.	ANALOGIES SANSKRITES.	TRANSCRIPTION DU SANSKRIT en lettres romaines.	RACINES GERMANIQUES.	ANALOGIES GRECQUES ET LATINES.	SIGNIFICATIONS dans leur ordre généalogique, depuis le sens primitif de la racine sanskrite ou germanique jusqu'au plus éloigné, en plaçant dans la chaîne des intermédiaires les analogies grecques et latines.
Lind; *adj. adv.*	....	....	....	... *lentus*, *lenis*.	Doux au toucher, tendre, traitable, pliable.
Lind-e; *f. g.* -, *p.* -n	....	....	voyez lind.	....	Arbre dont le bois est doux, facile à travailler; tilleul.
Links; *adv.*	लिश्	liç;	....	λαιός; *laevus*.	Diminuer, délaisser; malheureux, faible; gauche, à gauche.
Lipp-e; *f. g.* -, *p.* -n.	लभ्	labh;	laf-en;	λάπτειν; *labium*.	Saisir, prendre; qui sert à prendre, lécher; lèvres.
Lisp-el-n; *v. n.*; *v. a.*	....	....	voy. lipp-e.	....	Lèvre; qui sert à prononcer; chuchoter, murmurer.
List; *f. g.* -, *p.* -en.	....	....	comp. blitz.	....	Éclat vif; qui brille, qui est habile, qui sait faire; habileté, savoir-faire, art, finesse, ruse, artifice.
Litz-e; *f. g.* -, *p.* -n.	लुष्	lus;	....	... *licium*.	Couper; morceau coupé; bande, lisière; cordon, cordonnet.
Lob-en; *v. a.*	लप्	lap;	....	λῶ; *laudare*.	Parler, énoncer, prononcer, juger, apprécier, approuver, louer.
Loch; *m. g.* -es, *p.* -ö-er.	लू	lû;	lech-en;	λάκκος; *lacuna*.	Trancher; être ouvert, béant, creux; ouverture, fosse, trou, cachot.
Lock-e; *f. g.* -, *p.* -n.	लिग्	lig;	....	πλόκος; *plicare*, *laqueus*.	Joindre, entrelacer, tresser; tresse, nœuds; boucle (de cheveux).
Lock-en; *v. a.*	लघ्	lagh;	....	λακεῖν; *lacere*.	Crier, faire retentir; appeler, attirer, appâter, amorcer, leurrer.

MOTS ALLEMANDS.	ANALOGIES SANSKRITES.	TRANSCRIPTION DU SANSKRIT en lettres romaines.	RACINES GERMANIQUES.	ANALOGIES GRECQUES ET LATINES.	SIGNIFICATIONS dans leur ordre généalogique, depuis le sens primitif de la racine sanskrite ou germanique jusqu'au plus éloigné, en plaçant dans la chaîne des intermédiaires les analogies grecques et latines.
Lock-er; *adj. adv.*	. . . . . .	. . . . . .	voyez loch;	λαγαρός;	Trou; qui est creux, vide, poreux; lâche, mou, léger, relâché, qui est dissolu.
Loh-e; *f.*	लोच्	lauč;	. . . .	λύχνος; *lucere*, *lux*.	Paraître, luire, feu, flamme.
Loh-e; *f.*	. . . . . .	. . . . . .	voy. laug-e	. . . .	Lessive, tan.
Lohn; *m. g. -es.*	. . . . . .	. . . . . .	v. leih-en.	. . . .	Donner à condition; rétribution, gage, salaire, solde, paye.
Los; *adj. adv.*	लुप्	lus;	lios-an;	λύειν, λύτος; *laxus*.	Rompre; ouvrir, détacher; délié, relâché, délivré, libre, léger.
Lös-en; *v. a.*	. . . . . .	. . . . . .	voyez los.	. . . .	Détacher.
Lösch-en; *v. a.*	. . . . . .	. . . . . .	voyez los.	. . . .	Qui est libre, délivré, décharger, débarder.
Loth-se; *m. g. -n, p. -n.*	. . . . . .	. . . . . .	voy. leit-en.	. . . .	Guider, conduire; pilote.
Luchs; *m. g. -es, p. -e.*	. . . . . .	. . . . . .	voy. lug-en.	λύγξ; *lynx*.	Épier; qui épie; lynx, loup-cervier.
Lück-e; *f. g. -, p. -n.*	. . . . . .	. . . . . .	voyez loch.	. . . .	Trou, lacune, vide, brèche.
Lud-er; *n. g. -s, p. -.*	. . . . . .	. . . . . .	voy. lied-er-lich.	. . . .	Flasque, dissolu, vicieux; inutile; charogne, carogne.
Luft; *f. g. -, p. -ü-e.*	. . . . . .	. . . . . .	voy. lauf-en.	. . . .	Se mouvoir avec vitesse; vent, air.
Lug-en; *v. n.; v. a.*	लोच्	lauč;	. . . .	λεύσσειν, λογᾶν; *lucere*.	Briller, luire, regarder, voir, épier, observer.

MOTS ALLEMANDS.	ANALOGIES SANSKRITES.	TRANSCRIPTION DU SANSKRIT en lettres romaines.	RACINES GERMANIQUES.	ANALOGIES GRECQUES ET LATINES.	SIGNIFICATIONS dans leur ordre généalogique, depuis le sens primitif de la racine sanskrite ou germanique jusqu'au plus éloigné, en plaçant dans la chaîne des intermédiaires les analogies grecques et latines.
Lüg-en; *v. n.; v. a. p. -e-, imp. -o.*	....	....	v. läug-nen.	....	Contester, nier, mentir, inventer.
Luk-e; *f. g. -, p. -n.*	....	....	voyez loch.	....	Trou, lucarne, écoutille.
Lümm-el; *m. g. -s, p. -.*	....	....	v. lapp-en.	....	Lambeau, pièce flasque; homme sans énergie, paresseux, lourdaud, rustre.
Lump-en; *m. g. -s, p. -.*	....	....	v. lapp-en.	....	Chiffon, haillon.
Lung-e; *f. g. -, p. -n.*	....	....	voy. locker.	....	Qui est mou, léger; poumon.
Lust; *f. g. -, p. -ü-e.*	लष्	lad, *pronon.* ladd;	....	*λάσθαι; ludere, lusus.*	Être joyeux; impulsion joyeuse, qui est désiré; désir, envie, plaisir, joie.

M

MOTS allemands.	RACINES SANSCRITES.	TRANSCRIPTION DU SANSCRIT en lettres romaines.	RACINES germaniques.	ANALOGIES grecques et latines.	SIGNIFICATIONS dans leur ordre généalogique, depuis le sens primitif de la racine sanscrite ou germanique jusqu'au plus éloigné, en plaçant dans la chaîne des intermédiaires les analogies grecques et latines.
Maaß; *n. g. -es, p. -e.*	......	......	v. meſſ-en.	......	Mesurer; mesure, proportion.
Mach-en; *v. a.*	मघ्	magh;	......	*μηχανή, μοχθεῖν; machinari.*	Mouvoir, être actif, se donner de la peine pour faire quelque chose, organiser, produire, faire, rendre.
Macht; *f. g. -, p. -ä-e.*	मह्	mah;	mög-en;	*μέγεθος; magnitudo.*	Croître, dominer; être grand, pouvoir; force, grandeur, prééminence.
Mad-e; *f. g. -, p. -n.*	भिद्	bhid;	mait-an;	*μίδας;*	Couper; détruire en rongeant; ver, larve.
Mag-en; *m. g. -s, p. -.*	......	......	......	*μάσσειν, μάσσομαι, ἐκμάσσω, στό-μαχος; macerare, stomachus.*	Prendre, presser, pétrir, triturer, macérer, broyer; qui triture, digère, estomac, gésier.
Mag-er; *adj. adv.*	मह्	mah;	......	*μακρός; macer.*	Croître; grand, élancé, maigre.
Mäh-en; *v. a.*	मष्	maṣ;	mait-an;	*ἀμᾶν; metere.*	Couper; cueillir, moissonner, faucher.
Mahl; *n. g. -es, p. -e.*	......	......	v. mahl-en.		Couper, diviser, triturer, manger; repas, dîner, festin.
Mahl-en; *v. a.*	मिल्	mil.	mil-an;	*μύλλειν; molere.*	Couper, diviser; triturer, broyer, moudre.
Mähn-e; *f. g. -, p. -n.*	मन्	man;	......	*μάννος; monile.*	Attacher; qui est attaché, collier; crinière.
Mahn-en; *v. a.*	मान्	mân;	......	*μηνύειν; monere.*	Penser, faire penser, faire souvenir, instruire, avertir, exhorter, sommer.

MOTS ALLEMANDS.	ANALOGIES SANSCRITES.	TRANSCRIPTION DU SANSCRIT en lettres romaines.	RACINES GERMANIQUES.	ANALOGIES GRECQUES ET LATINES.	SIGNIFICATIONS dans leur ordre généalogique, depuis le sens primitif de la racine sanscrite ou germanique jusqu'au plus éloigné, en plaçant dans la chaîne des intermédiaires les analogies grecques et latines.
Mai; *m. g. -es.*	मह्	mah;		*maius.*	Croître; temps de la croissance générale; rameau vert (bouleau), mai.
Mak-el; *m. g. -s, p. -.*	वाच्	vâç;		μωκάζειν;	Crier; crier après quelqu'un, se moquer de.., blâmer; ce qu'on blâme, défaut, tache, souillure.
Ma-ma; *f.*	मा	mâ;		μάμμα; *mamma.*	Mesurer, distribuer, donner, produire; mère, maman.
Man; *pr. ind.*			voyez mann.		Homme, les hommes en général; on.
Manch; *pr. ind.; adj.*	मह्	mah;	mehr;	μέγας; *magis.*	Croître, augmenter; augmenté; fort, très, plus; beaucoup, maint.
Mang-el; *m. g. -s. p. -ä-.*				*mancus.*	Étendu, mince, imparfait, défectueux; défaut, manque, privation, pénurie.
Mann; *m. g. -es, p. -ä-er.*	पण्	paṇ;		μένειν; *mas, ho-mo, ho-min-us*	Agir, s'exercer; qui agit, qui est actif, homme, mâle, mari.
Mant-el; *m. g. -s, p. -ä-.*	वंट्	vanṭ;		*mantellum.*	Entourer, fermer, couvrir; couverture, manteau.
Mark; *n. g. -es.*			mier-en;	μύρον;	Graisser; substance grasse et molle, moelle, pulpe.
Mark; *f. g. -, p. -en.*	मृ	mar;		μέρος; *margo.*	Couper, partager; partage, bord; frontière, marque, limite, marche.
Markt; *m. g. -es, p. -ä-e.*	भृ	bhar;		*mercatorum.*	Produire, porter; apporter; lieu où l'on apporte pour vendre, marché, foire.
Masch-e; *f. g. -, p. -n.*				*macula.*	Tache; point, maille, nœud.

MOTS ALLEMANDS.	ANALOGIES SANSCRITES.	TRANSCRIPTION DU SANSCRIT en lettres romaines.	RACINES GERMANIQUES.	ANALOGIES GRECQUES ET LATINES.	SIGNIFICATIONS dans leur ordre chronologique, depuis le sens primitif de la racine sanskrite ou germanique jusqu'au plus éloigné, en plaçant dans la chaîne des intermédiaires les analogies grecques et latines.
Maſt; *f. g.* -.	मस्	mas;	maſt:	*μαστάζειν, μάσταξ; mastico, pastio.*	Briser, mâcher, manger; nourriture, pâture, engrais, glandée.
Matt; *adj. adv.*	मस्	mas.	. . . .	*μάττειν; mactatus.*	Couper, briser; toucher au vif, tuer, abattre; qui est abattu, vaincu, faible, languissant, las.
Mauer; *f. g.* -, *p.* -n.	मुर्	mur;	. . . .	. . . *murus.*	Enfermer, ceindre; enceinte de pierres, mur, muraille.
Maul; *n. g.* -es, *p.* -ä-er.	. . . . .	. . . . .	. . . .	*μύλλειν, μύλλον*; . . .	Rendre des sons; qui rend des sons, lèvres, bouche, gueule.
Maus; *f. g.* -, *p.* -ä-e.	मुष्	muş;	meiß-en;	*μῦς; mus.*	Briser, broyer, ronger; souris.
Mauth; *f. g.* -.	मस्	mas;	mit-an, meſſ-en;	*μετρεῖν; metiri.*	Mesurer; qui mesure; impôt, péage, douane.
Meck-er-n; *v. n.*	मिच्	miç;	. . . .	*μηκάζειν; micere.*	Crier (chèvre), chevroter.
Meer; *n. g.* -es, *p.* -e.	मी	mi;	. . . .	*μορμύρειν; mare.*	Mouvoir, couler; couler avec bruit, se déborder; mer.
Mehl; *n. g.* -s.	. . . . .	. . . . .	v. mahl-en	. . . .	Moudre; farine.
Mehr; *adv.*	मह्	mah;	mag;	*μέγας; magnus, magis.*	Croître; grand, considérable; beaucoup, plus, davantage.
Meid-en; *v. a. p.* -ie-, *imp.* -ie-.	मथ् मी	math; mi;	. . . .	. . . *metuere.*	Mouvoir, éloigner, ôter; éviter par crainte, fuir, s'abstenir.
Mei-er; *m. g.* -s, *p.* -.	. . . . .	. . . . .	mag, mehr;	. . . *major*	Grand, fort; supérieur, préposé; métayer.

MOTS ALLEMANDS.	ANALOGUES SANSKRITS.	TRANSCRIPTION DU SANSKRIT en lettres romaines.	RACINES GERMANIQUES.	ANALOGIES GRECQUES ET LATINES.	SIGNIFICATIONS dans leur ordre généalogique, depuis le sens primitif de la racine sanskrite ou germanique jusqu'au plus éloigné, en plaçant dans la chaîne des intermédiaires les analogies grecques et latines.
Mein; *pr. pos.*	......	......	......	*ἐμός; meus.*	Mon, ma.
Mein-eid; *m. g. -es, p. -e.*	......	......	......	*μινυός; minor, mendum.*	Faible, imparfait, défectueux, mauvais; tache; faux serment, parjure.
Mein-en; *v. n.; v. a.*	मन्	man;	......	*μενοινᾷν; memini.*	Penser, réfléchir, méditer, se souvenir; croire, opiner, entendre.
Meiſt; *adj. adv.*	......	......	mag, mehr;	*μέγιστος; maximus.*	Beaucoup, plus, le plus.
Meiſt-er; *m. g. -s, p. -.*	......	......	meiſt.;	.... *magister.*	Qui est le plus, le premier; maître.
Melk-en; *v. a.*	......	......	......	*ἀμέλγειν; mulgere.*	Traire, tirer le lait.
Meng-en; *v. a.*	मिश्र्	miçr;	......	*μιγνύναι; miscere.*	Mêler, mélanger, confondre.
Menſch; *m. g. -en, p. -en.*	......	......	man-iſch, v. mann.	......	Qui a la nature d'un individu humain; être humain, homme.
Merk-en; *v. a.*	मृश्	març;	......	*μαίρειν; mirari.*	Briller; distinguer; apercevoir, regarder, fixer; observer, noter, marquer, sentir.
Meſſ-en; *v. a. pr. -i-, imp. -aß, impr. -i-.*	मस्	mas;	......	*μετρεῖν; metiri.*	Étendre, occuper; mesurer, toiser.
Meſſ-er; *n. g. -s, p. -.*	......	......	v. metz-en.	......	Couper; couteau.
Meth; *m. g. -es.*	मद्	mad;	......	*μεθύειν, μέθυ;*	Enivrer; qui enivre; hydromel.
Metz-e; *f. g. -, p. -n.*	......	......	v. meſſ-en.	......	Mesurer; minot, setier.

MOTS ALLEMANDS.	RACINES SANSCRITES.	TRANSCRIPTION DU SANSCRIT en lettres romaines.	RACINES GERMANIQUES.	ANALOGIES GRECQUES ET LATINES.	SIGNIFICATIONS dans leur ordre généalogique, depuis le sens primitif de la racine sanskrite ou germanique jusqu'au plus éloigné, en plaçant dans la chaîne des intermédiaires les analogies grecques et latines.
Metz-en, metz-el-n; *v. a.*	वस्त्	vast;	....	*μιστύλλειν; mutilare.*	Blesser; couper, mutiler, massacrer, sabrer, abattre, égorger.
Meut-er-ei; *f. g. -, p. -en.*	मिध्	maidh;	meut-en;	..... *motus.*	Réunir, lier; ligue, mutinerie, émeute, sédition.
Mich; *pr. pers.*	......	......	....	*με, ἐμέ; me.*	Me, moi.
Mien-e; *f. g. -, p. -n.*	मान्	mân;	mein-en, mahn-en.	*μνάομαι; monere.*	Penser, faire souvenir, avertir; qui avertit; indice, signe, geste, forme, figure, air, mine, expression.
Mieth-e; *f. g. -, p. -n.*	मिध्	maidh;	....	*μισθός;*	Se réunir, se lier réciproquement; réciprocité de dons, indemnité; loyer, louage.
Milch; *f. g. -.*	......	......	v. melk-en.	....	Tirer le lait; lait.
Mild; *adj. adv.*	मल्ल्	mall;	....	*μειλίχιος; mollis.*	Travailler une chose, la rendre flexible, amollir; tendre, souple, doux, agréable, bienveillant, clément, pieux.
Milz; *f. g. -, p. -en.*	......	......	comp. mild.	....	Tendre, amolli, mou; viscère mou, rate.
Mind-er; *adj. adv.*	......	......	min;	*μειών; minor.*	Petit; plus petit, moindre.
Minn-e; *f. g. -.*	......	......	v. mein-en.	....	Penser; pensée, sentiment, affection, amour.
Mir; *pr. pers.*	......	......	....	*μοί; mihi.*	Me, à moi.
Misch-en; *v. a.*	मिश्र्	miçr;	....	*μίσγειν; miscere.*	Mêler, confondre, brouiller.

MOTS ALLEMANDS.	ANALOGIES SANSCRITES.	TRANSCRIPTION DU SANSCRIT en lettres romaines.	RACINES GERMANIQUES.	ANALOGIES GRECQUES ET LATINES.	SIGNIFICATIONS dans LEUR ORDRE GÉNÉALOGIQUE, depuis le sens primitif de la racine sanscrite ou germanique jusqu'au plus éloigné, en plaçant dans la filiation des intermédiaires les analogies grecques et latines.
Miß-; *préf.*	......	......	v. meid-en.	*μι*;	S'éloigner; éloigné, manqué, déplacé, faussé, vicieux, mal, mé-, més-.
Miss-en; *v. a.*	......	......	voyez miß.	....	Manquer, être privé, se passer de.
Mist; *m. g. -es.*	मिह्	mih;	....	*ὀμίχειν, μύξα; mingere, mixi, mictum.*	Humecter, détremper; mucosité, boue détrempée, fumier, fiente.
Mist-el; *f. g. -, p. -n.*	......	......	miß;	*μύξα; viscum.*	Mucosité, boue, chose gluante; gui (plante dont on extrait la glu).
Mit; *prép. adv.*	मिद्	mid;	....	*μετά; a-pud.*	Unir, aimer; union ou mélange intime, avec.
Mitt-e; *f. g. -.*	मध्य	madhya;	voyez mit.	*μέσον; medium.*	Avec, entre deux; milieu, centre.
Mitt-el; *n. g. -s, p. -.*	......	......	voyez mitte.	....	Situé au milieu; moyen.
Mod-er; *m. g. -s.*	......	......	....	*μυδᾶν, μύδησις; madar.*	Humecter, être humide, être moisi, moiteur, moisissure, pourriture, bourbe, vase.
Mög-en; *v. n.; v. a. p. -ocht-, pr. -a-, imp. -och-.*	मह्	mah;	....	*μέγα;*	Croître, dominer; être fort; pouvoir, vouloir, désirer.
Mohn; *m. g. -es.*	......	......	mag:	*μήκων;*	Grand; plante élancée, pavot.
Möhr-e; *f. g. -, p. -n.*	......	......	voyez moor.	....	Marais; racines qui aiment les terrains marécageux; carotte.
Mon-at; *m. g. -es, p. -e.*	......	......	voyez mond.	....	Lune; mois.

MOTS ALLEMANDS.	ANALOGUES SANSKRITS.	TRANSCRIPTION DU SANSKRIT EN LETTRES LATINES.	RACINES GERMANIQUES.	ANALOGIES GRECQUES ET LATINES.	SIGNIFICATIONS dans leur ordre généalogique, depuis le sens primitif de la racine sanskrite ou germanique jusqu'au plus éloigné, en plaçant dans la chaîne des intermédiaires les analogies grecques et latines.
Mond; *m. g. -es, p. -e.*	मास्	mâs;	mit-en;	*μήν; mensis.*	Mesurer; qui est donné avec mesure; lune.
Moor; *n. g. -es, p. -e.*	मृ	mar;	mer-en;	. . . . *marcidus.*	Séparer; qui se sépare, qui se corrompt, qui est corrompu, eau stagnante; marais, marécage.
Moos; *n. g. -es, p. -e.*	. . . . . .	. . . . . .	moor;	*μόσχος; muscus.*	Plante de marais, pousse tendre, mousse.
Mor-ast; *m. g. -es, p. -ä-e.*	. . . . . .	. . . . . .	voyez moor.	. . . .	Terrain marécageux, boue, bourbe.
Mor-chel; *f. g. -, p. -n.*	. . . . . .	. . . . . .	voyez moor.	. . . .	Plante de marais, morille.
Mord; *m. g. -es, p. -e.*	मृद्	mard;	. . . .	*μόρος; mors, mortalis.*	Saisir, briser, mort violente, meurtre, homicide.
Mor-gen; *m. g. -s, p. -.*	. . . . . .	. . . . . .	voyez vor et gehen.	. . . .	Sortir, avancer, monter; lever du soleil, jour naissant, matin, matinal.
Morsch; *adj. adv.*	. . . . . .	. . . . . .	voyez moor.	. . . .	Marécage, marécageux; qui est corrompu, pourri, carié, fragile, cassant, friable.
Much-el-n; *v. n.*	. . . . . .	. . . . . .	mahd-en;	*μυδάειν; mucere.*	Humecter, se gâter par l'humidité, être moisi, sentir le relent, avoir l'odeur forte.
Mück-e; *f. g. -, p. -n.*	मुच्	mué;	muck-en;	*μυῖα; musca.*	Faire entendre un faible son, murmurer, bourdonner; moucheron, cousin.
Muck-en, muckf-en; *v. n.*	मुच्	mué;	muh-en;	*μύζειν; mussare.*	Faire entendre un son sourd, murmurer, souffler, grommeler, gronder, bouder, grogner, remuer, bouger.

MOTS ALLEMANDS.	ANALOGIES SANSKRITES.	TRANSCRIPTION DU SANSKRIT EN LETTRES ROMAINES.	RACINES GERMANIQUES.	ANALOGIES GRECQUES ET LATINES.	SIGNIFICATIONS des MOTS ALLEMANDS, dans leur ordre généalogique, depuis le sens primitif de la racine sanskrite ou germanique jusqu'au plus éloigné, en plaçant dans la chaîne des intermédiaires les analogies grecques et latines.
Muck-er; *m. g. -s, p. -.*	......	......	v. muck-en.	......	Homme qui boude; capricieux, sournois, hypocrite, cagot.
Müd-e; *adj. adv.*	......	......	voyez matt.	......	Las, fatigué.
Mühe; *f. g. -, p. -n.*	मय्	may;	muoh-an;	*μόθος, μόγος*;	Être en mouvement; travail, effort, peine, labeur, fatigue.
Muh-en; *v. n.*	मुच्	mué;	......	*μυκᾶν*; *mugire*.	Gronder; mugir, beugler.
Mühl-e; *f. g. -, p. -n.*	......	......	v. mahl-en.	*μύλη*; *mola*.	Moudre; moulin.
Mulm; *m. g. -es.*	......	......	v. mahl-en.	......	Broyer; poussière, vermoulure, pourriture (du bois).
Mund; *m. g. -es.*	वद्	vad;	......	*μυθέομαι*; *mandare*.	Parler, prononcer; demander, commander; organe de la parole, bouche.
Mürb-e; *adj. adv.*	......	......	voy. mersch.	......	Friable, tendre, bien cuit, très-mûr.
Murm-el-n; *v. n.*	......	......	v. murr-en.	......	Murmurer, marmotter, grommeler.
Murr-en; *v. n.*	......	......	......	*μορμύρειν, μύζειν*; *murmurare*.	Murmurer, se plaindre, gronder, grogner.
Muth; *m. g. -es.*	......	......	muoth-an;	*θυμός*; *motus (animi)*.	Être en mouvement; mouvement de l'âme, âme, courage, sentiment, confiance, hardiesse.
Muß; *n. g. -es, p. -e.*	पुष्	pus;	......	*μᾶζα*; *massa*.	Nourrir; pâte, marmelade.
Mu-tter; *f. g. -, p. -ü-.*	मा	mâ;	......	*μήτηρ*; *mater*.	Mesurer, distribuer, donner, nourrir; mère.
Mütz-e; *f. g. -, p. -n.*	......	......	muoz-an;	*μίτρα*; *mitra*.	Couvrir; qui couvre, bandeau, bonnet, casquette.

N

MOTS ALLEMANDS.	ANALOGIES SANSKRITES.	TRANSCRIPTION DU SANSKRIT en lettres romaines.	RACINES GERMANIQUES.	ANALOGIES GRECQUES ET LATINES.	SIGNIFICATIONS dans leur ordre généalogique, depuis le sens primitif de la racine sanskrite ou germanique jusqu'au plus éloigné, en plaçant dans la chaîne des intermédiaires les analogies grecques et latines.
Nach; *prép. adv.*	नह्	nah;	nah;	[illegible]; *nancire.*	Approcher, être près; parvenir à; marque direction vers, ou arrivée au lieu en question; vers, après, à, pour.
Nächst; *adj. prép. adv.*	......	......	voyez nah.	....	Près; le plus proche, au plus près.
Nach-en; *m. g. -e.*	नौ	nâu;	nauw-e;	*ναῦς; navis.*	Navire, nacelle.
Nacht; *f. g. -, p. -ä-e.*	नय् नक्तम्	nay; naktam.	neig-en;	*νύξ, νυκτός; nox, noctis.*	Diriger vers, incliner, s'approcher; nuit tombante, nuit.
Nacht-i-gall; *f. g. -, p. -en.*	......	......	voyez nacht. gall-en;	....	Qui chante la nuit, rossignol.
Nack-en; *m. g. -s, p. -.*	......	......	v. neig-en.	....	Pencher; qui penche, nuque.
Nackt; *adj. adv.*	नग्न	nagna;	nu;	*nudus.*	Neuf, nouvellement produit; nu, qui est dépouillé de vêtements, déshabillé.
Nad-el; *f. g. -, p. -n.*	नह्	nah;	nätt-en, näh-en;	*νύσσειν, νυττάζω, νύγδην;*	Approcher, joindre; pousser, aiguillonner, piquer, coudre; aiguille, pointe.
Nag-el; *m. g. -s, p. -ä-.*	नख	nakha;	nag-en.	*ὄνυξ; ungula.*	Gratter, creuser; qui creuse, ongle, clou.
Nag-en; *v. n., v. a.*	नक्क्	nakk;	....	*κνάειν; κνίζειν;*	Percer, creuser, ronger, racler.
Näh-en; *v. n., v. a.*	नह्	nah;	nah;	*νήθειν; nectere.*	Joindre, lier, nouer, rapprocher, approcher, s'approcher.

MOTS ALLEMANDS.	ANALOGUES SANSCRITS.	TRANSCRIPTION DU SANSCRIT EN LETTRES ROMAINES.	RACINES GERMANIQUES.	ANALOGIES GRECQUES ET LATINES.	SIGNIFICATIONS dans leur ordre généalogique, depuis le sens primitif de la racine sanskrite ou germanique jusqu'au plus éloigné, en plaçant dans la chaîne des intermédiaires les analogies grecques et latines.
Näh-en; *v. a.*	. . . . . .	. . . . . .	voy. nah-en.	. . . .	Rapprocher, joindre, coudre.
Nähr-en; *v. a.*	निस्	nis;	nes-an;	. . . . *nutrire.*	Humecter; alimenter, conserver, soigner, nourrir.
Nam-e; *m. g. -ns, p. -n.*	नम्	nam;	. . . .	*ὄνομα; nomen.*	Prononcer, désigner; désignation, nom.
Napf; *m. g. -es, p. -ä-e.*	नभ्	nabh;	. . . .	. . . . *navis.*	Joindre, toucher, prendre; instrument à l'aide duquel on prend ou retient; vaisseau, jatte, terrine, écuelle.
Nasch-en; *v. n., v. a.*	. . . . . .	. . . . . .	voy. nag-en.	. . . .	Ronger; entamer à la dérobée, goûter secrètement, manger par friandise, être friand.
Nas-e; *f. g. -, p. -n.*	नस्	nas;	. . . .	*[illegible]; nasus.*	Sauter en avant; extrémité, nez.
Naß; *adj. adv.*	निस्	nis;	. . . .	*νότιος; natans.*	Mouiller; couvert ou pénétré de liquide, trempé, mouillé, humide, pluvieux.
Natt-er; *f. g. -, p. -n.*	निद्	nid;	. . . .	. . . . *natrix.*	S'approcher; saisir, blesser; vipère.
Neb-el; *m. g. -s, p. -.*	निव्	niv;	. . . .	*νεφέλη; nebula.*	Couler, se répandre; nuage, brouillard, brume.
Neck-en; *v. a.*	नक्	nakk;	nag-en;	*νεικεῖν; nocere.*	Percer, creuser, ronger, nuire, injurier; harceler, agacer, narguer.
Neffe; *m. g. -n, p. -n.*	. . . . . .	. . . . . .	c. knab-e, knapp-e.	. . . .	Enfant; petit-fils, neveu.
Nehm-en; *v. a.*	नभ्	nabh;	. . . .	*ἀμᾶν; emere.*	Prendre, saisir, ramasser, acquérir; s'approprier, prendre.

MOTS ALLEMANDS.	ANALOGIES SANSCRITES.	TRANSCRIPTION DU SANSCRIT en lettres romaines.	RACINES GERMANIQUES.	ANALOGIES GRECQUES ET LATINES.	SIGNIFICATIONS dans leur ordre généalogique, depuis le sens primitif de la racine sanscrite ou germanique jusqu'au plus éloigné, en plaçant dans la chaîne des intermédiaires les analogies grecques et latines.
Neid; *m. g. -es.*	निद्	nid;	nitt-en;	*νεῖκος, ὄ-νειδ-ος;* ...	Approcher; serrer, presser; qui presse; passion, tourment, dispute, jalousie, envie.
Neig-en; *v. a.*	नय्	nay;	....	*νεύειν; nicere.*	Dirigé vers; incliner, faire signe, pencher, baisser.
Nein; *adv.*	नो	nô;	ni-ein;	*νη-; ne-, non.*	Pas un, point, non.
Nenn-en; *v. a. p. -a-, imp. -a-.*	नम्	nam;	nam-e;	*ὀνομάζειν; nominare.*	Prononcer, désigner, donner un nom, nommer.
Nessel; *f. g. -, p. -n.*	....	....	nâh-en;	*νύσσειν, κνίζω;* ...	Lier, joindre; piquer; ortie.
Nest; *n. g. -es, p. -er.*	नद्	nad;	....	*νεοττεία; nidus.*	Poser, placer; nid, aire.
Nestel; *f. g. -, p. -n.*	....	....	voy. nad-el.	....	Aiguillette, lacet, qui est entrelacé, tresse, natte (cheveux).
Nett; *adj. adv.*	नद्	nad;	....	.... *nitidus.*	Reluire; être propre; en bon état, net, charmant, gentil.
Netz; *n. g. -es, p. -e.*	....	....	nâh-en, nâth-en;	*νήθειν; nasso.*	Joindre; filer, tricoter; ouvrage à mailles, nasse, filet, réseau.
Netz-en; *v. a.*	....	....	voyez naß.	....	Mouillé; mouiller.
Neu; *adj. adv.*	नव	nava;	....	*νέος, νεῖος; novus.*	Jeune, frais, nouveau, neuf.
Neun; *nomb.*	नवन्	navan;	niun;	*ἐννέα; novem.*	Premier nombre d'un système numéral perdu; neuf.
Nicht; *adv.*	नश्	naç;	ne-iht;	*νη; ne-, nihil.*	Détruire, aucune chose; ne, ne pas, point.

MOTS ALLEMANDS.	ANALOGIES SANSCRITES.	TRANSCRIPTION DU SANSCRIT en lettres romaines.	RACINES GERMANIQUES.	ANALOGIES GRECQUES ET LATINES.	SIGNIFICATIONS dans leur ordre généalogique, depuis le sens primitif de la racine sanscrite ou germanique jusqu'au plus éloigné, en plaçant dans la chaîne des intermédiaires les analogies grecques et latines.
Nick-en; *v. n.*	....	....	v. neig-en.	.... *nuere, nictare.*	S'incliner, branler la tête, faire signe, cligner (des yeux).
Nie; *adv.*	न	na;	ni-je;	*νη, νε-; ne-.*	Pas toujours, jamais, en aucun temps.
Nied-er; *adj. adv.*	नद्	nad;	....	*νειόθι, νειαίρα;*	Poser, placer; mouvement de haut en bas; bas, inférieur, en bas.
Nier-e; *f. g. -, p. -n.*	नीर	nira;	....	*νηρός, νεφρός; ren.*	Humide; glande qui sécrète l'urine, rognon, rein.
Nies-en; *v. n.*	....	....	voyez nas-e.	....	Nez; éternuer.
Niet-en; *v. a.*	निद् नद्	nid; nad;	....	*νύττειν;*	Approcher; faire descendre, enfoncer, frapper, presser, serrer, appliquer, attacher, river.
Nimmer; *adv.*	....	....	voyez nie et mehr.	....	Ne plus, jamais.
Niß; *f. g. -, p. -e.*	....	....	voyez nuß.	....	Corps qui a la forme d'une noix, œuf de pou, lente.
Nist-en; *v. n.*	....	....	voyez nest.	....	Faire son nid, nicher.
Noch; *conj.*	....	....	ni;	*νη-; nec.*	Pas, ni.
Noch; *adv.*	नु	nu;	....	*ναί, νή; nae.*	Affirmer; encore.
Nord; *m. g. -s.*	नीर	nira;	Niord (dieu de la pluie et du vent);	*νηρός, βορέας;*	Humide et froid; nord, septentrion.
Noth; *f. g.*	....	....	niet-en;	*νόσος; necessitas.*	Presser; pression, contrainte, peine, souffrance, péril, nécessité, besoin.

MOTS ALLEMANDS.	ANALOGUES SANSKRITES.	TRANSCRIPTION DU SANSKRIT EN LETTRES ROMAINES.	RACINES GERMANIQUES.	ANALOGIES GRECQUES ET LATINES.	SIGNIFICATIONS dans CHAQUE GROUPE ALPHABÉTIQUE, depuis le sens primitif de la racine sanskrite ou germanique jusqu'au plus éloigné, en plaçant dans la chaîne des intermédiaires les analogies grecques et latines.
Nächt-er-n; *adj. adv.*	......	......	nacht;	.... *nocturnus*	Nocturne; qui n'a point pris d'aliments depuis la dernière nuit, qui est à jeun; sobre, insipide, fade.
Nun; *adv.*	......	......	neu;	νῦν; *nunc.*	Nouveau; à présent, maintenant.
Nur; *adv.*	......	......	e. nu-n;	....	A présent, à peine, seulement, simplement, pas plus que...., ne... que....
Nuss; *f. g. -, p. -ü-e.*	......	......	e. fnot-en.	κάρυον; *nux.*	Nœud, noyau; qui est pressé, compacte, ferme; noix, noisette.
Nütz-en; *v. n., v. a.*	[illegible]	snus;	niess-en;	γεύειν;	Goûter; éprouver une sensation agréable, jouir en gourmand, jouir du bonheur; faire usage, se servir, servir.

O

MOTS ALLEMANDS.	ANALOGIES SANSKRITES.	TRANSCRIPTION DU SANSKRIT EN LETTRES ROMAINES.	RACINES GERMANIQUES.	ANALOGIES GRECQUES ET LATINES.	SIGNIFICATIONS dans LEUR ORDRE GÉNÉALOGIQUE, depuis le sens primitif de la racine sanskrite ou germanique jusqu'au plus éloigné, en plaçant dans la chaîne des intermédiaires les analogies grecques et latines.
Ob; *prép. adv.*	उभ्	ubh;	—p;	*ἐπί; ob.*	Amasser; désigne mouvement en haut, sur, au-dessus.
Ob; *conj. dub.*	......	......	......	*ἐπεί;*	Lorsque; si, que.
Obst; *n. g. -es.*	......	......	......	*ὄφαρ; ops.*	Produit; fruit, fruits.
Öd-e; *adj. adv.*	......	......	eid-e (isl.);	*ἔρη;*	Endommagé, dégradé, ruiné, dévasté, désert, inculte, solitaire, silencieux, vide.
Od-em; *m. g. -s.*	......	......	voy. ath-em.		
Od-er; *conj.*	अत्	at;	......	.... *aut.*	Mouvoir; autrement, ou, ou bien.
Of-en; *m. g. -s, p. O-.*	......	......	......	*ἰπνός;*	Four, fourneau, poêle.
Off-en; *adj. adv.*	......	......	ob;	*ἀναῖος; apertus.*	Sur, dessus; découvert, ouvert, franc, sincère.
Oft; *adv.*	अब्	ab;	......	*ἔψ;*	Mouvoir; mouvement du temps, de nouveau, encore, souvent.
Ohm; *f. g. -, p. -e.*	उर्व्	urv;	......	*ἅμη; hama.*	Embrasser, contenir; seau; muid.
Ohn-e; *prép. adv.*	ऊन्	ûn;	un;	*ἄνευ; in.*	Ôter; sans, privé de.
Ohr; *g. -es, p. -en.*	ऊष्	ûṣ;	......	*οὖς, ὦας; auris.*	Pénétrer, percer; organe de l'audition, oreille, ouïe.

MOTS ALLEMANDS.	ANALOGUES SANSCRITS.	TRANSCRIPTION DU SANSCRIT EN LETTRES ROMAINES.	RACINES GERMANIQUES.	ANALOGIES GRECQUES ET LATINES.	SIGNIFICATIONS dans LEUR ORDRE GÉNÉALOGIQUE, depuis le sens primitif de la racine sanskrite ou germanique jusqu'au plus éloigné, en plaçant dans la chaîne des intermédiaires les analogies grecques et latines.
Ort; *m. g. -es, p. -e, Ö-er.*	अर्ध्	ardh;	....	*ὄρος; ora.*	S'élever; pointe, pic, coin, tranchant, fin, extrémité, limite, bord, endroit déterminé, lieu, place.
Ost; *m. g. -es.*	उड्	uḍ;	at;	*ἠώς; ortus.*	S'élever; levant, orient, est.
	उष्	us;	....	*αὔειν; aurora.*	Briller, allumer, dorer; point du jour, aurore, levant, est.
Ott-er; *f. g. -, p. -n.*	अद्	ad;	....	*ἔδειν; lutra, edere.*	Manger, dévorer; animal carnassier, loutre; animal venimeux, vipère, aspic.

P

MOTS ALLEMANDS.	RACINES SANSCRITES.	TRANSCRIPTION DU SANSCRIT en lettres romaines.	RACINES GERMANIQUES.	ANALOGIES GRECQUES ET LATINES.	SIGNIFICATIONS dans LEUR ORDRE GÉNÉALOGIQUE, depuis le sens primitif de la racine sanskrite ou germanique jusqu'au plus éloigné, en plaçant dans la chaîne des intermédiaires les analogies grecques et latines.
Paar; *n. g. -es, p. -e.*	[illegible]	[illegible]	....	..... *par.*	Qui est lié; pareil, paire, couple, quelques.
Pacht; *f. g. -, p. -n.*	पश्	paç;	....	*πακτός; pactum.*	Lier, fixer, arrêter; qui est arrêté, accord, contrat, bail, fermage.
Pack-en; *v. a.*	पश्	paç;	....	*πηγνύναι, φάκελος; pangere.*	Lier, attacher, joindre, emballer, empaqueter, serrer, saisir.
Pa-pa; *m. g. -s.*	पा	pâ;	....	*πάππας; papa.*	Nourrir; qui nourrit, père.
Papp-el-n, pap-er-n; *v. n.*	....	....	v. babb-el-n.	....	Babiller.
Papp-el; *f. g. -, p. -n.*	पब्	pab;	....	*[illegible]; populus.*	Se mouvoir; trembler, qui tremble; tremble, peuplier.
Patsch-en; *v. n., v. a.*	पद्	pad;	batt-en;	*πατάσσειν; batuere.*	Marcher; battre, donner des coups, claquer, patauger.
Pauk-e; *f. g. -, p. -n.*	बुक्क्	bukk;	poch-en;	*βυκανίζειν;*	Produire un son retentissant, gronder; faire du bruit; timbale, tambour.
Pech; *n. g. -es.*	पिश्	piç;	....	*πίσσα; pix.*	Enduire d'une matière gluante; qui est gluant, poix.
Peitsch-e; *f. g. -, p. -n.*	....	....	v. patsch-en.	....	Donner des coups; fouet.

MOTS ALLEMANDS.	ANALOGUES SANSCRITS.	TRANSCRIPTION DU SANSCRIT en lettres romaines.	RACINES GERMANIQUES.	ANALOGIES GRECQUES ET LATINES.	SIGNIFICATIONS dans leur ordre généalogique, depuis le sens primitif de la racine sanskrite ou germanique jusqu'au plus éloigné, en plaçant dans la chaîne des intermédiaires les analogies grecques et latines.
Pelz; *m. g. -es, p. -e.*	....	....	....	πέλλα; *pellis.*	Peau, enveloppe, pelisse, fourrure, pelage.
Pfad; *m. g. -es, p. -e.*	पद्	pad;	....	πάτος;	Marcher; sentier, chemin.
Pfand; *n. g. -es, p. -ä-er.*	[illegible]	vant;	bind-en;	.... *pennum.*	Lier; qui lie, garantie, sûreté, gage, hypothèque.
Pfeif-en; *v. n. p. -iff-, imp. -iff.*	....	....	pip-en;	πιππίζειν; *pipire, pipare.*	Faire entendre un son clair, piauler, siffler, jouer du fifre.
Pfeil; *m. g. -es, p. -e.*	पिल्	pil;	....	βέλος; *pilum.*	Jeter, lancer; trait, dard, flèche.
Pferch; *m. g. -es, p. -e.*	....	....	v. berg-en.	....	Cacher, mettre en sûreté; enclos, parc, fumier d'animaux parqués.
Pferd; *n. g. -es, p. -e.*	पृ	par;	fahr-en;	.... *veredus.*	Se mouvoir; avancer, porter; cheval.
Pfiff; *m. g. -es, p. -e.*	....	....	v. pfeif-en.	....	Siffler, coup de sifflet, finesse, ruse.
Pfleg-en; *v. n., v. a.*	[illegible]	lig;	....	πλέκειν, *plicare.*	Approcher joindre; nouer, arranger; soigner, entretenir, administrer, se livrer à, avoir coutume.
Pflicht; *f. g. -, p. -en.*	....	....	v. pfleg-en.	....	Soigner, cultiver; devoir, obligation.
Pfriem; *m. g. -es, p. -e.*	....	....	pram-en;	.... *premere, framea.*	Presser, imprimer, piquer; pique, poinçon.
Pfuhl; *m. g. -es, p. -e.*	पल्	pal;	....	πηλός, *palus.*	Passer; décroître, eau corrompue, fange, bourbier, marais, gouffre.
Pfui; *int.*	....	....	....	φεῦ; *ph*	Fi!

MOTS ALLEMANDS	ANALOGIES SANSCRITES	TRANSCRIPTION DU SANSCRIT en lettres romaines	RACINES GERMANIQUES	ANALOGIES GRECQUES ET LATINES	SIGNIFICATIONS dans LEUR ORDRE GÉNÉALOGIQUE, depuis le sens primitif de la racine sanscrite ou germanique jusqu'au plus éloigné, en plaçant dans la chaîne des intermédiaires les analogies grecques et latines
Pfütz-e; *f. g. -, p. -n.*	......	......	......	πίδαξ; *puteus.*	Trou où il y a de l'eau, mare, flaque; bourbier.
Pick-en; *v. n., v. a.*	पिच्	pić;	......	πείκειν; *pungere.*	Frapper, donner des coups, becqueter, picoter, piquer.
Pilz; *m. g. -es, p. -e.*	पुल्	pul;	......	βωλίτης; *boletus.*	S'accroître, gonfler; qui est renflé, boursouflé; bolet, champignon.
Plapp-er-n; *v. a.*	लप्	lap;	......	λαβράζειν; *blaterare.*	Parler; parler avec précipitation, babiller, bavarder, jaser.
Plärr-en; *v. n.*	......	......	......	ληραίνειν; *plorare.*	Faire un bruit discordant, brailler, criailler, pleurnicher, beugler.
Platsch-en; *v. n.*	क्लद्	klad;	plat-en;	πλατάσσειν; *plandere.*	Retentir; battre; bruit de deux corps qui se heurtent; claquer, clapoter.
Plätsch-er-n; *v. n.*	......	......	v. platsch-en.	......	Battre l'eau; bruit de l'eau; murmurer (eau).
Platt; *adj. adv.*	क्लद्	klad;	plat-en;	πλατύς; *platus.*	Retentir; battre; qui est battu, aplati, plat, bas, trivial, ignoble.
Plaud-er-n; *v. n.*	लुट्	lut;	......	πλατάσσειν; *blaterare.*	Parler, faire du bruit, caqueter, babiller, causer.
Plund-er; *m. g. -s.*	......	......	......	[illegible];	Choses de peu de valeur, vêtements vieux et usés, guenille, bagatelle.
Plünd-er-n; *v. a.*	......	......	v. plund-er.	......	Enlever les vêtements, détrousser, dévaliser, piller, saccager.
Poch-en; *v. n., v. a.*	पिच्	pić;	......	πυκτεύειν; *pungere.*	Battre, frapper, heurter, casser, tapager, braver, se prévaloir.

MOTS ALLEMANDS.	ANALOGIES SANSKRITES	TRANSCRIPTION DU SANSKRIT en lettres romaines	RACINES GERMANIQUES.	ANALOGIES GRECQUES ET LATINES.	SIGNIFICATIONS dans leur ordre généalogique, depuis le sens primitif de la racine sanskrite ou germanique jusqu'au plus éloigné, en plaçant dans la chaîne des intermédiaires les analogies grecques et latines.
Polst-er; *n. g. -s, p. -.*	पुल्	pul;	....	*βολβός; bulbus.*	Accroître, gonfler; qui est gonflé, renflé; bourrelet, coussin, matelas, accoudoir.
Polt-er-n; *v. n.*	बल्ह्	balh;	brëll-en;	*ψάλλειν; pulsare.*	Résonner, faire retentir, frapper, faire du vacarme, gronder, tonner.
Pracht; *f. g. -.*	राश्	râç;	brech-en;	*ῥηγνύναι; frangere, fractum.*	Retentir, faire du bruit, éclater; fracas, éclat, splendeur, magnificence, luxe.
Präg-en; *v. a.*	रिश्	riç;	....	*κρέκειν; bractearius.*	Frapper, façonner par la pression, battre monnaie, empreindre, graver.
Prang-en; *v. n.*	......	......	voy. pracht.	....	Éclat, luxe; briller, être paré.
Prass-el-n; *v. n.*	रस्	ras;	....	*βράζειν;*	Retentir; craqueter, être agité; pétiller.
Prass-en; *v. n.*	......	......	v. prass-el-n.	....	Faire du bruit; mener une vie bruyante, faire la débauche, se noyer dans les plaisirs.
Prunk; *m. g. -es.*	......	......	voy. pracht.	....	Éclat, parade, pompe, faste.
Pust-en; *v. n.*	......	......	pfuf-en;	*φυσᾶν;*	Souffler, gonfler.
Putz-en; *v. a.*	भिद्	bhid;	butz-en;	.... *putare.*	Couper; enlever, nettoyer, cirer, parer, faire la toilette.

Q

MOTS ALLEMANDS.	ANALOGIES SANSKRITES.	TRANSCRIPTION DU SANSKRIT EN LETTRES ROMAINES.	RACINES GERMANIQUES.	ANALOGIES GRECQUES ET LATINES.	SIGNIFICATIONS dans LEUR ORDRE GÉNÉALOGIQUE, depuis le sens primitif de la racine sanskrite ou germanique jusqu'au plus éloigné, en plaçant dans la chaîne des intermédiaires les analogies grecques et latines.
Quack-el-n; *v. n.*	....	....	v. wack-el-n.	....	Vaciller, branler, chanceler, hésiter.
Quak-en; *v. n.*	कल्	kal;	....	κοάξ; *coaxare.*	Crier, crier comme une grenouille, coasser.
Quack-en; *v. n.*	....	....	v. quak-en.	....	Crier, piauler, glapir (renard).
Qual; *f. g. -, p. -en.*	फल्	phal;	....	παλαίεσθαι; *malus.*	Briser; être blessé, être vaincu; être malheureux; douleur, tourment, torture, supplice.
Qualm; *m. g. -es.*	....	....	v. wall-en.	....	Se mouvoir par ondulation, se gonfler; fumée épaisse, vapeur, forte chaleur.
Qualst-er; *m. g. -s, p. -.*	गल्	gal;	....	κόλλα;	Couler; qui coule, qui est gluant, pituite, crachat.
Queck; *adj. adv.*	....	....	v. weck-en.	....	Éveiller; qui est éveillé, vif, vivace.
Quell-e; *f. g. -, p. -n.*	....	....	v. wall-en, well-e.	....	Se mouvoir par ondes, bouillonner; source jaillissante, fontaine.
Quer; *adv.*	पृ	par;	....	πέραν;	Avancer; au delà, en travers, de travers, transversal.
Quetsch-en; *v. a.*	....	....	....	.... *quassum, quatere.*	Comprimer, froisser, presser, briser, écraser.

MOTS ALLEMANDS.	ANALOGIES SANSCRITES.	TRANSCRIPTION DU SANSCRIT en lettres romaines.	RACINES GERMANIQUES.	ANALOGIES GRECQUES ET LATINES.	SIGNIFICATIONS dans leur ordre généalogique, depuis le sens primitif de la racine sanskrite ou germanique jusqu'au plus éloigné, en plaçant dans la chaîne des intermédiaires les analogies grecques et latines.
Quick; *adj. adv.*	....	....	voyez queck.	....	Éveillé, alerte.
Quieksen; *v. n.*	....	....	v. quaksen.	....	Crier, proférer un cri aigu, piailler.
Quitt; *adv.*	....	....	....	*viduus.*	Privé, séparé; libre, quitte.

R

MOTS ALLEMANDS.	ANALOGIES SANSCRITES.	TRANSCRIPTION DU SANSCRIT en lettres romaines.	RACINES GERMANIQUES.	ANALOGIES GRECQUES ET LATINES.	SIGNIFICATIONS dans leur ordre généalogique, depuis le sens primitif de la racine sanskrite ou germanique jusqu'au plus éloigné, en plaçant dans la chaîne des intermédiaires les analogies grecques et latines.
Rab-e; *m. g. -n, p. -n.*	रव्	rab,	....	κόραξ; *corvus.*	Retentir; crier, croasser; corbeau.
Rach-e; *f. g. -.*	रिश्	riç;	wriben;	κρέκειν; *rixa.*	Frapper; presser, poursuivre; persécution, punition, vengeance.
Rach-en; *m. g. -s, p. -*	राश्	rāç;	trāh-en;	ῥέγκος, ῥύγχος; *rictus.*	Retentir; faire entendre un son particulier, ronfler, râler; gosier, gueule, gouffre.
Rad; *n. g. -es, p. -ä-er.*	त्रद्	trad;	rit-an;	ῥαδινίζειν, ῥέδιον; *rota.*	Marcher; mouvoir avec facilité; avancer; chariot; roue.
Raff-en; *v. a.*	रफ्	raph;	....	ῥάπτειν, ἁρπάζειν; *rapere.*	Saisir; accaparer, réunir, rafler, enlever, ravir.
Rag-en; *v. n.*	रुह्	ruh;	....	ῥάχις, ῥιγεῖν, ὀρέγειν; *rigere.*	S'élever, dresser sa tête, être roide, saillir, s'avancer au dehors.
Rahm; *m. g. -es.*	....	......	rinn-en;	.... *cremor.*	Couler, ruisseler; caillé, crême.
Rand; *m. g. -es, p. -ä-er.*	....	......	voy. rind-e.	....	Enveloppe, écorce; bord, bande, rebord, lisière, bordure, marge.
Rank-e; *f. g. -, p. -n.*	....	......	voy. ring-en.	....	Tourner; qui tourne, tige flexible, pampre, bras de la vigne.
Ränk-e; *pl.*	....	......	voy. ring-en.	....	Tordre; tours, détours, artifices, ruses, intrigues.
Ranz-ig; *adj. adv.*	....	......	renn-en;	.... *rancidus.*	Courir; être en chaleur, qui a une odeur repoussante, rance.

MOTS ALLEMANDS.	ANALOGIES SANSCRITES.	TRANSCRIPTION DU SANSCRIT en lettres romaines.	RACINES GERMANIQUES.	ANALOGIES GRECQUES ET LATINES.	SIGNIFICATIONS dans LEUR ORDRE GÉNÉALOGIQUE, depuis le sens primitif de la racine sanskrite ou germanique jusqu'au plus éloigné, en plaçant dans la chaîne des intermédiaires les analogies grecques et latines.
Rapp-e; *m. g. -n, p. -n.*	....	....	voyez rab-e.	....	Corbeau; cheval noir.
Rasch; *adj. adv.*	रज्	raj:	rag-en;	*ῥάσσειν, ῥαγδαῖος*...	Mouvoir vivement, animer; être prompt, rapide, accéléré, brusque, fougueux.
Ras-en; *v. n.*	....	....	voyez rasch.	....	Être fougueux; s'emporter, être enragé, être en délire.
Rasp-el; *f. g. -, p. -n.*	....	....	voy. raff-en.	....	Rafler, enlever; qui enlève, râpe, grosse lime.
Rass-el-n; *v. n.*	रस्	ras;	raff-en;	*ἀράσσειν, ῥάσσειν*;...	Retentir; faire du bruit, produire des sons vibrants, ébranler le pavé, secouer des chaînes.
Rath; *m. g. -es, p. ä-e.*	रट्	rat:	red-en;	.... *ratio.*	Parler; parler avec sentiment, délibérer, avis, conseil, consultation, arrangement.
Ratz-e; *g. -, p. -n.*	ग्रस्	gras:	rit-an:	.... *rodere.*	Manger, détruire, ronger; qui ronge; rat.
Raub-en; *v. a.*	रफ्	raph;	raff-en;	*ἁρπάζειν*; *rapere.*	Saisir avec empressement, enlever de force, ravir, piller.
Rauch; *adj. adv.*	....	....	voyez rauh.	....	
Rauch; *m. g. -es.*	....	....	....	*ἐρεύγειν*; *ructare.*	Rendre un son rauque, vomir, roter, exhaler; exhalaison, fumée, vapeur.
Räud-e; *f. g. -.*	....	....	voyez rauh.	....	Rude; croûte, gale, rogne, tac, teigne.

MOTS ALLEMANDS.	RACINES SANSCRITES.	TRANSCRIPTION DU SANSCRIT en lettres romaines.	RACINES GERMANIQUES.	ANALOGIES GRECQUES ET LATINES.	SIGNIFICATIONS dans leur ordre généalogique, depuis le sens primitif de la racine sanskrite ou germanique jusqu'au plus éloigné, en plaçant dans la division des intermédiaires les analogies grecques et latines.
Rauf-en; *v. a.*	. . . . .	. . . . .	v. rauf-en.	. . . . .	Ravir; arracher, plumer, se tirer par les cheveux.
Rauh; *adj. adv.*	रुक्ष्	rukṣ;	. . . . .	*ῥικνός; raucus.*	Se hérisser; qui est roidi, rude, âpre, rauque, velu, poilu, grossier, austère.
Raun-en; *v. n.*	ध्रण्	dhraṇ;	run-a (isl.);	*βροντῇ; grunnire.*	Faire un bruit sourd; gronder, grommeler; parler mystérieusement, chuchoter, dire à l'oreille.
Raup-e; *f. g. -, p. -n.*	रैप्	raip;	. . . . .	*ῥέπειν; repens.*	Mouvoir, ramper; chenille.
Rausch-en; *v. n.*	राश्	rāç;	. . . . .	*κραυγάζειν, ῥοιζεῖν; rugire.*	Retentir; tomber avec bruit, bruire, mugir, frémir, murmurer, frôler.
Raut-e; *f. g. -, p. -n.*	. . . . .	. . . . .	. . . . .	*ῥύτη; ruta.*	Croître; qui croît, rue (plante); étendue, carreau, losange, facette.
Reb-e; *f. g. -, p. -n.*	. . . . .	. . . . .	. . . . .	*ῥάβδος; ramus.*	Branche, sarment, cep de vigne, vigne, pampre.
Recht; *adj. adv.*	रुह्	ruh;	recht-en;	*ὀρέγειν; rectus, regere.*	Monter, étendre; diriger; ajuster, mettre droit; droit, juste, vrai, véritable.
Reck-e; *m. g. -n, p. -n.*	रुह्	ruh;	rag-en;	*ἄτρακτος, ῥάχις; rex.*	Monter, croître; qui est saillant, long, grand, haut; flèche; géant, héros, prince.
Reck-en; *v. a.*	रुह् रग्	ruh; rag;	. . . . .	*ῥαγεῖν, τρέχειν, ὀρέγειν; porrigere.*	S'étendre en hauteur ou en largeur, allonger, détirer.
Red-en; *v. n., v. a.*	रट्	raṭ;	. . . . .	*ἐρρέθην (ῥέω); præd-icare, prætor.*	Ramasser, joindre; joindre des mots, parler, dire, discourir.

MOTS ALLEMANDS.	ANALOGUES SANSCRITS.	TRANSCRIPTION DU SANSCRIT en lettres romaines.	RACINES GERMANIQUES.	ANALOGIES GRECQUES ET LATINES.	SIGNIFICATIONS dans leur ordre généalogique, depuis le sens primitif de la racine sanskrite ou germanique jusqu'au plus éloigné, en plaçant dans la chaîne des intermédiaires les analogies grecques et latines.
Reg-en; *v. a.*	रग्	rag;	....	*ῥέζειν; regere.*	S'étendre, être en mouvement; remuer, s'agiter, faire quelque chose, se donner du mouvement.
Reg-en; *m. g. -s.*	राश्	râç;	rig-an;	*βρέχειν; rigare.*	Faire du bruit, bruire, s'agiter; pleuvoir, mouiller, arroser; pluie, bruine.
Reh; *n. g. -es, p. -e.*	....	....	voy. reg-en.	....	Se mouvoir, être rapide; chevreuil.
Reib-en; *v. a. p. -ie-, imp. -ie-.*	रिफ्	riph;	....	*τρίβειν; rumpere.*	Saisir, briser; broyer, frotter.
Reich; *adj. adv.*	....	....	v. reich-en.	....	S'étendre; étendu, grand, puissant; riche, fertile.
Reich; *n. g. -es, p. -e.*	....	....	v. reich-en.	.... *regnum.*	S'étendre; étendu, empire, royaume, règne.
Reich-en; *v. n., v. a.*	रुह् रग्	ruh; rag;	....	*ὀρέγειν; porrigere, regere.*	Monter; étendre; allonger, atteindre, s'étendre, tendre, donner.
Reif; *m. g. -s, p. -e.*	रिफ्	riph;	....	*κρυμός, ῥῖγος; pruina.*	Saisir rudement; qui saisit; froid, givre, gelée blanche.
Reif; *adj. adv.*	....	....	v. greif-en.	....	Saisir, prendre; qui est à cueillir, mûr, en maturité.
Reif-en; *m. g. -s, p.* -	रिफ्	riph;	rib-en;	*ῥαβδός;*	Saisir, enfermer; lien circulaire; cercle, cerceau.
Reih-e; *f. g. -, p. -n.*	....	....	v. reich-en.	....	S'étendre; étendu, suite, rangée, série, rang.
Reim; *m. g. -es, p. -e.*	....	....	voy. rib-e.	*ῥυθμός, rhythmus.*	Ranger, arranger; rangée; succession, accord, rime.

MOTS ALLEMANDS.	ANALOGIES SANSCRITES.	TRANSCRIPTION DU SANSCRIT EN LETTRES ROMAINES.	RACINES GERMANIQUES.	ANALOGIES GRECQUES ET LATINES.	SIGNIFICATIONS dans leurs divers développements, depuis le sens primitif de la racine sanscrite ou germanique jusqu'au plus éloigné, en plaçant dans la chaîne des intermédiaires les analogies grecques et latines.
Rein; *adj. adv.*			hrinan;	*κρίνειν*; . . .	Retentir, éclater; discerner, séparer, purger; pur, clair, net, propre.
Reis; *n. g. -es, p. -er.*			reis-en;	*ῥίζα; radix.*	Croître, s'élever; racine, tronc, ce qui s'élève d'un tronc; pousse, rejeton, scion.
Reis-en; *v. a.*	त्रस् त्रद्	tras; trad;	ris-an;	*ῥέω, ἐρ-ρωσ-α; trudere, rotam, rheda.*	Se mouvoir avec vitesse, pousser avec violence, avancer rapidement; aller en voiture, voyager, faire une tournée.
Reiß-en; *v. n., v. a. p. -iss-, imp. -iss.*	रिश्	ris.	riz-an;	*ῥήσσειν, ῥῆξις; rodere, rosum.*	Couper, partager, rompre, pénétrer, tracer, dessiner, graver, fendre, déchirer.
Reit-en; *v. n., v. a. p. -itt-, imp. -itt.*			voy. reis-en.		Se mouvoir, avancer, voyager; aller à cheval, monter un cheval.
Reiz-en; *v. a.*	रिष्	ris;	riz-an;	. . . . *irritare.*	Couper, séparer, déchirer, inciser, piquer, irriter, agacer, chatouiller, charmer.
Renk-en; *v. a.*			voy. reck-en.		Allonger, tendre, tirer.
Renn-en; *v. n., v. a. p. -a-, imp. -a-.*	री	ri;	rinn-en;	*ῥέω, ἔρρεον; ruere.*	Mouvoir, couler; courir, se précipiter, renverser quelqu'un.
Rett-en; *v. a.*	रिष्	ris;	riz-an;	*ῥύεσθαι, ἁρπάζειν*; . . .	Couper, séparer; tirer de, arracher, saisir, sauver, délivrer.
Reut-en; *v. a.*	रिष्	ris;		*ἁρπάζειν; ruere.*	Couper, séparer; empoigner; arracher, sarcler, racler, purger le sol, déraciner.

MOTS ALLEMANDS.	ANALOGIES HÉBRAÏQUES.	TRANSCRIPTION DE L'HÉBREU en lettres romaines.	RACINES SANSCRITES.	ANALOGIES GRECQUES ET LATINES.	SIGNIFICATIONS dans LEUR ORDRE GÉNÉALOGIQUE, depuis le sens primitif de la racine sanskrite ou germanique jusqu'au plus éloigné, en plaçant dans la chaîne des intermédiaires les analogues grecques et latines.
Rhein; *m. g. -s.*	. . . . . .	. . . . . .	v. rinn-en.	. . . .	Couler: ruisseau, rivière; rivière par excellence, Rhin.
Richt-en; *v. a.*	. . . . . .	. . . . . .	voyez recht.	. . . .	Droit; rendre droit, dresser, régler, diriger, juger.
Riech-en; *v. n., v. a. p. -o-, imp. -o-.*	. . . . . .	. . . . . .	voy. rauch.	. . . .	Exhaler de la fumée, répandre des vapeurs ou des odeurs, avoir une odeur, sentir, flairer.
Rieg-el; *m. g. -s, p. -.*	. . . . . .	. . . . . .	reg-en;	. . . . *regula.*	Mouvoir, remuer; barrière mobile, verrou, pêne.
Riem-en; *m. g. -s, p. -.*	. . . . . .	. . . . . .	. . . . . .	*ῥυμός;*	Lien: bride, rêne; bande de cuir, courroie, lanière, cordon.
Ries-e; *m. g. -n, p. -n.*	. . . . . .	. . . . . .	comp. reis.	. . . .	S'élever; qui s'élève, qui est grand; géant.
Ries-eln; *v. n.*	. . . . . .	. . . . . .	reis-en;	*ῥέζειν ou ῥέειν;* . .	Se mouvoir; couler, répandre (eau), tomber en petits grains, grésiller, ruisseler.
Ries; *m. g. -es, p. -e.*	. . . . . .	. . . . . .	v. riese.	. . . .	Qui s'élève: mesure de 500 feuilles de papier; rame.
Rieth; *n. g. -es.*	. . . . . .	. . . . . .	comp. reis.	. . . . *rita.*	S'élever; qui s'élève, roseau; terrain marécageux.
Rind-e; *f. g. -, p. -n.*	. . . . . .	. . . . . .	rih-an;	*ῥινός;*	Envelopper; enveloppe ridée, ou rugueuse; croûte, écorce.
Ring; *m. g. -es, p. -e.*	[illegible]	rikh;	hring:	*κίρκος, ῥικνός; circus.*	Dévier de la ligne droite; fléchi, courbé, direction en rond: cercle, anneau, bague.

MOTS ALLEMANDS.	ANALOGIES SANSKRITES.	TRANSCRIPTION DU SANSKRIT en lettres romaines.	RACINES GERMANIQUES.	ANALOGIES GRECQUES ET LATINES.	SIGNIFICATIONS dans leur ordre généalogique, depuis le sens primitif de la racine sanskrite ou germanique jusqu'au plus éloigné, en plaçant dans la chaîne des intermédiaires les analogies grecques et latines.
Ring-en; *v. n., v. a. p. -u-, imp. -a-.*	....	....	voyez ring.	....	Mouvement en rond; tordre, se tordre, lutter, aspirer à.
Rinn-en; *v. n. p. -o-, imp. -a-.*	रि	ri;	....	*ἐῤῥύην; ruere.*	Courir, couler, ruisseler.
Ripp-e; *f. g. -, p. -n.*	....	....	c. reif-en.	....	Lien circulaire; côte, carène.
Riß; *m. g. -es, p. -e.*	....	....	v. reiß-en.	....	Déchirer; déchirure, crevasse, fissure, fente, lézarde.
Ritt; *m. g. -es, p. -e.*	....	....	voy. reit-en.	....	Aller à cheval; faire un tour à cheval, course, cavalcade.
Ritz-en; *v. a.*	....	....	v. reiß-en.	....	Déchirer; égratigner, érailler, inciser légèrement.
Roch-e; *m. g. -n, p. -n.*	....	....	voyez rauh, rauch.	....	Rude, qui est hérissé de pointes, raie (poisson).
Röch-el-n; *v. n.*	राच्	râc;	ra ken;	*ῥογχάζειν, ῥέγχειν; rhonchissare.*	Proférer des sons sourds et rauques, racler, ronfler, râler.
Rock; *m. g. -es, p. -ö-e.*	....	....	hracan;	*ῥάκος; ....*	Déchirer; morceau d'étoffe; enveloppe; robe; redingote.
Rock-en; *m. g. -s, p. -.*	रुक्ष	ruks;	....	*ἄτρακτος; ....*	Être roide; flèche; fuseau, quenouille.
Roh; *adj. adv.*	....	....	c. rauh.	*.... rudis.*	Grossier, cru, non cultivé, brut, rude, brutal, barbare.
Rohr; *n. g. -es, p. -e.*	....	....	voy. rîs-an.	....	S'élever; qui s'élève, roseau, jonc, canne, tuyau, canon.

MOTS ALLEMANDS.	ANALOGIES SANSKRITES.	TRANSCRIPTION DU SANSKRIT en lettres romaines.	RACINES GERMANIQUES.	ANALOGIES GRECQUES ET LATINES.	SIGNIFICATIONS dans leur ordre généalogique, depuis le sens primitif de la racine sanskrite ou germanique jusqu'au plus éloigné, en plaçant dans la chaîne des intermédiaires les analogies grecques et latines.
Roll-en; *v. n., v. a.*	....	....	....	.... *rotare.*	Tourner, rouler.
Ros-e; *f. g. -, p. -n,*	....	....	roth;	*ῥόδον; rosa.*	Rouge, rose.
Ross, ou Roß; *n. g. -es, p. -e*	....	....	e. ras-en.	....	Être fougueux, s'emporter; coursier, cheval de bataille.
Rost; *m. g. -es.*	....	....	roth;	*ἐρυσίβη; rubigo.*	Rouge; roux, rouille.
Röst-en; *v. a.*	रस्	*ras;*	briß-an;	*κρίζειν;*	Retentir; faire entendre un son vibrant et aigu, grincer, siffler; rôtir sur le gril, griller.
Roth; *adj. adv.*	प्रुष्	prus;	....	*ἐρυθρός, ῥούσιος; rutilus, russeus.*	Flamber; flamboyant, rouge, roux.
Rott-e; *f. g. -, p. -n.*	....	....	....	*φρατρία;*	Troupe, section, curie, division, peloton, escouade, bande.
Rotz; *m. g. -es.*	....	....	....	*βρότος;*	Liquide qui coule, morve.
Rüb-e; *f. g. -, p. -n.*	....	....	....	*ῥάπυς; rapa.*	Racine, plante; rave, navet.
Rück-en; *m. g. -s, p. -.*	रुह्	ruh;	....	*ῥάχις;*	S'élever, saillir, être roide; partie proéminente et tranchante, épine dorsale, dos.
Rud-el; *n. g. -s, p. -.*	....	....	voy. rott-e.	....	Troupe, meute.
Rud-er; *n. g. -s, p. -.*	त्रद्	trad;	row-an;	*ἐρετμόν; remus.*	Marcher, pousser, ramer; rame, aviron.
Ruf-en; *v. n., v. a. imp. -ie-.*	रु	rav;	....	.... *crepare, strepere.*	Retentir, faire résonner, crier, appeler, publier.

MOTS ALLEMANDS.	RACINES SANSKRITES.	TRANSCRIPTION DU SANSKRIT en lettres romaines.	RACINES GERMANIQUES.	ANALOGIES GRECQUES ET LATINES.	SIGNIFICATIONS dans LEUR ORDRE GÉNÉALOGIQUE, depuis le sens primitif de la racine sanskrite ou germanique jusqu'au plus éloigné, en plaçant dans la chaîne des intermédiaires les analogies grecques et latines.
Rüg-en; *v. a.*	राश्	râç;	....	*γρύζειν; rogare.*	Gronder, juger, blâmer, punir, censurer.
Ruh-e; *f. g. -.*	....	....	....	*ἐρωεῖν, ἐρωή;*	Cesser, s'éloigner de, se reposer; repos, retraite, délassement, paix, calme, quiétude.
Ruhm; *m. g. -es.*	रव्	rav;	....	*φριμᾶν; fremere, rumor.*	Retentir, crier, publier, applaudir, frémir de joie; acclamation, renommée, réputation, gloire.
Rühr-en; *v. n., v. a.*	....	....	....	*ῥώεσθαι; ruere.*	Se mouvoir, remuer, agiter, émouvoir, toucher, provenir.
Rund; *adj. adv.*	....	....	....	*γρόνθον; rotundus.*	Qui est gonflé, arrondi, rond.
Run-e; *f. g. -, p. -n.*	....	....	v. raun-en.	....	Chuchoter; chuchotement, entretien secret; caractère runique.
Runz-el; *f. g. -, p. -n.*	....	....	ring-en;	*ῥυτίς, ῥυσός; ruga.*	Tordre; pli, ride, rugosité, sillon.
Rupf-en; *v. a.*	....	....	v. rauf-en.	....	Tirer, arracher, plumer.
Ruſs, ou Ruß; *m. g. -es.*	....	....	voyez roth.	*ῥούσιος, ῥουσσαῖος; russus.*	Roux, roussâtre; suie.
Rüst-en; *v. n., v. a.*	राध्	radh.	be-reit;	*ῥᾴδιος; pa-rat-us.*	Préparer, disposer, accommoder, arranger, équiper, armer.
Rüst-ig; *adj. adv.*	....	....	v. rüst-en.	....	Disposer; qui est disposé, fort, vigoureux, expéditif, prompt, alerte, agile.

MOTS ALLEMANDS.	ANALOGIES SANSCRITES.	TRANSCRIPTION DU SANSCRIT en lettres romaines.	RACINES GERMANIQUES.	ANALOGIES GRECQUES ET LATINES.	SIGNIFICATIONS dans leur ordre généalogique, depuis le sens primitif de la racine sanscrite ou germanique jusqu'au plus éloigné, en plaçant dans la chaîne des intermédiaires les analogies grecques et latines.
Ruth-e; *f. g. -, p. -n.*	त्रद्	trad;	rit-an;	*ῥάβδος; rudis; trudere.*	Pousser, faire avancer, produire; qui s'élève; perche, verge, baguette, fouet.
Rutsch-en; *v. n.*	....	....	reis-en;	*ἐρέττειν; rutum.*	Mouvoir avec vitesse, précipiter, pousser; couler, avancer, ramper, se traîner.
Rütt-el-n; *v. n., v. a.*	....	....	v. rütt-en.	....	Pousser, ébranler, mettre en désordre, bouleverser, cahoter, secouer.
Rütt-en; *v. a.*	त्रद्	trad;	reis-en.	*[illegible]; rutum; t-rud-ere.*	Pousser; pousser avec violence, agiter; ébranler, mettre en désordre, ruiner.

S

MOTS allemands.	Analogies sanskrites.	Transcription du sanskrit en lettres romaines.	RACINES germaniques.	ANALOGIES grecques et latines.	SIGNIFICATIONS dans leur ordre généalogique, depuis le sens primitif de la racine sanskrite ou germanique jusqu'au plus éloigné, en plaçant dans la chaîne des intermédiaires les analogies grecques et latines.
Saat; *f. g. -, p. -n.*	....	....	voyez sä-en.	....	Semer; semence.
Sach-e; *f. g. -, p. -n.*	....	....	v. sag-en.	....	Dire; dit, ledit, le mentionné, le nommé; chose, objet, affaire, cause.
Sacht; *adj. adv.*	....	....	voyez sanft.	....	Doux, lent, bas, insensiblement.
Sack; *m. g. -es, p. -ä-e.*	सच्	sać;	....	*σάκκος; saccus, sagum.*	Lier, s'attacher, s'accrocher; tissu grossier, saie, couverture, cilice, sac, poche.
Sä-en; *v. a.*	शी	si;	....	*σείειν; serere, Seia.*	Lancer, jeter; épandre de la graine, répandre, faire jaillir; semer.
Saft; *m. g. -es, p. -ä-e.*	लिप्	tip;	....	*ὀπός; sapa.*	Humecter; sève, suc; vigueur, énergie.
Sag-en; *v. a.*	....	....	....	*ἕπειν, εἰπεῖν, λέγειν; sequi.*	Venir après, suivre, recueillir, penser; réunir des paroles, parler, dire.
Säg-en; *v. a.*	सघ्	sagh;	....	.... *secare.*	Couper, scier.
Salb-e; *f. g. -, p. -n.*	....	....	....	*ἄλειφα; saliva.*	Matière grasse, onguent, pommade.
Salz; *n. g. -es, p. -e.*	....	....	salt; (Scand.)	*ἅλς; sal.*	Mer; sel.
Sam-e; *m. g. -ns, p. -n.*	....	....	sam?	.... *semen.*	Jonction, assemblage; semence.

MOTS ALLEMANDS.	ANALOGIES SANSKRITES.	TRANSCRIPTION DU SANSKRIT en lettres romaines.	RACINES GERMANIQUES.	ANALOGIES GRECQUES ET LATINES.	SIGNIFICATIONS dans LEUR ORDRE GÉNÉALOGIQUE, depuis le sens primitif de la racine sanskrite ou germanique jusqu'au plus éloigné, en plaçant dans la chaîne des intermédiaires les analogues grecques et latines.
Sam; *suf.*	सम्	sâm;	....	*ἅμα, σύν; simul.*	Joindre; jonction, assemblage, connexion intime, affinité, ressemblance, liaison, avec, à la fois.
Samm-el-n; *v. a.*	सम्	sâm;	ſam;	*σύν, ἅμα, ὁμαλίζειν; simul, similis.*	Joindre; réunir, mettre sous le joug, assembler, ramasser, recueillir.
Sammen, ſammt; *pré. adv.*	....	....	voyez ſam.	*σύν; simul.*	Tous, ensemble, avec.
Sand; *m. g. -es.*	सम्	sâm;	ſam;	*σάμος, ψάμμος; sabulum.*	Joindre; assemblage de gravier, terre sablonneuse, dune, sable, arène.
Sanft; *adj. adv.*	....	....	ſuch-en;	.... *sopio, sopitus.*	Calmer, endormir; qui repose, qui est calme, doux, suave, clément, bénin, facile.
Sang; *m. g. -es.*	....	....	v. ſing-en.	....	Chanter; chant.
Sarg; *m. g. -es, p. -ä-e.*	....	....	....	*σώρακος, σορός:*	Renfermer, entourer; panier; caisse, cercueil (sarcueil), bière.
Satt; *adj. adv.*	सध्	sâdh;	....	*ἄδην, ἁδρός; satur, satis, densus.*	Emplir, accumuler; abondant, épais, plein, suffisant, rassasié, assez.
Satt-el; *m. g. -s, p. -.*	....	....	voy. ſitz-en.	....	Siéger; siége, selle, sellette.
Satz; *m. g. -es, p. -ä-e.*	....	....	voy. ſitz-en.	....	Être assis, poser; pose, mise, phrase, passage, saut, élan, sentence.
Sau; *f. g. -, p. -ä-e, et -en.*	सू सी	sû; si;	ſä-en;	*ὗς, σῦς; sus.*	Produire; qui produit; truie, cochon, laie, pourceau, souillon.
Saub-er; *adj. adv.*	....	....	....	*σαφής; sobrius.*	Qui est clair, net, propre.

MOTS ALLEMANDS.	ANALOGIES SANSCRITES.	TRANSCRIPTION DU SANSCRIT en lettres romaines.	RACINES GERMANIQUES.	ANALOGIES GRECQUES ET LATINES.	SIGNIFICATIONS dans LEUR ORDRE GÉNÉALOGIQUE, depuis le sens primitif de la racine sanscrite ou germanique jusqu'au plus éloigné, en plaçant dans la chaîne des intermédiaires les analogies grecques et latines.
Sauf-en; *v. a. p. -off-, pr. -ä-, imp. -off, subj. -öff-.*	....	....	v. saug-en.	....	Sucer; boire, boire à longs traits, boire avec excès.
Saug-en; *v. n., v. a. p. -o-, imp. -o-, subj., -ö-.*	सिच्	sic;	sig-an;	*ὑγρός; sugere.*	Humecter, mouiller; filtrer; sucer, teter.
Säul-e; *f. g. -, p. -n.*	तुल्	tul;	....	*θάλλειν; solidare.*	Tenir, lever; croître; affermir, qui se tient solidement; pilier, support, colonne.
Saum; *m. g. -es, p. -ä-e.*	साम्	sâm;	sam;	*σάγμα; suere, sagma.*	Joindre, réunir; coudre; ourlet, bordure, rebord, bord, lisière; mesure, somme.
Saus-en; *v. n.*	तुस्	tus;	....	*σίζειν; susurrare.*	Bruire, siffler, frémir, bourdonner.
Schab-en; *v. a.*	चप्	çap;	....	*σκάπτειν; scabere.*	Rompre, briser; creuser, gratter, enlever la surface, racler, râper.
Schacht; *m. g. -es, p. -e.*	....	....	v. schab-en.	....	Creuser; creux, fosse, puits (mine).
Schacht-el; *f. g. -, p. -n.*	....	....	voy. schacht.	....	Creux; boîte, carcasse.
Schad-en; *v. n.*	स्खद्	skhad;	scheid-en;	*σκεδάσειν; cædere.*	Briser, détruire; frapper; disperser; désunir, faire tort, nuire, causer du dommage.
Schaf; *n. g. -es, p. -e.*	चप्	çap;	....	*κάπων; capo.*	Briser, casser; châtrer; qui est châtré, mouton, brebis.
Schaff-en; *v. a. imp. -uf, subj. -ü-.*	....	....	schab-en;	*σκάπτειν; scabere.*	Creuser; racler; former, figurer, produire, créer.

MOTS ALLEMANDS.	ANALOGIES SANSKRITES.	TRANSCRIPTION DU SANSKRIT EN LETTRES ROMAINES.	RACINES GERMANIQUES.	ANALOGIES GRECQUES ET LATINES.	SIGNIFICATIONS dans leur ordre généalogique, depuis le sens primitif de la racine sanskrite ou germanique jusqu'au plus éloigné, en plaçant dans la chaîne des intermédiaires les analogies grecques et latines.
Schaft; *m. g. -es, p. -e.*	.....	.....	schab-en;	*σκάπος; scapus.*	Creuser, couper, former; tige, bâton, hampe, fût.
Schäk-er-n; *v. n.*	जक्ष्	jakş;	.....	*καγχάζειν; cachinnari.*	Rire aux éclats, folâtrer, badiner.
Schal; *adj. adv.*	.....	.....	v. schall-en.	.....	Résonner, qui résonne, qui est sonore, qui est creux, qui manque de force; fade, insipide.
Schal-e; *f. g. -, p. -n.*	.....	.....	scel-an; (Angl.-sax.)	*κάλυξ, σκαλίς; calix, galea.*	Fendre, partager; gousse, pelure, écorce, coupe, plat (escuelle).
Schalk; *m. g. -es.*	खल्	khal;	.....	..... *cala.*	Lier; qui est lié, valet, coquin, fripon, rusé, espiègle.
Schall-en; *v. n.*	कल्	kal;	.....	*καλεῖν; calare.*	Retentir, résonner.
Schalt-en; *v. n.*	चल्	cal;	.....	*κέλλειν;*	Mouvoir, pousser; diriger, gouverner, disposer.
Scham; *f. g. -.*	.....	.....	v. schau-en, sehen.	.....	Regarder, fixer, être sur ses gardes, être craintif, ou timide, avoir honte; honte, pudeur, nudité.
Schand-e; *f. g. -.*	.....	.....	schind-en;	..... *scandalum.*	Écorcher; lésion, mutilation, outrage, ignominie, honte, déshonneur, scandale.
Schar; *f. g. -, p. -n.*	.....	.....	v. scher-en;	.....	Diviser; division, bande, troupe, multitude; qui divise, instrument tranchant, soc.
Scharf; *adj. adv.*	कृ	kâr;	.....	*καρπίζειν, κάρχαρος; carpere.*	Couper, fendre; qui coupe, acéré, effilé, tranchant, âpre, rude, sévère.

MOTS ALLEMANDS.	ANALOGIES SANSKRITES.	TRANSCRIPTION DU SANSKRIT EN LETTRES ROMAINES.	RACINES GERMANIQUES.	ANALOGIES GRECQUES ET LATINES.	SIGNIFICATIONS dans LEUR ORDRE GÉNÉALOGIQUE, depuis le sens primitif de la racine sanskrite ou germanique jusqu'au plus éloigné, en plaçant dans la chaîne des intermédiaires les analogies grecques et latines.
Schar-mütz-el; *n. g. -s; p. -.*	......	......	scher-en, mütz?	*χάρμη;*	Couper, donner des coups; combat, escarmouche.
Scharr-en; *v. n.*	......	......	v. scher-en.	......	Couper; détacher, racler, gratter, creuser, fouiller, prendre de tous côtés, amasser.
Schatt-en; *m. g. -s, p. -.*	चद्	čad;	......	*σκιά, σκότος;*	Paraître; qui paraît, qui est visible, ombre, nuage, ombrage.
Schatz; *m. g. -es, p. -ä-e.*	छद्	čhad;	kas;	*κάδος, γάζα; cadus.*	Couvrir; qui couvre, ustensile propre à garder, caisse, trésor, richesse, argent, bien, fortune, bijou.
Schau-en; *v. n., v. a.*	......	......	......	*σκέπειν; caveo, cautum.*	Couvrir, protéger, garantir, garder, être sur ses gardes, être prévoyant, chercher à reconnaître, fixer les regards, considérer, contempler.
Schaud-er-n; *v. a.*	स्कद्	skad;	schütt-en;	*κήδειν; cedere.*	Se mouvoir avec vitesse; sauter; jeter, agiter; être saisi d'un mouvement désagréable; frémir, frissonner, éprouver des frissons.
Schau-er-n; *v. n.*	......	......	voy. schaud-er-n.	......	Frémir, tressaillir, frissonner, grésiller.
Schauf-el; *f. g. -, p. -n.*	चप्	čap;	......	*κόπτειν; scopæ.*	Briser, couper, frapper, pousser, enlever, déplacer; balai; pelle, plat (rame).
Schauk-el-n; *v. n., v. a.*	......	......	c. schaud-er-n.	......	Exécuter des mouvements en sens opposé, s'élever et s'abaisser alternativement, se balancer, tanguer, branler, brandiller.

MOTS ALLEMANDS.	ANALOGIES SANSKRITES.	TRANSCRIPTION DU SANSKRIT EN LETTRES FRANÇAISES.	RACINES GERMANIQUES.	ANALOGIES GRECQUES ET LATINES.	SIGNIFICATIONS dans LEUR ORDRE GÉNÉALOGIQUE, depuis le sens primitif de la racine sanskrite ou germanique jusqu'au plus éloigné, en plaçant dans la chaîne des intermédiaires les analogies grecques et latines.
Schaum; *m. g. -es.*	....	....	voyez feim.	*σκῶμα; spuere, spuma.*	Rejeter, vomir; écume, mousse.
Scheff-el; *m. g. -s, p. -.*	....	....	v. schöpf-en.	....	Prendre, puiser; boisseau.
Scheib-e; *f. g. -, p. -n.*	....	....	v. schab-en.	....	Rompre, diviser; qui est divisé, tranche, plateau, disque, rond, cible.
Scheid-en; *v. n., v. a. p. -ie-, imp. -ie-.*	छिद् स्खद्	chid; skhad;	....	*σχίζειν; scindere.*	Rompre, fendre, partager, séparer, divorcer, partir.
Schein-en; *v. n. p. -ie-, imp. -ie-.*	शोण्	çauṇ, *pronon.* chôṇh;	....	*καίειν, φαίνεσθαι; canere.*	Être coloré; frapper la vue, luire, être éclatant, briller, frapper l'esprit, paraître, sembler.
Scheit-el; *m. g. -s, p. -.*	....	....	v. scheid-en.	....	Séparer; ligne de séparation, sommet, tête, raie de cheveux.
Scheit-er-n; *v. n.*	....	....	v. scheid-en.	....	Fendre, partager; se briser, échouer, faire naufrage.
Schell-e; *f. g. -, p. -n.*	....	....	v. schall-en.	....	Retentir; qui retentit; sonnette, grelot.
Schelm; *m. g. -es, p. -e.*	....	....	voy. schaff.	....	Fripon, filou, drôle.
Schelt-en; *v. n., v. a. p. -o-, p. -i-, imp. -a-, subj. -ö-.*	....	....	v. schall-en.	....	Retentir; crier, gronder, réprimander, gourmander, injurier.
Schenk-en; *v. a.*	शक्	çac;	....	*σκύφειν;*	Bondir; faire jaillir; faire sortir un liquide de, verser, donner à boire, distribuer, faire don, accorder.
Scherb-e; *f. g. -, p. -n.*	....	....	voy. scher-en.	....	Couper; éclat, débris, tesson, têt.

MOTS ALLEMANDS.	ANALOGIES SANSKRITES.	TRANSCRIPTION DU SANSKRIT en lettres romaines.	RACINES GERMANIQUES.	ANALOGIES GRECQUES ET LATINES.	SIGNIFICATIONS dans leur ordre généalogique, depuis le sens primitif de la racine sanskrite ou germanique jusqu'au plus éloigné, en plaçant dans la chaîne des intermédiaires les analogies grecques et latines.
Scher=en; *v. a. p. -o-, imp. -o-.*	कृ	*kar;*	....	*κείρειν; carpere.*	Séparer, partager, diviser, couper, tailler, tondre, raser; opprimer, vexer.
Scherf; *m. g. -es.*	......	......	c. ſcherb=e.	*κέρμα; ....*	Couper; éclat; petit morceau, petite monnaie, obole, denier, petite offrande.
Scherz=en; *v. n.*	......	......	ſcher=en;	*σκιρτᾶν; scurrari.*	Vexer, railler, folâtrer, sauter, jouer, bouffonner, plaisanter, badiner.
Scheu; *adj. adv.*	......	......	c. ſchau=en.	....	Fixer les regards; qui est prévoyant, timide, craintif, effrayé, sauvage, farouche.
Scheuer=n; *v. a.*	......	......	c. ſcharr=en.	....	Racler, gratter, frotter, nettoyer en frottant, laver.
Schicht; *f. g. -, p. -en.*	......	......	ſchach=en.	.... *scissio*	Trancher, diviser; partage, rangée, couche, (géogn.), assise.
Schick=en; *v. a.*	शक्	*çak;*	....	*κινέειν; ....*	Être vif, être éveillé; s'élancer, se hâter, lancer, faire parvenir, envoyer, expédier, arranger, disposer.
Schieb=en; *v. a. p. -o-, imp. -o-.*	......	......	c. ſchief.	....	Avancer, pousser, mener, manier.
Schief; *adj. adv.*	......	......	....	*σκαιός; scævus.*	Pousser; qui est déplacé, oblique, de travers, gauche, faux.
Schief=er; *m. g. -s.*	......	......	v. ſcheib=e.	....	Tranche, feuillet, écaille; minéral composé de feuillets, ardoise, schiste.

MOTS ALLEMANDS.	ANALOGIES SANSKRITES.	TRANSCRIPTION DU SANSKRIT en lettres romaines.	RACINES GERMANIQUES.	ANALOGIES GRECQUES ET LATINES.	SIGNIFICATIONS dans leur ordre chronologique, depuis le sens primitif de la racine sanskrite ou germanique jusqu'au plus éloigné, en plaçant dans la chaîne des intermédiaires les analogies grecques et latines.
Schiel-en; *v. n.*	....	....	schel;	*σκέλος, σκολιός*;	Être dévié de sa direction, avoir le regard de travers ou oblique, loucher, lorgner.
Schieß-en; *v. n., v. a. p.* -oss-, *imp.* -oß.	स्कद्	skad;	....	*χέζειν*; *sagittare*.	Se mouvoir avec vitesse, sortir avec violence, se précipiter, fondre, lancer, partir comme un trait, tirer (arme).
Schiff; *n. g.* -es, *p.* -e.	चप्	čap;	....	*σκάφη*; *scapha*, *scyphus*.	Rompre, creuser, couper, former; corps creux, vase, coupe, tronc d'arbre creusé, canot, vaisseau, nef.
Schild; *m. et n. g.* -es, *p.* -e, -er.	शल्	çal;	scyld-an (angl.-sax.);	*χέλυς, κυλλός*;	Couvrir; qui est creux, propre à couvrir et à protéger; écaille, carapace, bouclier, écusson, enseigne.
Schilf; *n. g.* -es, *p.* -e.	....	....	c. halm.	....	Tuyau; roseau, jonc.
Schill-er-n; *v. n.*	....	....	v. schiel-en.	....	Être dirigé en sens différents; jeter des reflets variés, chatoyer.
Schind-el; *f. g.* -, *p.* -n.	स्खद्	skhad;	scheid-en.	*σχίζειν*; *scindere*.	Rompre, fendre, partager; bardeau, aisseau, éclisse, échandole.
Schind-en; *v. a. p.* -u-, *imp.* -u-.	स्खद्	skhad;	scheid-en;	*σχίζειν*; *scindere*.	Rompre; fendre, séparer, dépouiller, écorcher, maltraiter, tyranniser.
Schlacht; *f. g.* -, *p.* -en.	....	....	v. schlag-en.	....	Battre; bataille.
Schlack-e; *f. g.* -, *p.* -n.	....	....	comp. fleck.	....	Tache, impureté, crasse, écume (de métal), scorie.

MOTS ALLEMANDS.	ANALOGIES SANSKRITES.	TRANSCRIPTION DU SANSKRIT EN LETTRES ROMAINES.	RACINES GERMANIQUES.	ANALOGIES GRECQUES ET LATINES.	SIGNIFICATIONS dans LEUR ORDRE GÉNÉALOGIQUE, depuis le sens primitif de la racine sanskrite ou germanique jusqu'au plus éloigné, en plaçant dans la chaîne des intermédiaires les analogies grecques et latines.
Schlaf; *m. g. -es.*	....	....	schlaff;	λαπαρός, ἄπος; *sopor.*	Mou, flasque, las; lassitude, nonchalance, fatigue, sommeil, repos.
Schlaff; *adj. adv.*	लिप्	lip;	....	λαπαρός; *luo, lotus.*	Enduire d'une matière grasse, amollir; qui n'est pas tendu, qui est mouillé, mou, flasque, lâche.
Schlag-en; *v. a. pr. -ä-, imp. -u-.*	लग्	lag;	....	πλήσσειν, ἐπλήγην, ...	Approcher, atteindre, pousser, frapper, battre.
Schlamm; *m. g. -es.*	....	....	leim;	λάμπη, λήμη, λίμνη; *limus.*	Matière détrempée, marais, écume des eaux stagnantes; bourbe, limon, ordure.
Schlang-e; *f. g. -, p. -n.*	लिग्	lig;	schling-en;	.... *anguis.*	Joindre; enlacer, enrouler, qui s'enroule; serpent.
Schlank; *adj. adv.*	....	....	v. schlang-e.	....	Qui est long et souple; svelte, dégagé, élancé.
Schlapp-e; *f. g. -, p. -n.*	लुप्	lup;	....	βλάβη; *alapa.*	Frapper; coup, claque, atteinte, dommage, perte, échec.
Schlau; *adj. adv.*	....	....	....	λάειν, γλαυκίζειν;	Regarder, regarder d'un œil intelligent; qui est fin, rusé, adroit.
Schlauch; *m. g. -es, p. -ä-e.*	....	....	v. schlack-en.	....	Engloutir, absorber; qui absorbe; outre, tuyau.
Schlecht; *adj. adv.*	....	....	voy. leg-en.	....	Étendre; étendu, plat, uni, droit, simple, ordinaire, sans valeur; mauvais, méchant.
Schleck-en; *v. n., r. a.*	....	....	voy. leck-en.	....	Lécher, laper, être gourmand.

MOTS ALLEMANDS.	ANALOGIES SANSKRITES.	TRANSCRIPTION DU SANSKRIT en lettres romaines.	RACINES GERMANIQUES.	ANALOGIES GRECQUES ET LATINES.	SIGNIFICATIONS dans leur ordre généalogique, depuis le sens primitif de la racine sanskrite ou germanique jusqu'au plus éloigné, en plaçant dans la chaîne des intermédiaires les analogies grecques et latines.
Schleich-en; *v. n. p. -i-, imp. -i-.*	....	....	v. schlang-e.	....	Se glisser en rampant, glisser, couler, ramper, se traîner.
Schleif-en; *v. n., v. a. p. -iff-, imp. -iff, et rég.*	[illegible]	laip;	....	λαιψηρός;	Courir; se mouvoir rapidement et légèrement, couler, glisser, traîner, repasser, raser, démolir.
Schleim; *m. g. -es.*	....	....	v. schlamm.	....	Écume; mucosité, glaire, crème (d'orge).
Schlenk-er-n; *v. n., v. a.*	....	....	v. schling-en.	....	Enlacer, entortiller; s'agiter, brandiller, lancer.
Schlepp-en; *v. a.*	....	....	v. schleif-en.	....	Traîner; tirer après soi avec peine, entraîner.
Schleuß-e; *f. g. -, p. -n.*	....	....	v. schließ-en.	....	Fermer; qui ferme, écluse.
Schlicht; *adj. adv.*	....	....	v. schlecht.	....	Étendu, uni, plat, lisse, droit, simple.
Schließ-en; *v. a. p. -oss-, imp. -o-.*	[illegible]	clis.	....	κλειδοῦν; claudere, cludere.	Serrer, barrer, fermer, clore, terminer, juger.
Schlimm; *adj. adv.*	....	....	schleichen?	limus.	Glisser; qui dévie, oblique, mal tourné, mauvais, méchant.
Schling-en; *v. a. p. -u-, imp. -a-; subj. -ä-.*	[illegible] लग्	lig. lag.	schlag-en;	πλέκειν, plectere.	Battre, joindre; plier, passer autour, enlacer, entrelacer, embrasser, avaler, engloutir.
Schling-el; *m. g. -s, p. -.*	[illegible]	lih.	schleck-en;	λαγαρός, λαγγάω.	Lécher, laper; qui est léché, mou, relâché, flasque; homme mou ou flasque, fainéant, lourdaud, rustre.
Schlitt-en; *m. g. -s, p. -.*			voyez glatt, gleit-en.		Glisser, qui glisse, traîneau.

MOTS ALLEMANDS.	ANALOGIES SANSCRITES.	TRANSCRIPTION DU SANSCRIT en lettres romaines.	RACINES GERMANIQUES.	ANALOGIES GRECQUES ET LATINES.	SIGNIFICATIONS dans leur ordre généalogique, depuis le sens primitif de la racine sanscrite ou germanique jusqu'au plus éloigné, en plaçant dans la chaîne des intermédiaires les analogies grecques et latines.
Schloss, ou Schloß; *n. g. -es, p. -ö-er.*	....	....	v. schließ-en.	....	Fermer; qui ferme, serrure, lieu clos, manoir, château.
Schloß-e; *f. g. -, p. -n.*	....	....	schlag-en;	χάλαζα;	Frapper; grêle, grêlon.
Schlucht; *f. g. -, p. -en.*	....	....	v. schling-en, schluck-en.	....	Absorber, engloutir; trou profond, gorge, défilé, fondrière, ravin.
Schluch-z-en; *v. n., v. a.*	....	....	v. schluck-en.	....	Faire des mouvements de déglutition; avoir le hoquet; sangloter, dire en sanglotant.
Schluck-en; *v. n., v. a.*	....	....	v. schling-en.	....	Avaler, engloutir, dévorer.
Schlumm-er-n; *v. n.*	....	....	voy. schlaf.	....	Sommeil; sommeiller, s'assoupir, reposer.
Schlund; *m. g. -es, p. -ü-e.*	....	....	c. mund.	....	Bouche; creux profond, gosier, gouffre, abîme.
Schlüpf-en; *v. n.*	....	....	voy. schlüpf-rig.	....	Glissant; se glisser, couler.
Schlüpf-r-ig; *v. a.*	लिप्	lip;	....	λιπαρός; *lubricus.*	Graisser; qui est gras, onctueux, lubrique, lascif, obscène, glissant, difficile, épineux, délicat.
Schluss; ou Schluß; *m. g. -es, p. -ü-e.*	....	....	v. schließ-en.	....	Fermer; fermeture, clôture, conclusion, résultat, argument.
Schlüss-el; *m. g. -s, p. -.*	....	....	v. schließ-en.	....	Fermer; qui ferme, clef.
Schmach; *f. g. -.*	....	....	schmäh-en;	μωκία;	Outrager; outrage, opprobre, ignominie.

MOTS ALLEMANDS.	ANALOGIES SANSKRITES.	TRANSCRIPTION DU SANSKRIT en lettres romaines.	RACINES GERMANIQUES.	ANALOGIES GRECQUES ET LATINES.	SIGNIFICATIONS dans LEUR ORDRE GÉNÉALOGIQUE, depuis le sens primitif de la racine sanskrite ou germanique jusqu'au plus éloigné, en plaçant dans la chaîne des intermédiaires les analogues grecques et latines.
Schmäh-en; *v. a.*	मश्	maç;	....	μωκᾶν;	Retentir, gronder, crier, dire des injures, injurier, outrager.
Schmalz; *n. g. -es.*	......	......	v. schmelz-en.	....	Fondre; graisse fondue, saindoux.
Schmarr-e; *f. g. -, p. -n*	मृ	mar;	merz-en;	μάρναμαι;	Couper; donner des coups, se battre; balafre, cicatrice.
Schmauch-en; *v. n., v. a.*	......	......	schmeck-en;	σμύχειν;	Saisir une odeur, sentir; savourer les aromes du tabac, jeter une fumée épaisse.
Schmeich-el-n; *v. n.*	......	......	c. weich.	....	Qui est flexible, tendre, doux; caresser, flatter, cajoler.
Schmeiß-en; *p. iss-, imp. iss.*	......	......	c. schmied-en.	....	Frapper, jeter, fienter.
Schmelz-en; *v. n., v. a. p. -o-, pr. -i-, imp. -o-, ou rég.*	मल्	mal;	melt-en;	μέλδεσθαι; *mollis.*	Rendre mou; ramollir, se fondre, se liquéfier, fondre.
Schmer; *m. g. -es.*	......	......	v. schmier-en.	....	Graisser; graisse, crasse.
Schmerg-el; *m. g. -s.*	......	......	v. schmier-en.	σμύρις;	Graisser; crasse, limon, émeri, émeril.
Schmerz-en; *v. a.*	मृद्	mard;	merz-en;	μαραίνειν; *marcere.*	Briser, détruire, flétrir; causer de la douleur, faire de la peine, faire mal.
Schmett-er-n; *v. a., v. n.*	......	......	v. schmeiß-en.	μαστύλλειν;	Jeter violemment, foudroyer, broyer, écraser, tomber avec fracas, éclater.

MOTS ALLEMANDS.	ANALOGIES SANSKRITES.	TRANSCRIPTION DU SANSKRIT EN LETTRES ROMAINES.	RACINES GERMANIQUES.	ANALOGIES GRECQUES ET LATINES.	SIGNIFICATIONS dans leur ordre généalogique, depuis le sens primitif de la racine sanskrite ou germanique jusqu'au plus éloigné, en plaçant dans la chaîne des intermédiaires les analogies grecques et latines.
Schmied-en; *v. a.*	मस्	mas;	....	μασᾶσθαι; *mitescere, mitere.*	Briser; battre, frapper, forger, amollir, radoucir.
Schmieg-en; *v. a.*	......	......	c. bieg-en.	....	Plier, faire joindre, serrer contre, courber, fléchir.
Schmier-en; *v. a.*	......	......	....	μύρον, μυρίζειν; ...	Graisser, oindre, barbouiller, falsifier, frelater.
Schmoll-en; *v. n.*	......	......	maul;	μυλλαίνειν;	Faire la moue, bouder.
Schmor-en; *v. n., v. a.*	......	......	c. mürbe, mér.	....	Bien cuit; cuire dans son jus, cuire à la daube, être braisé, braiser, étouffer de chaleur.
Schmunz-el-n; *v. n.*	......	......	voyez mund.	....	Allonger la bouche, rire du bout des lèvres, sourire, rire sous cape.
Schmuß; *m. g. -es.*	......	......	v. schmeiß-en.	....	Fienter, laisser tomber ses excréments; immondices, saleté, ordure, souillures.
Schnab-el; *m. g. -s, p. -ä-.*	नभ्	nabh;	....	κνάπτειν;	Saisir, presser; qui saisit, prolongement pointu; bec, rostre, avant (vaisseau).
Schnack; *m. g. -es.*	नय्	nay;	....	.... *nugae.*	Mouvoir; qui est mobile, remuant, folâtre; plaisanterie, drôlerie, badinage.
Schnapp-en; *v. n., v. a.*	......	......	v. schnab-el.	....	Ouvrir le bec pour saisir, happer, rechercher avidement, respirer difficilement.
Schnatt-er-n; *v. n.*	निद्	nid;	....	νῆττα;	Disputer, crier; crier comme un canard, barboter, caqueter.

MOTS ALLEMANDS.	ANALOGIES SANSCRITES.	TRANSCRIPTION DU SANSCRIT en lettres romaines.	RACINES GERMANIQUES.	ANALOGIES GRECQUES ET LATINES.	SIGNIFICATIONS dans leur ordre chronologique, depuis le sens primitif de la racine sanskritique germanique jusqu'au plus éloigné, en plaçant dans la chaîne des intermédiaires les analogies grecques et latines.
Schnaub-en; *v. n., v. a. p. -o-, imp. -o-.*	......	......	c. ſchnapp-en.	....	Respirer avec effort, souffler, moucher, ronfler, respirer la vengeance.
Schnauf-en; *v. n.*	......	......	v. ſchnaub-en.	....	Respirer difficilement, ronfler (chevaux).
Schnauz-e; *f. g. -, p. n.*	......	......	voyez naſ-e.	....	Nez; museau, groin, mufle.
Schneck-e; *f. g. -, p. -n.*	......	......	c. ſchnack.	....	Se mouvoir, s'avancer d'une manière particulière; limaçon, escargot, cagouille; rouleau, volute.
Schnee; *m. g. -s.*	निव्	niv;	....	νίφ; nix.	Couler, mouiller; qui mouille, neige.
Schneid-en; *v. a., v. n. p. -itt-, imp. -itt.*	निद्	nid;	n-d.	γνάθος;	Approcher; serrer, saisir; couper, trancher, être tranchant, tailler, inciser, fendre, cingler (vent).
Schnei-en; *v. n.*	......	......	voy. ſchnee.	....	Neiger.
Schnitt; *m. g. -es, p. -e.*	......	......	voy. ſchneid-en.	....	Couper; incision, coupure, coupe, tranche, segment.
Schnitz-en; *v. a.*	......	......	voy. ſchneid-en.	....	Tailler, ciseler, sculpter.
Schnöd-e; *adj. adv.*	......	......	v. ſchneid-en.	νόσος;	Tranchant, blessant, dédaigneux, haineux, méprisant, dérisoire, insolent, outrageux, vil, frivole.
Schnörkel; *m. g. -s, p. -.*	......	......	voy. ſchnur.	....	Lien, ligne recourbée, crochet, enroulement, volute.
Schnüff-el-n; *v. n.*	......	......	v. ſchnaub-en.	....	Souffler, respirer bruyamment par le nez, renifler, flairer, espionner.

MOTS ALLEMANDS.	ANALOGIES SANSKRITES.	TRANSCRIPTION DU SANSKRIT en lettres romaines.	RACINES GERMANIQUES.	ANALOGIES GRECQUES ET LATINES.	SIGNIFICATIONS dans LEUR ORDRE GÉNÉALOGIQUE, depuis le sens primitif de la racine sanskrite ou germanique jusqu'au plus éloigné, en plaçant dans la chaîne des intermédiaires les analogies grecques et latines.
Schnupf-en; *v. a.*	....	....	v. schnaub-en.	....	Souffler, moucher; prendre du tabac.
Schnupp-e; *f. g. -, p. -n.*	....	....	v. schnab-el.	....	Bec, prolongement saillant; lumignon, moucheron de chandelle.
Schnur; *f. g. -, p. -ü-e.*	....	....	....	*νεῦρον, νευρά; nervus.*	Mouvoir, tendre, rapprocher; nerf, corde, cordon, tirant.
Schnur; *f. g. -, p. -en.*	नर	nara;	....	*ἀνήρ, νυός; nurus.*	Homme fait, homme marié; mariée, belle-fille, bru.
Schob-er; *m. g. -s, p. -.*	....	....	v. schieb-en.	....	Pousser; mettre en monceau; tas, meule (foin).
Schock; *n. g. -es, p. -e.*	....	....	comp. hoch, höck-er.	....	Qui est élevé, monceau, quantité; soixantaine.
Scholl-e; *f. g. -, p. -n.*	हल्	hal;	....	*σκάλλειν;*	Creuser; diviser; motte de terre, glaçon, poisson plat.
Schon; *adv.*	या	yâ;	....	... *jam.*	Mouvoir; mû, allé, passé, accompli, certain, sûr, qui est fait, déjà, bien.
Schön; *adj. adv.*	शोण्	çoṇ;	schein-en;	*γάνος; canus.*	Être coloré; briller; brillant, blanc; propre, beau, charmant, délicieux.
Schon-en; *v. a.*	....	....	voyez schön.	....	Conserver beau, ménager, laisser intact, épargner.
Schooß; *m. g. -es, p. -ö-e.*	कुट्	kuṭ;	....	*κεῦθος; cassidilis.*	Couvrir, renfermer, cacher; qui couvre; sac, tanière; enveloppe protectrice, ventre, sein, giron; basque.
Schopf; *m. g. -es, p. -ö-e.*	....	....	comp. kopf.	....	Tête; cime, toupet, huppe, queue.

MOTS ALLEMANDS.	RACINES SANSKRITES.	TRANSCRIPTION DU SANSKRIT EN LETTRES ROMAINES.	RACINES GERMANIQUES.	ANALOGIES GRECQUES ET LATINES.	SIGNIFICATIONS dans leur ordre généalogique, depuis le sens primitif de la racine sanskrite ou germanique jusqu'au plus éloigné, en plaçant dans la chaîne des intermédiaires les analogies grecques et latines.
Schöpf-en; v. a.	......	......	schaff-en;	κάπτειν; capere.	Agir, entreprendre; prendre, happer, respirer, puiser.
Schöpp-e; m. g. -n, p. -n.	......	......	schaff-en;	.... scabinus.	Agir, ordonner; juger; échevin.
Schöps; m. g. -es, p. -e.	......	......	voyez schaf.	......	Mouton; niais, sot.
Schorf; m. g. -es.	......	......	scharf;	.... sarronas.	Apre, rude; croûte, gale, escarre.
Schor-(stein); m. g. -es, p. -e.	घृ	ghar;	schor (stein);	ἐσχάρα;	Brûler; feu; endroit de la maison où est le feu; âtre, foyer, cheminée, tuyau de cheminée.
Schoss; m. g. -es, p. -e.	......	......	v. schieß-en.	......	Lancer, avancer; pousse, avancer ou fournir de l'argent, impôt, taille.
Schot-e; f. g. -, p. -n.	छद्	chad;	......	κύτος; cutis.	Couvrir, cacher; peau, enveloppe, écosse, cosse, gousse.
Schramm-en; v. a.	रफ्	raph;	......	γράφειν, ῥαφίς; rumpere.	Briser; inciser, entamer avec une pointe, déchirer; érafler, égratigner, écorcher.
Schrank; m. g. -es, p. -ä-e.	......	......	comp. rand et rank-e.	.... scrinium.	Qui enferme, qui ferme tout autour; coffre, écrin; armoire, buffet.
Schrank-e; f. g. -, p. -n.	......	......	v. schrank.	......	Qui enferme; enceinte, barrière, barre, limite.
Schränk-en; v. a., v. n.	......	......	v. schrank-e.	......	Enfermer d'une barrière, mettre de travers, entrelacer, croiser.
Schrap-en; v. a.	रफ्	raph;	grab-en;	γράφειν; rapere.	Saisir, briser; creuser; gratter, racler.

MOTS ALLEMANDS.	ANALOGIES SANSKRITES.	TRANSCRIPTION DU SANSKRIT en lettres romaines.	RACINES GERMANIQUES.	ANALOGIES GRECQUES ET LATINES.	SIGNIFICATIONS dans leur ordre généalogique, depuis le sens primitif de la racine sanskrite ou germanique jusqu'au plus éloigné, en plaçant dans la chaîne des intermédiaires les analogies grecques et latines.
Schraub-e; *f. g. -, p. -n.*	....	....	voy. krumm.	....	Qui est courbe, tordu; vis, clef (d'un pressoir), mèche (d'un tire-bouchon).
Schreck-en; *v. n., v. a. p. -e-, pr. -i-, imp. -ak-, impr. -i-, et rég.*	रिख्	rikh;	....	*φρικάζειν*;	S'agiter; remuer, faire un mouvement convulsif, frémir; tressaillir, s'effrayer, alarmer, épouvanter, intimider.
Schreib-en; *v. a. p. -ie-, imp. -ie-.*	रिफ्	riph;	grab-en;	*γράφειν, scribere.*	Saisir, briser, rompre, creuser, graver, inciser, tracer des caractères, écrire.
Schrei-en; *v. n., v. a. p. -ie-, imp. -ie.*	रै श्रु	râi; çru;	kräh-en;	*κρούειν*;	Retentir; crier, brailler.
Schrein; *m. g. -es, p. -e.*	....	....	voy. schrank.	....	Armoire, coffre.
Schreit-en; *v. n. p. -itt-, imp. -itt.*	त्रद्	trad;	....	*ῥυθμός; gradi.*	Pousser; faire des pas, se mouvoir à pas mesurés, marcher, procéder.
Schrift; *f. g. -, p. -en.*	....	....	v. schreib-en.	....	Écrire; écriture, manuscrit, brochure.
Schritt; *m. g. -es, p. -e.*	....	....	v. schreit-en.	....	Marcher; pas, démarche.
Schroff; *adj. adv.*	....	....	....	*banis; rupes.*	Qui s'élève, qui surplombe à pic, roide, escarpé, abrupte, inaccessible, rude, absolu.
Schröpf-en; *v. a.*	....	....	v. schrab-en.	....	Briser, creuser, inciser; faire des incisions superficielles, scarifier, ventouser, saigner, écorcher, surfaire.

MOTS ALLEMANDS.	ANALOGIES SANSCRITES.	TRANSCRIPTION DU SANSCRIT EN LETTRES ROMAINES.	RACINES GERMANIQUES.	ANALOGIES GRECQUES ET LATINES.	SIGNIFICATIONS dans leur ordre généalogique, depuis le sens primitif de la racine sanskrite ou germanique jusqu'au plus éloigné, en plaçant dans la chaîne des intermédiaires les analogies grecques et latines.
Schrot-en; *v. a.*	त्रुट्	trut;	....	*ῥυστάζειν*; *radere.*	Briser, blesser; faire violence, couper, ronger; rogner; tailler, égruger.
Schrumpf-en; *v. n.*	......	......	c. krumm.	....	Se recourber, rétrécir, se resserrer, se froncer, se rider, se flétrir.
Schub; *m. g. -es.*	......	......	v. schieb-en.	....	Pousser; poussée, coup, transport; fournée de pain; tiroir.
Schücht-er-n; *adj. adv.*	......	......	voyez scheu.	....	Timide, craintif, sauvage.
Schuh; *m. g. -es, p. -e.*	स्कु	sku;	ſkut-an;	*σκιά*;	Couvrir; qui couvre; soulier, pied (mesure).
Schuld; *f. g. -, p. -en.*	कुल्	kul;	ſkul-an;	.... *culpa.*	Lier, obliger, devoir; obligation, dette, faute, délit, coulpe, cause d'un tort.
Schupp-e; *f. g. -, p. -n.*	......	......	c. scheib-e.	....	Corps plat et mince, tranche, écaille, bandeau.
Schür-en; *v. a.*	हृ	har;	....	*κορύσσειν*;	Saisir; pousser, secouer, agiter; attiser, souffler.
Schurk-e; *m. g. -n, p. -n.*	ग्रह् गृह्	grah; garh;	....	*γριπίζειν*, *κάρχαρος*;	Saisir, qui saisit, qui s'empare par surprise, malfaisant, méchant; coquin, fripon, infâme.
Schurz; *m. g. -es, p. -e.*	......	......	voyez gurt.	....	Ceinture, tablier.
Schuſs; *m. g. -es, p. -ü-e.*	......	......	v. schieſs-en.	....	Lancer; mouvement rapide, élan, jet, coup de feu.
Schuſt-er; *m. g. -s, p. -.*	......	......	voyez schuh.	....	Qui fait des souliers; cordonnier.

MOTS ALLEMANDS.	ANALOGIES SANSCRITES.	TRANSCRIPTION DU SANSCRIT EN LETTRES ROMAINES.	RACINES GERMANIQUES.	ANALOGIES GRECQUES ET LATINES.	SIGNIFICATIONS dans LEUR ORDRE GÉNÉALOGIQUE, depuis le sens primitif de la racine sanskrite ou germanique jusqu'au plus éloigné, en plaçant dans la chaîne des intermédiaires les analogies grecques et latines.
Schüſſ-el; *f. g. -, p. -n.*	स्कु	sku;	ſcut-an;	.... *scutilla, scutum.*	Couvrir; bouclier; plat de la forme d'un bouclier; jatte, écuelle.
Schutt; *m. g. -es.*	....	....	v. ſchütt-en.	....	Jeter, verser; amas, tas, décombres, gravois.
Schütt-en; *v. a.*	....	....	v. ſchieß-en.	....	Lancer, jeter, verser, épancher, répandre.
Schütt-el-n; *v. a.*	....	....	v. ſchütten.	....	Jeter, faire tomber; secouer, agiter, branler.
Schutz; *m. g. -es.*	कुट्	kut;	....	*σκῦτος; cutis.*	Couvrir; qui couvre; qui protége; peau, bouclier; défense, protection, garantie, abri.
Schwach; *adj. adv.*	....	....	v. weich-en.	....	Reculer, céder; faible, débile, frêle, délicat, léger, impuissant.
Schwag-er; *m. g. -s, p. -ä-.*	श्वशुर	çvaçura, pronon. chva-choura;	ſwâhru;	*ἑκυρός; socer.*	Allier; beau-frère.
Schwalch; *m. g. -es, p. -e.*	फल्	phal;	....	*μολγός;*	Ouvrir; creux, sac, gouffre; gueule ardente.
Schwall; *m. g. -es.*	....	....	v. ſchwell-e, ſchwell-en.	....	Gonfler, enfler; masse gonflée, flots soulevés, grosse lame, torrent de flammes ou de fumée, débordement; profusion.
Schwan; *m. g. -es, p. -ä-e.*	स्वन्	svan;	....	*Φωνεῖν; sonare, canere.*	Résonner, faire entendre un son, chanter; cygne.
Schwang; *m. g. -es.*	....	....	v. ſchwing-en.	....	Agiter, brandir, branle; vogue, usage, mode.

MOTS ALLEMANDS.	ANALOGIES SANSKRITES.	TRANSCRIPTION DU SANSKRIT en lettres romaines.	RACINES GERMANIQUES.	ANALOGIES GRECQUES ET LATINES.	SIGNIFICATIONS dans leur ordre généalogique, depuis le sens primitif de la racine sanskrite ou germanique jusqu'au plus éloigné, en plaçant dans la chaîne des intermédiaires les analogies grecques et latines.
Schwank-en; *v. n.*	वग्	vag:	....	.... *vacillare.*	Se mouvoir d'un pas mal assuré, chanceler, vaciller, se balancer, flotter, fluctuer.
Schwanz; *m. g. -es, p. ä-e.*	......	......	c. wind-en.	....	Tourner, tordre, enlacer; queue, croche (d'une note), suite.
Schwarm; *m. g. -es, p. ä-e.*	......	......	v. ſchwirr-en.	....	Bourdonner; essaim, foule, touche, cohue, horde.
Schwatz-en; *v. n., v. a.*	वद्	vad;	....	*βαβάζειν; suadere.*	Parler; parler d'abondance, babiller, débiter des sottises, (étourdir par des paroles), jaser, bavarder; persuader.
Schweb-en; *v. n.*	......	......	c. web-en.	....	Se mouvoir, voltiger, flotter, être suspendu en l'air, planer.
Schweif-en; *v. n., v. a.*	......	......	v. ſchweb-en.	....	Planer, voltiger; vaguer, errer; donner une forme vague (la forme d'une queue), échancrer.
Schweig-en; *v. n. p. -ie-, imp. -ie-.*	......	......	c. weich-en.	....	Se retirer, céder; se taire, cesser de parler, garder le silence.
Schwein; *n. g. -es, p. -e.*	......	......	ſwein-an;	.... *suinus.*	Chasser, chasser devant soi, mener paître; porc, sanglier, cochon.
Schweiß; *m. g. -es.*	स्विद्	svid;	ſchweiß-en;	*ἱδρώς; sudor.*	Être humide, transpirer; exhalaison, sueur, humidité, sang (chasse).
Schwelg-en; *v. n.*	फल्	phal.	ſchwalch;	.... *helluari?*	S'ouvrir; engouffrer, absorber, vivre dans l'abondance, faire débauche.

MOTS ALLEMANDS.	ANALOGIES SANSKRITES.	TRANSCRIPTION DU SANSKRIT en lettres romaines.	RACINES GERMANIQUES.	ANALOGIES GRECQUES ET LATINES.	SIGNIFICATIONS dans leur ordre généalogique, depuis le sens primitif de la racine sanskrite ou germanique jusqu'au plus éloigné, en plaçant dans la chaîne des intermédiaires les analogies grecques et latines.
Schwell-e; *f. g. -, p. -n.*	वल्ल्	vall;	....	*βαλβίς*;	S'élever, être proéminent; saillir; base, seuil, solive, semelle, bords, entrée.
Schwenk-en; *v. a.*	......	......	v. ſchwing-en.	....	Agiter, brandir, brandiller, tourner.
Schwer; *adj. adv.*	भृ	bhar;	bär-en;	*βαρύς*;	Porter; qu'on porte, qu'on porte avec peine; pesant, lourd, accablant, difficile, grave.
Schwert; *n. g. -es, p. -er.*	मृ	mar;	....	*ἀμέρδειν*;	Couper, priver, blesser; arme tranchante, glaive, épée.
Schwe-ſter; *f. g. -, p. -n.*	सू स्वसृ	sû; svasar;	ſohn?	.... *soror.*	Produire; co-engendrée (sœur).
Schwieg-er-; *m. f.*	......	......	v. ſchwager.	....	Marque degré de parenté par mariage, beau-.
Schwiel-e; *f. g. -, p. -n.*	......	......	v. ſchwell-e.	....	Qui s'élève; durillon, callosité.
Schwier-ig; *adj. adv.*	......	......	voy. ſchwer.	....	Lourd; difficile, malaisé.
Schwind-el; *m. g. -s.*	......	......	c. wind-en.	....	Tourner; tournoiement, vertige.
Schwind-en; *v. n. p. -u-, imp. -a-, subj. -ä-.*	......	......	v. wind-en.	....	Tourner; tourner rapidement, passer, disparaître, diminuer, dépérir.
Schwing-en; *v. a. p. -u-, imp. -a-, subj. -ä-.*	......	......	c. ſchwank-en.	....	Se balancer; osciller, vibrer; agiter, brandir, battre des ailes, lancer, vanner (blé).
Schwirr-en; *v. n.*	स्वृ	svar;	ſurr-en;	.... *susurrare.*	Murmurer; bourdonner, gazouiller, grésillonner, siffler.

MOTS ALLEMANDS.	ANALOGUES SAMSKRITS.	TRANSCRIPTION DU SAMSKRIT en lettres romaines.	RACINES GERMANIQUES.	ANALOGIES GRECQUES ET LATINES.	SIGNIFICATIONS dans leur ordre généalogique, depuis le sens primitif de la racine samskrite ou germanique jusqu'au plus éloigné, en plaçant dans la chaîne des intermédiaires les analogies grecques et latines.
Schwitz-en; *v. n., v. a.*	....	....	v. schweiß.	....	Sueur; suer, suer à grosses gouttes.
Schwör-en; *v. n., v. a. p. -o-, imp. -o-.*	स्वृ	svar,	war-an;	*σφαραγεῖν;*	Faire entendre des sons; répondre; affirmer, jurer, prêter serment.
Schwulst; *m. g. -es.*	....	....	v. schwell-e.	....	Qui s'élève ou se gonfle; enflure, bouffissure, style ampoulé.
Schwung; *m. g. -es.*	....	....	v. schwing-en.	....	Vibrer, agiter; vibration, branle, élan, saut, essor, élévation, grand mouvement.
Schwur; *m. g. -es, p. ü-e.*	....	....	v. schwör-en.	....	Jurer; serment, jurement.
Sechs; *nomb.*	षष्	ṣaṣ;	....	*ἕξ; sex.*	Six.
See; *f. m., g. -, -s, p. -n.*	सल्	sal;	sein-an;	*ζάειν; salire.*	Mouvoir, respirer, être en vie, chose mouvante, mer, lac.
Seel-e; *f. g. -, p. -n.*	सल्	sal;	seiw-an;	*ζάειν; salire.*	Mouvoir, respirer, palpiter, être en vie; force vitale, âme, habitant.
Seg-el; *n. g. -s, p. -.*	सच्	sać;	....	*ἔναξα; sagulum.*	Réunir, lier; presser; drap, drapeau; voile.
Seh-en; *v. a., v. n. pr. -i-, imp. -a-.*	सूच्	sûć;	....	*θεάσθαι; sagire.*	Distinguer; avoir le regard vif; voir, regarder.
Sehn-e; *f. g. -, p. -n.*	तन्	tan;	dehn-en;	*τένων; tendere.*	Étendre, tendre; qui est tendu, nerf, tendon, corde (d'un arc).
Sehr; *adv.*	....	....	....	*τέρθρον;*	Le plus haut degré, très, extrêmement, successivement, fort.
Seif-e; *f. g. -, p. -n.*		tip;	sip-an;	*σάπων; sebum, sapo.*	Mouiller, détremper; substance dissolvante, savon.

MOTS ALLEMANDS.	ANALOGIES SANSCRITES.	TRANSCRIPTION DU SANSCRIT en lettres romaines.	RACINES GERMANIQUES.	ANALOGIES GRECQUES ET LATINES.	SIGNIFICATIONS dans leur ordre généalogique, depuis le sens primitif de la racine sanscrite ou germanique jusqu'au plus éloigné, en plaçant dans la chaîne des intermédiaires les analogies grecques et latines.
Seih-en; *v. a.*	सिच्	*sic*;	....	...... *sugere.*	Humecter, mouiller; passer un liquide, filtrer, couler.
Seil; *n. g. -es, p. -e.*	......	......	c. zeil-e.	....	Chose étendue en longueur; corde, longe, laisse.
Sein; *pron. poss.*	स्व	sva;	....	...... *suus.*	Son.
Sein; *v. subst. p. ge-wesen, pr. bin, subj. sei, imp. war, subj. -ä-.*	......	......	....	*εἶναι; sum, sim.*	Être, exister.
Seit; *pré. conj. adv.*	......	......	voy. seit-e.	....	Affaisser, cesser; marque séparation, depuis, dès, depuis que.
Seit-e; *f. g. -, p. -n.*	सै	sai;	....	...... *situs.*	Descendre, décliner, affaisser; côté, flanc; position, part, parti, page.
Sel-ig; *adj. adv.*	......	......	voyez seel-e.	....	Qui a la vie, fortuné, heureux, bienheureux, feu, défunt.
Sens-e; *f. g. -, p. -n.*	सघ्	sagh;	....	*ζάγκλη; scindere.*	Couper; partager; faux.
Sess-el; *m. g. -s, p. -.*	......	......	voy. sitz-en.	....	Être assis; siége.
Setz-en; *v. a.*	......	......	voy. sitz-en.	....	Être assis; faire asseoir, mettre, poser, placer.
Seuch-e; *f. g. -, p. -n.*	......	......	voyez sucht, siech.	....	Être maladif; maladie, maladie contagieuse.
Sich; *pro. pers.*	......	......	....	...... *sibi, se.*	Se, soi.
Sich-el; *f. g. -, p. -n.*	सघ्	sagh;	....	*ζάγκλη; sicula, secula.*	Couper; couteau, faux, faucille.

MOTS ALLEMANDS.	RACINES SANSKRITES.	TRANSCRIPTION DU SANSKRIT en lettres romaines.	RACINES GERMANIQUES.	ANALOGIES GRECQUES ET LATINES.	SIGNIFICATIONS dans leur ordre chronologique, depuis le sens primitif de la racine sanskrite ou germanique jusqu'au plus éloigné, en plaçant dans la chaîne des intermédiaires les analogies grecques et latines.
Sich-er; *adj. adv.*	सह्	sah;	. . . .	ἔχειν, ἐχυρός, securus.	Attacher, tenir, qui est bien garanti, sûr, certain, sans crainte.
Sicht; *f.*	. . . .	. . . .	voy. seh-en.	. . . .	Voir; vue.
Sicht-en; *v. a.*	. . . .	. . . .	comp. sieb	. . . .	Passer au...., tamiser, cribler, vanner, bluter.
Sick-er-n; *v. n.*	. . . .	. . . .	c. seih-en.	. . . .	Passer un liquide; traverser, s'écouler, suinter.
Sieb; *m. g. -es, p. -e.*	. . . .	. . . .	seiv-an;	σείειν	Agiter, remuer, secouer; crible, tamis, sas.
Sieb-en; *nomb.*	सप्तन्	saptan	. . . .	ἑπτά; septem.	Sept.
Siech; *adj. adv.*	सिच्	sic.	. . . .	σικχός; saucius.	Être humide; gâté; malade, dégoûté, las, souffrant, maladif.
Sied-en; *v. n., v. a. p. -ott-, imp. -ott, subj. -ött-*	. . . .	. . . .	. . . .	ἕζειν; sudor.	Faire des efforts, s'agiter, fermenter, bouillonner, bouillir, faire bouillir, cuire.
Sieg-en; *v. n.*	सघ्	sagh;	sig-a (isl.);	. . . . sica.	Couper, briser; manier l'arme, combattre; vaincre, triompher de.
Sims; *m. et n. g. -es, p. -e.*	सम्	sam;	sam;	κυμάτιον; cymatium.	Joindre; qui est joint, corniche, cymaise, rebord.
Sing-en; *v. n., v. a. p. -a-, imp. -a-, subj. -ä-*	. . . .	. . . .	c. sang-e, sag-en.	. . . .	Parler, produire des sons prolongés, parler d'une voix traînante; chanter.
Sinn; *m. g. -es, p. -e.*	. . . .	. . . .	c. sehn-e.	. . . . sensus.	Tendre, qui est tendu, sensibilité, sens, sentiment, tact.

MOTS ALLEMANDS.	ANALOGIES SANSKRITES.	TRANSCRIPTION DU SANSKRIT EN LETTRES ROMAINES.	RACINES GERMANIQUES.	ANALOGIES GRECQUES ET LATINES.	SIGNIFICATIONS dans leur ordre généalogique, depuis le sens primitif de la racine sanskrite ou germanique jusqu'au plus éloigné, en plaçant dans la chaîne des intermédiaires les analogies grecques et latines.
Sipp-e; *f. g.* -, *p.* -n.	सप्	sap;	ſam;	... *similis*, *cippus*.	Réunir, joindre; qui se lie; affinité, ressemblance; parenté, coterie, clique.
Sitt-e; *f. g.* -, *p.* -n.	सद्	sad;	ſitz-en;	κτίζειν, ἦθος; *sedere*.	Poser, être assis, être établi; être enraciné; habitude, coutume, usage, mœurs.
Sitz-en; *v. n. p.*-eſſ, *imp.* -aß, *subj.* -äß-.	सद्	sad;	....	ἕζειν; *sedere*.	Poser; placer, être assis, siéger.
So; *adv. conj.*	सूच्	súć;	ſeh-en;	τοί; *sic*.	Distinguer; voir; vois, ainsi, de la sorte, tellement, aussi, si, en ce cas.
Solch; *adj. pron.*	......	......	ſo-lich;	τηλίκος; *talis*.	Ce, semblable, aussi grand, pareil, tel.
Soll-en; *v. n.*	......	......	c. ſchuld.	....	Devoir, falloir, être obligé, vouloir.
Sond-er, *prép.* Sond-ern; *conj.*	तुड्	tud;	....	.... *tondere*, *sine*.	Séparer; marque séparation, opposition, mais, mais au contraire; sans.
Sonn-e; *f. g.* -; *p.* -n.	......	......	ſinn-en;	ἥλιος; *sol*.	Mouvoir, tendre; corps mouvant (en apparence), soleil.
Späh-en; *v. n.*, *v. a.*	पश्	paçy;	....	φέγγειν; *spicere*, *speculari*.	Voir, luire, regarder; observer, épier, guetter, spéculer.
Spän-en; *v. a.*	......	......	ſpan-en;	σπᾶν;	Arracher, séparer; sevrer.
Span; *m. g.* -es, *p.* -ä-e.	......	......	v. ſpän-en.	....	Arracher, séparer; parcelle, éclat, fragment.
Spann-en; *v. a.*	......	......	....	σπᾶν; *expandere*.	Tirer, étendre, bander, serrer, tirailler.

MOTS ALLEMANDS.	ANALOGIES SANSKRITES.	TRANSCRIPTION DU SANSKRIT en lettres romaines.	RACINES GERMANIQUES.	ANALOGIES GRECQUES ET LATINES.	SIGNIFICATIONS dans leur ordre généalogique, depuis le sens primitif de la racine sanskrite ou germanique jusqu'au plus éloigné, en plaçant dans la chaîne des intermédiaires les analogies grecques et latines.
Spar-en; *v. a.*	स्पृश्	sparç;	....	.... *parcere.*	Tenir, retenir, mettre en réserve, remettre, conserver, épargner, ménager.
Sparr-en; *m. g. -s, p. -.*	....	....	v. sperr-en.	....	Écarter, ouvrir; qui est écarté, chevron, travée de comble; grain de folie.
Spat-en; *m. g. -s, p. -.*	....	....	spit-en;	σπάθη; *spatha.*	Piquer, spatule, bêche.
Specht; *m. g. -es, p. -e.*	पिश्	piç;	pick-en;	πέκειν; *picus.*	Frapper; piquer; gratter; pic (oiseau).
Speck; *m. g. -(e)s,*	स्फाय्	sphây;	....	παχύς;	Accroître, grossir; qui est gros, gras; lard.
Speer; *m. g. -es, p. -e.*	भृ	bhare;	....	πείρειν;	Frapper, percer, traverser; dard, lance, épieu.
Speich-e; *f. g. -, p. -n.*	....	....	....	.... *spiculum.*	Pointe; rayon, rais.
Speich-el; *m. g. -s.*	....	....	v. spei-en.	....	Cracher; salive, bave.
Spei-en; *v. a. p. -ie-, imp. -ie.*	पै	pài;	....	πτύειν; ψύττειν; *spuere.*	Se dissoudre; expectorer, rendre de la salive, cracher, vomir.
Spend-en; *v. a.*	....	....	....	.... *pendere.*	Donner, distribuer, prodiguer.
Sperb-er; *m. g. -s, p. -.*	....	....	spar-ar;	....	Nom d'oiseau rapace composé de moineau et d'aigle: épervier.
Sper-ling; *m. g. -s, p. -e,*	स्वृ	svar;	spar;	βαρ-βαρίζειν, ψαρός; *barr-ire.*	Bruire, crier; qui fait du bruit, oiseau de l'ordre des passereaux; étourneau, moineau.

MOTS ALLEMANDS.	ANALOGUES SANSKRITS.	TRANSCRIPTION DU SANSKRIT EN LETTRES ROMAINES.	RACINES GERMANIQUES.	ANALOGIES GRECQUES ET LATINES.	SIGNIFICATIONS dans leur ordre généalogique, depuis le sens primitif de la racine sanskrite ou germanique jusqu'au plus éloigné, en plaçant dans le choix des intermédiaires les analogies grecques et latines.
Sperr-en; *v. a.*	......	......	v. ſpar-en.	....	Retenir, garder; arrêter, barrer, barricader, bloquer.
Spick-en; *v. a.*	......	......	voyez ſpeck.	....	Lard, larder, entrelarder, farcir.
Spiel; *n. g. -es, p. -e.*	पिल्	pil;	ſpiel-en;	*πάλλειν;*	Être en mouvement; sauter, voltiger, s'ébattre, folâtrer, jouer, faire de la musique; jeu, accords, exécution.
Spieß; *m. g. -es, p. -e.*	......	......	ſpitz-e;	*[illegible]; spicus.*	Qui s'élève en pointe, rejeton; épi; pique, épieu.
Spind-el; *f. g. -, p. -n.*	......	......	v. ſpitz-e.	....	Corps qui s'élève en pointe, flèche, tige, fuseau.
Spitz-e; *f. g. -, p. -n.*	स्पश्	spaç;	....	*σφίγγειν; spicare.*	Resserrer, étrécir, se terminer en pointe; pointe, sommet, saillie, flèche; bout, dentelles.
Sporn; *m. g. -es, p. -e.*	......	......	voyez ſpeer.	....	Pique, pointe, éperon; stimulant, aiguillon.
Sprach-e; *f. g. -, p. -n.*	......	......	v. ſprech-en.	....	Parler; langage, langue, idiome.
Sprech-en; *v. n., v. a. p. -o-, pr. -i-, imp. -a-, subj. -ä-, impr. -i-.*	प्रछ्	prach;	....	*φράζειν; precari.*	Émettre des sons articulés, parler, dire.
Spreiz-en; *v. a.*	स्फर्	sphar;	breit;	*σπείρειν;*	Étendre, éparpiller; écarter largement, écarquiller.
Spreng-en; *v. a., v. n.*	......	......	v. ſpring-en.	....	Sauter; faire sauter, enfoncer (porte), s'élancer, brûler le pavé.
Sprenk-el; *m. g. -s, p. -.*	......	......	v. ſpring-en.	....	Chose qui saute; cerceau, lacet; moucheture.

MOTS ALLEMANDS.	ANALOGIES SANSCRITES.	TRANSCRIPTION EN LETTRES ROMAINES.	RACINES GERMANIQUES.	ANALOGIES GRECQUES ET LATINES.	SIGNIFICATIONS dans leur ordre généalogique, depuis le sens primitif de la racine sanscrite ou germanique jusqu'au plus éloigné, en plaçant dans la chaîne des intermédiaires les analogies grecques et latines.
Spreu; *f. g. -.*	....	....	v. sprüh-en.	....	Répandre, éparpiller; menue paille, poussière.
Sprieß-en; *v. n. p. -oß-, imp. -oß, subj. -ö-.*	....	....	comp. reis.	....	Qui sort de la racine, pousser, germer, bourgeonner.
Spring-en; *v. n. p. -u-, imp. -a-, subj. -ä-.*	रिग्	*rig;*	sprit-en;	*σπείρειν; spargere.*	Dévier, s'écarter, se disperser, répandre; jaillir, bondir, sauter.
Spritz-en; *v. n., v. a.*	....	....	c. sprieß-en.	....	Sortir de; jaillir, jeter, lancer, seringuer.
Sproß; *m. g. -es, p. -en.*	....	....	v. sprieß-en.	....	Pousser, germer; pousse, bourgeon, tendron, rejeton.
Sproß-e; *f. g. -, p. -n.*	....	....	v. spreiz-en.	....	Écarter; qui sert à écarter, échellon, traverse, latte (d'un moulin).
Spruch; *m. g. -es, p. -ü-e.*	....	....	v. sprech-en.	....	Parler; parole, prononcé, jugement, proverbe.
Sprud-el-n; *v. n.*	....	....	v. strud-el.	....	Tourbillon, tourbillonner, bouillonner, jaillir tumultueusement, sortir à flots, pétiller, bredouiller.
Sprüh-en; *v. n., v. a.*	....	....	v. spring-en.	....	Jaillir, répandre, jeter, pétiller, disperser, vomir (feu).
Sprung; *m. g. -es, p. -ü-e.*	....	....	v. spring-en.	....	Sauter; saut, bond, élan.
Spuck-en; *v. n., v. a.*	....	....	voy. spei-en.	....	Cracher, crachoter.

MOTS ALLEMANDS.	ANALOGIES SANSKRITES.	TRANSCRIPTION DU SANSKRIT en lettres romaines.	RACINES GERMANIQUES.	ANALOGIES GRECQUES ET LATINES.	SIGNIFICATIONS dans leur ordre généalogique, depuis le sens primitif de la racine sanskrite ou germanique jusqu'au plus éloigné, en plaçant dans la chaîne des intermédiaires les analogies grecques et latines.
Spuk; *m. g. -es, p. -e.*	पश्	paç;	ſpäh-en;	*φέγγειν, ποικίλος; spectare, spectrum.*	Voir; luire; qui montre diverses couleurs, vue changeante ou trompeuse; apparition, spectre, fantôme, revenant, rumeur nocturne causée par des esprits.
Spul-e; *f. g. -, p. -n.*	पुल्	pul;	....	*πολεῖν; ...*	Mouvoir, s'avancer; tourner, emplir en tournant; bobiner; bobine, espolin, entonnoir.
Spund; *m. g. -es, p. -ü-e.*	......	......	e. ſpind-el.	....	Qui se termine en pointe, boudon, bonde, tampon.
Spür-en; *v. n., v. a.*	पुर्	pur;	ſpür-en;	*περᾶν; spurare.*	Avancer; passer, percer, pénétrer; suivre une trace, flairer, sentir, rechercher, apercevoir.
Staar; *m. g. -es, p. -e*	स्वृ	svar;	....	*ψαρμικός, ψάρ; sturnus.*	Retentir; faire du bruit; étourneau.
Staar; *m. g. -es.*	......	......	voyez ſtarr.	....	Fixe, immobile; œil immobile, cataracte (d'yeux).
Sput-en; *v. a.*	स्फुट्	sphud;	....	*σπεύδειν, σπουδάζειν; studere.*	Jaillir; s'empresser, se hâter, se presser, se dépêcher.
Staat; *m. g. -es, p. -en.*	स्था	sthâ;	ſteh-en;	*τιθέναι, στάσις; status.*	Être affermi, se tenir, placer; position, état, gouvernement, puissance, dehors splendide, luxe.
Stab; *m. g. -es, p. -ä-e.*	......	......	ſtib-en;	*στύπος; stipes.*	Fixer; qui est fixé; tronc, tige; bâton; juridiction, état-major.
Stach-el; *m. g. -s, p. -n.*	स्तक्	stak;	ſtech-en;	*στιγμή; sti(c)mulus.*	Piquer, pointe acérée, aiguillon, épine, dard.
Stadt; *f. g. -, p. -ä-e.*	......	......	voyez ſtatt.	....	Place, lieu; cité, ville.

MOTS ALLEMANDS.	RACINES SANSKRITES.	TRANSCRIPTION DU SANSKRIT en lettres romaines.	RACINES GERMANIQUES.	ANALOGIES GRECQUES ET LATINES.	SIGNIFICATIONS dans leur ordre généalogique, depuis le sens primitif de la racine sanskrite ou germanique jusqu'au plus éloigné, en plaçant dans la chaîne des intermédiaires les analogies grecques et latines.
Stahl; *m. g. -es, p. -ä-e.*	स्थल्	sthal;	....	*στέλεος; solidus.*	Être affermi; solide, dur; fer durci, acier, lame.
Stall; *m. g. -es, p. -ä-e.*	......	......	v. stell-en.	....	Placer; qui est placé, habitation; étable, écurie.
Stamm; *m. g. -es, p. -ä-e.*	......	......	stib-an;	*στύμος; stemma.*	Fixer; qui est fixé, tronc, tige, souche, race, lignée.
Stämp-el; *m. g. -s, p.*	......	......	v. stampf-en.	....	Frapper, façonner en frappant; timbre; poinçon, coin.
Stampf-en; *v. n., v. a.*	स्तभ्	stabh;	....	*δάπτειν, στείβειν...*	Condenser; charger, frapper, mettre en pièces, broyer, piler, trépigner.
Stand; *m. g. -es, p. -ä-e.*	......	......	voy. steh-en.	....	Se tenir; position, état, rang.
Stang-e; *f. g. -, p. -n.*	......	......	voyez steck.	....	Bâton; perche, hampe, gaule.
Stap-el; *m. g. -s.*	......	......	voyez stab.	....	Qui est fixé; pilotis, échafaudage, chantier, entrepôt.
Stapfe; *f. g. -, p. -n.*	......	......	v. tapp-en.	....	Marcher lourdement; empreinte du pied, trace.
Stark; *adj. adv.*	धृ	dhar;	....	*στεῤῥός, στερεός...*	Être ferme, solide, fort, vigoureux, robuste, puissant.
Starr; *adj. adv.*	धृ	dhar;	stir-en;	*στερεός; ...*	Être ferme, être fixé; roide, engourdi, immobile, inflexible, dur, rigide.

MOTS ALLEMANDS.	ANALOGIES SANSKRITES.	TRANSCRIPTION DU SANSKRIT en lettres romaines.	RACINES GERMANIQUES.	ANALOGIES GRECQUES ET LATINES.	SIGNIFICATIONS dans LEUR ORDRE GÉNÉALOGIQUE, depuis le sens primitif de la racine sanskrite ou germanique jusqu'au plus éloigné, en plaçant dans la chaîne des intermédiaires les analogies grecques et latines.
Statt ou Stätt-e; *f. g. -, p. -n.*	....	....	ſteh-en;	*ἵστημι, στάσις; statio.*	Se tenir; position, poste, place, lieu, séjour, demeure.
Staub; *m. g. -es.*	....	....	v. ſtieb-en.	....	Disperser, s'en aller en poussière; poussière.
Stauch-en; *v. a.*	....	....	v. ſteck-en.	....	Enfoncer; pousser, heurter, refouler, secouer, se donner une entorse.
Staud-e; *f. g. -, p. -n.*	....	....	v. ſteh-en.	....	Se tenir; arbuste, tête de chou.
Staun-en; *v. n.*	स्तन्	stan;	....	*στοναχεῖν; tonare.*	Retentir; faire grand bruit, se lamenter; être comme foudroyé; s'étonner, être frappé d'admiration.
Stäup-en; *v. a.*	....	....	c. ſtampf-en.	....	Frapper, fouetter, fustiger.
Stech-en; *v. n., v. a. p. -o-, pr. -i-, imp. -a-, subj. -ä-, impr. -i-.*	स्तक्	stak;	....	*στίζειν; stigare.*	Piquer, percer, pénétrer, enfoncer, pointer, graver.
Steck-en; *v. n., v. a.*	....	....	v. ſtech-en.	....	Enfoncer, ficher, fixer, attacher; être enfoncé, plongé, se trouver.
Steck-en; *m. g. -s. p. -.*	....	....	voyez ſtock.	....	Bâton, baguette; férule.
Steg; *m. g. -es. p. -e.*	....	....	v. ſteig-en.	....	Marcher, se diriger; passage étroit, petit pont, sentier.
Steh-en; *v. n. p. -and-, impr. -and-, subj. -änd-.*	स्था	sthâ;	....	*στάω, ἱστάω; stare.*	Se tenir, être debout, être dressé.

MOTS ALLEMANDS.	ANALOGUES SANSCRITS.	TRANSCRIPTION DU SANSCRIT en lettres romaines.	RACINES GERMANIQUES.	ANALOGIES GRECQUES ET LATINES.	SIGNIFICATIONS dans leur ordre généalogique, depuis le sens primitif de la racine sanscrite ou germanique jusqu'au plus éloigné, en plaçant dans la chaîne des intermédiaires les analogies grecques et latines.
Stehl-en; *v. a. p. -o-, pr. -ie-, imp. -a-, subj. -ö-, impr. -ie-.*	दल्	dal;	....	τίλλειν;	Fendre, partager; tirer, arracher; saisir, dérober, voler.
Steif; *adj. adv.*	स्तभ्	stabh;	ſtib-an;	στῦπος; stipes.	Fixer; qui est fixé; roide, inflexible, tendu, empesé.
Steig; *m. g. -s, p. -e.*	......	......	voyez ſteg.	....	Chemin étroit, sentier.
Steig-en; *v. n., v. a. p. -ie-, imp. -ie-.*	स्तिघ्	stigh;	....	στείχειν;	Marcher, se diriger, s'approcher; s'élever, monter, entrer.
Steil; *adj. adv.*	......	......	voy. ſtell-en.	....	Mettre debout; qui est debout, roide, escarpé, à pic.
Stein; *m. g. -es, p. -e.*	......	......	ſteh-en;	στία, στῖον;	Être debout; qui s'élève; écueil, crête; pierre, roche, noyau.
Stell-en; *v. a.*	स्थूल्	sthûl;	ſteh-en;	στέλλειν;	Se tenir; mettre debout, affermir, mettre en état; établir, placer, poser, disposer, ériger.
Stelz-e; *f. g. -, p. -n.*	......	......	voy. ſtell-en.	....	Mettre debout, dresser; échasse.
Stemm-en; *v. a.*	......	......	voy. ſtamm.	....	Tronc; appuyer, roidir, arrêter.
Stemp-el; *g. -s, p. -.*	......	......	v. ſtamp-el.	....	
Steng-el; *m. g. -s, p. -.*	......	......	voy. ſtang-e.	....	Corps long, tige.
Stepp-en; *v. a.*	......	......	c. ſtopf-en.	....	Arrêter; contre-pointer.

MOTS ALLEMANDS.	ANALOGIES SANSKRITES.	TRANSCRIPTION DU SANSKRIT en lettres romaines.	RACINES GERMANIQUES.	ANALOGIES GRECQUES ET LATINES.	SIGNIFICATIONS dans leur ordre généalogique, depuis le sens *primitif* de la racine sanskrite ou germanique jusqu'au plus éloigné, en plaçant dans la chaîne des intermédiaires les analogies grecques et latines.
Sterb-en; *v. n. p. -o-, pr. -i-, imp. -a-, subj. -ü-, impr. -i-.*	दृप्	darp;	darb-en;	*δέρειν; torpere.*	Frapper, blesser; souffrir, languir; dépérir, mourir, expirer, décéder, trépasser.
Stern; *m. g. -es, p. -e.*	धृ तारा	dhar; tárá;	ſtir-en;	*ἀστήρ; astrum.*	Être ferme; être fixe; corps fixe, étoile, astre, prunelle.
Sterz; *m. g. -es, p. -e.*	......	......	ſtairt-an;	*τέρθρον; ....*	Lever; qui est levé; tige; queue, extrémité, croupion.
Stet-ig; *adj.*	......	......	voyez ſtatt.	....	Séjour; fixe, continu.
Stets; *adv.*	......	......	v. ſtet-ig;	....	Continu; continuellement, toujours.
Steuer; *f. n. g. -, p. -n, g. -s, p. -.*	......	......	comp. ſterz.	....	Tige, levier, timon, gouvernail; subside, contribution, impôt, taxe.
Stich; *m. g. -es, p. -e.*	......	......	v. ſtech-en.	....	Piquer; piqûre, point, gravure.
Stick-en; *v. a., v. n.*	......	......	voy. ſtech-en, ſteck-en.	....	Piquer; broder; s'arrêter, étouffer, être asphyxié.
Stieb-en; *v. n., v. a. p. -o-, imp. -o-, subj. -ö-.*	स्तुभ्	stubh;	....	*στείβειν; ....*	Battre; condenser; obscurcir l'air, remplir l'air, se disperser, s'en aller en poussière, jaillir.
Stiel; *m. g. -es, p. -e.*	......	......	ſtell-en;	*στῦλος; stylus.*	Mettre debout; fût, tige, manche.
Stier; *m. g. -es, p. -e.*	धृ	dhar;	ſtark;	*ταῦρος; taurus.*	Être ferme, fort; taureau.
Stier; *adj. adv.*	......	......	voyez ſtarr.	....	Immobile, fixe, hagard.

MOTS ALLEMANDS.	RACINES SANSCRITES.	TRANSCRIPTION DU SANSCRIT EN LETTRES ROMAINES.	RACINES GERMANIQUES.	ANALOGIES GRECQUES ET LATINES.	SIGNIFICATIONS dans leur ordre généalogique, depuis le sens primitif de la racine sanscrite ou germanique jusqu'au plus éloigné, en plaçant dans la chaîne des intermédiaires les analogies grecques et latines.
Still; *adj. adv.*	......	......	v. stell-en.	....	Placer, poser; qui est posé, en repos, tranquille, calme, paisible, silencieux, secret.
Stimm-e; *f. g. -, p. -n.*	स्तु	stu;	....	*στόμα; æ-stim-o.*	Produire un son, énoncer; voix, parole, suffrage, vote.
Stirn-e; *f. g. -, p. -n.*	......	......	voyez starr.	....	Qui est fixe, dressé, saillant; front, entêtement, effronterie.
Stoch-er-n; *v. a., v. n.*	......	......	v. stech-en.	....	Piquer souvent, curer (les dents), remuer.
Stock; *m. g. -es, p. -ö-e.*	दिह्	dih;	....	*τεῖχος.* ...	Croître, s'élever; qui s'élève; tige, bâton, étage.
Stöhn-en; *v. n.*	स्तन्	stan;	....	*στένειν.* ...	Retentir; faire entendre un son gémissant, gémir, soupirer, se plaindre.
Stolle; *f. g. -, p. -n.*	......	......	voyez stiel.	....	Manche, queue, fût; brioche.
Stoll-en; *m. g. -s, p. -.*	......	......	v. stell-en.	....	Placer; qui est placé, colonne (de lit), balustre, galerie, canal (mines).
Stolz; *adj. adv.*	......	......	steil;	... *stolidus.*	Qui est roide, à pic, haut, grand, majestueux, superbe, orgueilleux, hautain, présomptueux.
Stolp-er-n; *v. n.*	......	......	comp. teil.	....	Faire des mouvements violents ou brusques, broncher, trébucher.
Stopf-en; *v. a.*	स्तम्भ्	stabh;	....	*στέφειν; stipare.*	Condenser; emplir jusqu'au bord, entasser, bourrer, garnir en bourrant, charger, boucher, gorger.

MOTS ALLEMANDS.	ANALOGIES SANSKRITES.	TRANSCRIPTION DU SANSKRIT en lettres romaines.	RACINES GERMANIQUES.	ANALOGIES GRECQUES ET LATINES.	SIGNIFICATIONS dans leur ordre généalogique, depuis le sens primitif de la racine sanskrite ou germanique jusqu'au plus éloigné, en plaçant dans la chaîne des intermédiaires les analogies grecques et latines.
Stopp-el; *f. g. -, p. -n.*	......	......	ſtub-an;	*στυπος; stipula.*	Couper; qui est coupé ou raccourci; tronc coupé; qui est tronqué par la faux, éteule, chaume.
Stöp-ſel; *m. g. -s, p. [illegible]*	......	......	v. ſtopf-en.	......	Boucher; bouchon, tampon.
Stör; *m. g. -es, p. -e.*	तुर्	tur;	......	*θορνυσθαι; θορη; sturio.*	Sauter, saillir, s'accoupler, qui est fécond, qui donne du frai en abondance; esturgeon.
Stör-en; *v. a., v. n.*	तुर्	tur;	......	*ταρασσειν;*	Sauter; agiter, remuer, fureter, fouiller, déranger, troubler, distraire.
Störr-ig; *adj. adv.*	......	......	voyez ſtarr.	......	Roide, intraitable, rétif, têtu, mutin.
Stoß-en; *v. a., v. n. pr. -ö-, imp. -ie-.*	तुद्	tud;	......	*τετμειν; tundo, tutudi.*	Frapper, atteindre avec force, pousser, heurter, choquer, toucher.
Stott-er-n; *v. n., v. a.*	......	......	voy. ſtoß-en	......	Heurter; faire entendre des sons saccadés ou mal articulés, hésiter en prononçant les syllabes, bégayer, balbutier.
Stracks; *adv.*	......	......	v. ſtreck-en.	......	Etendre; étendu en ligne droite, tout droit, directement, incontinent, promptement, incessamment.
Straf-en; *v. a.*	रफ्	raph;	......	*στρεφειν;*	Saisir, briser; tourmenter, maltraiter, châtier, infliger une peine, punir, réprimander.
Strand; *m. g. -es.*	......	......	comp. rand.	......	Bord, rivage, plage, côte.

MOTS ALLEMANDS.	ANALOGIES SANSKRITES.	TRANSCRIPTION DU SANSKRIT EN LETTRES ROMAINES.	RACINES GERMANIQUES.	ANALOGIES GRECQUES ET LATINES.	SIGNIFICATIONS dans LEUR ORDRE GÉNÉALOGIQUE, depuis le sens primitif de la racine sanskrite ou germanique jusqu'au plus éloigné, en plaçant dans la chaîne des intermédiaires les analogies grecques et latines.
Strang; *m. g. -es, p. -ä-e.*	......	......	string-an.	*στράγγειν, στραγγάλη; stringere.*	Tendre; tirer, serrer, tordre; qui est tordu, corde, hart, trait.
Straß-e; *f. g. -, p. -n.*	......	......	......	*στρῶτον; sterno, stratum, via strata.*	Étendre, aplanir; chemin, route, rue.
Sträub-en; *v. a.*	......	......	straub-en;	*στρέφειν;*	Se retourner, être retourné, être hérissé; hérisser, dresser; s'opposer, résister.
Strauch; *m. g. -es, p. -ä-e(r).*	......	......	c. strunck.	......	Tige; tige ligneuse, arbrisseau, buisson.
Strauß; *m. g. -es, p. -ä-e.*	......	......	comp. reis.	......	Branche flexible; bouquet, huppe.
Strauß; *m. g. -es, p. -e.*	......	......	c. streit.	*στρατεία;*	Guerre; combat, querelle, lutte.
Streb-en; *v. n.*	रिप्	raip;	......	*ῥέπειν; repere.*	Se mouvoir; s'incliner progressivement; tendre à, aspirer, faire des efforts, chercher à atteindre, tâcher.
Streck-en; *v. a.*	त्रग्	trag;	......	*τρέχειν, ὀρέγειν;*	Mouvoir; faire un mouvement rapide, diriger; étendre (par terre), allonger, se rendre.
Streich-en; *v. n., v. a. p. -i-, imp. -i-.*	रग्	rag;	......	*ὀρέγειν; stringere.*	Mouvoir; tendre, étendre; s'étendre, se diriger, passer, traîner, effleurer, raser (les bords), frotter, rayer, retrancher.
Streif-en; *m. g. -s, p. -.*	......	......	c. reif-en.	......	Chose longue et étroite, lanière, rainure; bande, bandelette, cannelure, raie.

MOTS ALLEMANDS.	ANALOGIES SANSCRITES.	TRANSCRIPTION DU SANSCRIT en lettres romaines.	RACINES GERMANIQUES.	ANALOGIES GRECQUES ET LATINES.	SIGNIFICATIONS dans leur ordre généalogique, depuis le sens primitif de la racine sanskrite ou germanique jusqu'au plus éloigné, en plaçant dans la chaîne des intermédiaires les analogies grecques et latines.
Streif-en; *v. n., v. a.*	....	....	v. streb-en.	....	Se mouvoir, chercher à atteindre; approcher, effleurer, frôler, raser, ôter, se déplacer, errer, rôder, battre la campagne.
Streit-en; *v. n. p. -itt-, imp. -itt.*	रफ्	raph;	....	τρίζειν; *stridere.*	Retentir; faire un bruit aigu, crier, disputer, se quereller, combattre.
Streng-en; *v. a.*	स्तृह्	starh;	....	*στράγγειν; stringere.*	Presser, serrer; faire des efforts, s'efforcer, tendre fortement.
Streng-e; *adj. adv.*	....	....	v. streng-en.	.... *strenuus.*	Tendre fortement; tendu, serré, soutenu, fort, austère, sévère, rude, rigide.
Streu-en; *v. a.*	स्तृ	star;	....	*στορεννύναι; sternere.*	Étendre, épandre, semer, joncher, poudrer, disperser.
Strich; *m. g. -es, p. -e.*	....	....	v. streich-en.	....	Se mouvoir rapidement; passage, course, direction, ligne, étendue, région.
Strick; *n. g. -es, p. -e.*	....	....	voy. strang.	....	Corde.
Striegel; *f. g. -, p. -n.*	रिश्	riç;	v. streich-en.	*κρέκειν; strigil.*	Frapper, frotter, serrer fortement, carder; étrille, brosse de lavoir.
Striem-e; *f. g. -, p. -n.*	....	....	v. streich-en.	....	Effleurer, rayer, entamer; raie, meurtrissure, trace d'un coup porté avec un objet long et étroit, lanière.
Stripp-e; *f. g. -, p. -n.*	....	....	v. streif-en.	....	Chose longue et étroite, tirant (de bottes) sous-pied.

MOTS ALLEMANDS.	ANALOGIES SANSKRITES.	TRANSCRIPTION DU SANSKRIT en lettres romaines.	RACINES GERMANIQUES.	ANALOGIES GRECQUES ET LATINES.	SIGNIFICATIONS dans leur ordre généalogique, depuis le sens primitif de la racine sanskrite ou germanique jusqu'au plus éloigné, en plaçant dans la chaîne des intermédiaires les analogies grecques et latines.
Stroh; n. g. -es.	......	......	v. streu-en.	.... stramen.	Répandre; qui s'épand, paille, chaume.
Strom; m. g. -es, p. -ö-e.	......	......	......	δρόμος;	Cours, courant, torrent, fleuve.
Stroß-en; v. n.	......	......	c. troß-en.	......	Être ferme, résistant; être distendu, être gonflé, regorger, être redondant.
Strud-el; m. g. -s, p. -.	......	......	......	στρόβος; turba.	Mouvement en rond, tourbillon, tournant.
Strunk; m. g. -es, p. -ü-e.	......	......	c. strauch.	.... truncus.	Tige, tronc, trognon.
Strupp-ig; adj. adv.	......	......	v. sträub-en.	......	Être hérissé; hérissé, dressé.
Stub-e; f. g. -, p. -n.	स्तुभ्	stubh;	......	.... stipare.	Boucher, fermer; qui est fermé, espace clos, étuve; chambre.
Stück; n. g. -es, p. -e.	स्तक्	stak;	steck-en;	τυκίζειν; seco, sectum.	Frapper de la pointe, percer, couper, tailler; morceau, tronçon, partie, pièce.
Stuf-e; f. g. -, p. -n.	......	......	v. stapf-e.	......	Trace, marque, entaille, degré, gradin, gradation.
Stuhl; m. g. -es, p. -ü-e.	स्थूल्	sthûl;	stell-e;	στήλη; tollo.	Lever, placer debout, affermir; soutien, appui, support, siége, chaise.
Stumm; adj. adv.	......	......	v. stemm-en.	......	Arrêter; qui a la voix arrêtée, muet, silencieux.
Stumm-el; m. g. -s, p. -.	......	......	ov stamm.	στύπος;	Tronc; tronc coupé, tronçon, moignon.

MOTS ALLEMANDS.	ANALOGIES SANSKRITES.	TRANSCRIPTION DU SANSKRIT en lettres romaines.	RACINES GERMANIQUES.	ANALOGIES GRECQUES ET LATINES.	SIGNIFICATIONS dans leur ordre généalogique, depuis le sens primitif de la racine sanskrite ou germanique jusqu'au plus éloigné, en plaçant dans la chaîne des intermédiaires les analogies grecques et latines.
Stumpf; *adj. adv.*	......	......	v. stampf-en.	....	Frapper; qui est frappé, usé, émoussé, affaibli, énervé.
Stund-e; *f. g. -, p. -n.*	......	......	voy. stehen.	....	Se tenir, être fixe; qui est fixé; 24e partie du jour, heure, leçon, lieue.
Sturm; *m. g. -es, p. -ü-e.*	तुर्	tur;	stör-en;	*τύρβη; turbo.*	Se mouvoir tumultueusement; agiter; tumulte, orage, tempête, alarme, assaut.
Stürz-en; *v. n., v. a.*	तुर्	tur;	stör-en;	.... *sternere.*	Se mouvoir avec violence, sauter, se précipiter, se jeter, tomber, renverser, plonger.
Stutz; *m. g. -es, p. -e.*	......	......	v. stoß-en.	....	Atteindre avec force; coup, chose coupée ou tronquée, tronçon de la queue du cheval.
Such-en; *v. n., v. a.*	सुच्	suc;	....	.... *sig-nam.*	Distinguer; qui se distingue; qui est l'objet de recherches; chercher, rechercher, se mettre en quête, fureter.
Sucht; *f. g. -, p. -en.*	......	......	voyez siech.	....	Maladif; maladie, manie, passion.
Süd; *m. g. -s.*	......	......	....	*ἰδίω; sudo, sudus.*	Être humide ou mouillé, suer; qui fait suer; midi, sud.
Sumpf; *m. g. -es, p. -ü-e.*	......	......	schwimm-en.	*σομφός;....*	Nager; amas d'eau stagnante, terrain spongieux, marais, marécage, bourbier.
Surr-en; *v. n.*	स्वृ	svar;	....	*συρίζειν; susurrare.*	Siffler, bourdonner, murmurer.
Süß; *adj. adv.*	स्वद्	svad;	c. süd.	*ἡδύς; suavis.*	Qui est humide; doux, agréable, sucré, suave.

T

MOTS ALLEMANDS.	ANALOGIES SANSKRITES.	TRANSCRIPTION DU SANSKRIT en lettres romaines.	RACINES GERMANIQUES.	ANALOGIES GRECQUES ET LATINES.	SIGNIFICATIONS dans leur ordre généalogique, depuis le sens primitif de la racine sanskrite ou germanique jusqu'au plus éloigné, en plaçant dans la chaîne des intermédiaires les analogies grecques et latines.
Tad-el; *m. g. -s.*	....	....	tad (isl.);	*δεῖος*;	Humidité, fange, impureté; tache, défaut, vice, reproche, blâme, critique, réprimande.
Tag; *m. g. -es, p. -e.*	दह्	dah;	....	*δάος; dies.*	Brûler; lumière; jour.
Tann-e; *f. g. -, p. -n.*	तन्	tan.	....	*τείνειν, τανός; tenuis, tæda.*	Étendre; qui est étendu, allongé, élancé, haut; sapin.
Tanz-en; *v. n., v. a.*	तस्	tas;	....	*δονεῖν*;	Mouvoir; se mouvoir en rond, danser, se balancer.
Tapp-en; *v. n.*	तुप्	tup;	....	*τύπτειν*;	Frapper; taper du pied, marcher d'un pas mal assuré, tâtonner; appuyer lourdement sa main.
Tasch-e; *f. g. -, p. -n.*	सस्ज्	sasj;	....	.... *saccus.*	Lier, joindre; sac, poche.
Taub; *adj. adv.*	तुप्	tup;	....	*τυφλός*;	Frapper; qui est frappé, blessé, affecté de surdité, sourd, engourdi, stérile, vide.
Tauch-en; *v. n., v. a.*	....	....	....	*τέγγειν; tangere, tingere.*	Toucher, fléchir; enfoncer, plonger, immerger, tremper.
Tauf-en; *v. a.*	तिप्	tip;	....	*δύπτειν*;	Mouiller; plonger dans l'eau, immerger, baptiser.
Taug-en; *v. n.*	....	....	[illegible]	....	Produire; être bon, servir, convenir, valoir.

MOTS ALLEMANDS.	ANALOGIES SANSKRITES.	TRANSCRIPTION DU SANSKRIT en lettres romaines.	RACINES GERMANIQUES.	ANALOGIES GRECQUES ET LATINES.	SIGNIFICATIONS dans LEUR ORDRE GÉNÉALOGIQUE, depuis le sens primitif de la racine sanskrite ou germanique jusqu'au plus éloigné, en plaçant dans la chaîne des intermédiaires les analogies grecques et latines.
Teich; *m. g. -es, p. -e.*	......	......	c. tauch-en.	....	Plonger; étang, vivier.
Tell-er; *m. g. -s, p. -.*	तिल्ल्	till;	tähl-e;	θάλλειν; ...	Croître, monter; qui monte, sapin; qui est fait de bois de sapin, planche, corps plat, plat, assiette.
Tenn-e; *f. g. -, p. -n.*	......	......	v. tann-e.	....	Sapin; plancher de sapin, aire.
Thal; *n. g. -es, p. -ä-er.*	......	......	v. theil-en.	....	Partager; vallée.
That; *f. g. -, p. -en.*	......	......	voyez thun.	....	Faire; fait, action, exploit.
Thau; *m. g. -es.*	दै	dâi;	deig-an;	δεύειν; ...	Mouiller; rosée.
Theer; *m. g. -es.*	......	......	....	θέρειν; ...	Brûler; matière que l'on obtient par la combustion, goudron.
Theil-en; *v. a.*	दल्	dal;	....	δαίεσθαι, τίλλειν; ...	Partager, diviser, séparer.
Theuer; *adj. adv.*	सुर्	sur;	....	τέρας; ...	Briller, rayonner; météore, chose merveilleuse, merveilleux, beau; précieux, cher, à haut prix.
Thier; *n. g. -es, p. -e.*	तुर्	tur;	....	θήρ; *fera.*	Être animé, sauter; animal, bête, brute.
Thon; *m. g. -es, p. -e.*	तन्	tan;	....	χθών, τανύειν; *tendere.*	Tendre, étendre, qui peut s'étendre, corps extensible; terre argileuse, argile, glaise.
Thor; *m. g. -en, p. -en.*	......	......	c. störr-ig.	....	Qui est intraitable, dépourvu de bon sens, sot, fou, insensé.

MOTS ALLEMANDS.	ANALOGIES SANSKRITES.	TRANSCRIPTION DU SANSKRIT en lettres romaines.	RACINES GERMANIQUES.	ANALOGIES GRECQUES ET LATINES.	SIGNIFICATIONS dans LEUR ORDRE GÉNÉALOGIQUE, depuis le sens primitif de la racine sanskrite ou germanique jusqu'au plus éloigné, en plaçant dans la chaîne des intermédiaires les analogies grecques et latines.
Thor; *n. g. -s8, p. -e.*	......	......	voy. thür-e.	....	Porte (d'une ville).
Thran; *m. g. -es, p. -e.*	......	......	c. thrän-e	....	Chose fluide; huile de poisson, de baleine.
Thrän-e; *f. g. -, p. -n.*	ध्रण्	dhran;	....	*θρηνεῖν, θρῆνος*;...	Proférer des sons plaintifs, se lamenter, pleurer; goutte qui s'écoule, larme, pleurs.
Thu-n; *v. n. p. -a-, imp. -at. subj. -ät-.*	दु दा	du; dâ;	....	*θέειν, θεῖν, τιθέναι*;....	Mouvoir; aller vite; agir, entreprendre, faire, effectuer.
Thür; *f. g. -, p. -n.*	तीर् द्वार्	tir; dvâr;	thair-an;	*τείρειν, θύρα*; *foris.*	Pénétrer, percer; passage, porte.
Tick-en; *v. a.*	तिग्	tig;	....	*θιγεῖν*; *tangere.*	Atteindre, toucher, piquer légèrement, agacer.
Tief; *adj. adv.*	तिप्	tip;	tauf-en;	*δύπτειν, βύθιος*;....	Mouiller; immerger, plonger; qui est plongé, au fond, profond, haut, bas, reculé.
Tieg-el; *m. g. -s, p. -.*	......	......	c. zieg-el.	....	Pièce formée de terre cuite et moulée, creuset, poêle de terre cuite.
Tilg-en; *v. a.*	दल्	dal;	....	*δηλεῖσθαι*; *delere.*	Partager, diviser; détruire, annuler, exterminer, effacer.
Tob-en; *v. n.*	......	......	....	*ὀτοβεῖν*;....	Résonner; faire du fracas, tempêter, se déchaîner, être furieux.
Tocht-er; *f. g. -, p. -ö-.*	तुज् दुहितृ	tuj; duhitr;	tug-an;	*θυγάτηρ*;....	Enfanter; produire; qui produit, fille.
Tod; *m. g. -es, p. -e.*	तुद्	tud;	tau-en;	*δατεῖσθαι, θάνατος*;....	Frapper, trancher, partager, immoler, mourir; mort.

MOTS ALLEMANDS.	ANALOGIES SANSCRITES.	TRANSCRIPTION DU SANSCRIT en lettres romaines.	RACINES GERMANIQUES.	ANALOGIES GRECQUES ET LATINES.	SIGNIFICATIONS dans LEUR ORDRE GÉNÉALOGIQUE, depuis le sens primitif de la racine sanscrite ou germanique jusqu'au plus éloigné; en plaçant dans la chaîne des intermédiaires les analogies grecques et latines.
Toll; *adj. adv.*	सल्	sal;	....	.... *dolere.*	Faire des mouvements violents; être courroucé, outré de colère, furieux, fou, enragé, extravagant, bizarre.
Tölp-el; *m. g. -s, p. -.*	....	....	c. stolp-er-n.	....	Marcher gauchement; homme gauche, maladroit, lourdaud, balourd.
Tön-en; *v. n.*	तन्	tan;	....	τείνειν, τόνος; *tonare.*	Tendre, étendre, prolonger, dilater; retentir, résonner.
Topf; *m. g. -es, p. -ö-e.*	....	....	tief;	δέπας;	Profond, creux; pot.
Tos-en; *v. n.*	....	....	c. tob-en.	....	Faire entendre un grand bruit, mugir, tempêter.
Trab-en; *v. n.*	द्रम्	dram;	....	τραπεῖν, τρέπειν; ...	Mouvoir, marcher vite, courir, trotter, aller au trot.
Träb-er; *v. n.*	....	....	trab-en;	τραπητόν;	Aller au trot, fouler; qui est foulé, dragué, marc (de raisin).
Tracht; *f. g. -, p. -en.*	....	....	voy. trag-en.	ῥάχις;	Porter; vêtements, costume, charge, chose qui se porte.
Trag-en; *v. a. p. -ä-, imp. -u-, subj. -ü-.*	....	....	c. rag-en.	.... *trahere.*	S'élever, dresser la tête; soutenir, porter, supporter.
Tracht-en; *v. n.*	....	....	voy. trag-en.	....	Porter, supporter; faire tous ses efforts, s'efforcer, tâcher, aspirer, tendre.
Tramp-el-n; *v. n.*	....	....	c. trab-en.	....	Trotter; frapper des pieds, trépigner.

MOTS ALLEMANDS.	CARACTÈRES SAMSKRITS.	TRANSCRIPTION DU SAMSKRIT en lettres romaines.	RACINES GERMANIQUES.	ANALOGIES GRECQUES ET LATINES.	SIGNIFICATIONS dans leur ordre généalogique, depuis le sens primitif de la racine samskrite ou germanique jusqu'au plus éloigné, en plaçant dans la chaîne des intermédiaires les analogies grecques et latines.
Trank; *m. g. -es, p. -ä-e.*	......	......	v. trink-en	....	Boire ; boisson, breuvage, potion.
Traub-e; *f. g. -, p. -n.*	......	......	treib-en ;	*βότρυς; drupa, rubus.*	Pousser; qui pousse, rejeton, buisson, fruits en groupe; grappe.
Trau-en; *v. n., v. a.*	......	......	....	*θαῤῥεῖν;*	Être ferme; se fier, être plein de confiance, ajouter foi, fiancer, marier.
Trau-er-n; *v. n.*	त्रस्	tras;	....	*τρεῖν; terrere.*	Agiter; trembler, craindre, être dans l'anxiété; être affligé, porter le deuil.
Traum; *m. g. -es, p. -ä-e.*	......	......	....	.... *dormitio.*	Songe, rêve.
Treff-en; *v. a. p. -e-, pr. -i-, imp. -af, subj. -äf, impr. -i-.*	रिफ्	riph;	....	*τρίβειν;*	Saisir rudement; toucher avec force, frapper, porter coup, choquer, rencontrer, atteindre, faire ressemblant.
Treib-en; *v. n., v. a. p. -ie-, imp. -ie-.*	रेप्	raip;	....	*τρέπειν;*	Marcher; faire marcher, faire aller, pousser, conduire, mener, être poussé, flotter, être chassé, chasser.
Trenn-en; *v. a.*	तृण्	tarn;	ter-en;	*τρουνέναι; truncare.*	Rompre, casser, défaire, séparer, désunir, détacher.
Trepp-e; *f. g. -, p. -n*	......	......	c. traben.	....	Marcher; montée, escalier.
Tret-en; *v. n., v. a. pr. -itt-, impr. -a, subj. -ä-, impr. -itt.*	त्रस्	tras;	....	*προδίνειν, τρίβειν; trudere.*	Pousser; ébranler; donner coup, appuyer le pied, fouler, faire des pas, marcher sur, opprimer, vexer.

MOTS allemands.	ANALOGIES SANSKRITES.	TRANSCRIPTION DU SANSKRIT en lettres romaines.	RACINES germaniques.	ANALOGIES grecques et latines.	SIGNIFICATIONS dans leur ordre généalogique, depuis le sens primitif de la racine sanskrite ou germanique jusqu'au plus éloigné, en plaçant dans la chaîne des intermédiaires les analogies grecques et latines.
Treu; *adj. adv.*	......	......	v. trau-en.	....	Ajouter foi; fidèle, loyal, dévoué.
Trieb; *m. g. -es, p. -e.*	......	......	v. treib-en.	....	Donner l'impulsion; impulsion, tendance, penchant, goût.
Trieg-en; *v. n.*	......	......	v. trüg-en.	....	
Trift; *f. g. -, p. -en.*	......	......	v. treib-en.	....	Pousser, mener; chemin par où l'on mène le bétail au pâturage, pacage.
Trink-en; *v. a. p. -u-, imp. -a-, subj. -ä-.*	......	......	....	*βρέχειν; ir-rigare.*	Mouiller, arroser, tremper, boire, absorber.
Tripp-el-n; *v. n.*	......	......	c. trab-en.	....	Marcher vite; courir à petits pas, piétiner.
Tritt; *m. g.-es, p. -e.*	......	......	v. tret-en.	....	Faire des pas; pas, marche, estrade.
Trock-en; *adj. adv.*	द्राख्	drâkh;	....	*τρύχειν; torrere.*	Brûler, rôtir; sécher, dessécher; sec, aride.
Trodd-el; *f. g. -, p. -n.*	......	......	v. dre-hen.	....	Tourner, tordre; qui est tordu, houppe, campane.
Tröd-el; *m. g. -s.*	......	......	v. tret-en.	....	Fouler; qui est foulé; vieux habits et autres objets de peu de valeur, friperie.
Trost; *m. g. -es.*	......	......	c. trau-en et dreist.	....	Être ferme, fort, intrépide; confiance, espoir, consolation.
Trotz; *m. g. -es.*	......	......	dreist;	*θρασος;....*	Hardi, audacieux; témérité, résistance opiniâtre, mutinerie, insolence, morgue, bravades.

MOTS ALLEMANDS.	ANALOGIES SAMSKRITES.	TRANSCRIPTION DU SAMSKRIT en lettres romaines.	RACINES GERMANIQUES.	ANALOGIES GRECQUES ET LATINES.	SIGNIFICATIONS dans leur ordre généalogique, depuis le sens primitif de la racine samskrite ou germanique jusqu'au plus éloigné, en plaçant dans la chaîne des intermédiaires les analogies grecques et latines.
Trüb-en; *v. a.*	....	....	....	θορυβεῖν; *turbare.*	Troubler, brouiller, ternir, se couvrir de.
Trüg-en; *v. a. p. -o-, imp. -o-, subj. -ö-.*	त्रिग्	rig;	....	.... *tricari.*	S'éloigner, dévier, varier; induire en erreur, chicaner, tromper, manquer.
Trug; *m. g. -es.*	....	....	v. trüg-en.	....	Tromper; tromperie, supercherie, imposture.
Trunk; *m. g. -es.*	....	....	v. trink-en.	....	Boire; coup, boisson.
Trupp; *m. g. -(e)s, p. -e, -n.*	....	....	trib-an;	τύρβη; *turba, tribus.*	Pousser, troubler, être en désordre; foule, bande, troupe, troupes.
Tuch; *n. g. -es, p. ü-er.*	दिह्	dih;	teih-an;	.... *toga.*	Se joindre en croissant, se consolider, serrer; tissu serré, drap, toile, vêtement, fichu.
Tücht-ig; *adj. adv.*	....	....	v. taug-en.	....	Être bon; solide, apte, capable, habile.
Tück-e; *f. g. -, p. -n.*	....	....	voy. steck-en, stech-en.	....	Enfoncer, être caché; piquer; malice cachée, perfidie, rancune, tic.
Tug-end; *f. g. -, p. -en.*	....	....	v. taug-en.	....	Être bon, fort; force, bravoure, vertu.
Tünch-en; *v. a.*	सिच्	sic;	....	τέγγειν;	Mouiller; teindre, enduire de chaux, crépir, blanchir.
Tunk-en; *v. a.*	....	....	v. tauch-en.	....	Plonger, tremper, saucer.
Tupf-en; *v. a.*	तुप्	tup;	tapp-en;	τύπτειν, ...	Frapper; toucher, toucher légèrement.

U

MOTS ALLEMANDS.	ANALOGIES SANSKRITES.	TRANSCRIPTION DU SANSKRIT EN LETTRES ROMAINES.	RACINES GERMANIQUES.	ANALOGIES GRECQUES ET LATINES.	SIGNIFICATIONS dans LEUR ORDRE GÉNÉALOGIQUE, depuis le sens primitif de la racine sanskrite ou germanique jusqu'au plus éloigné, en plaçant dans la chaîne des intermédiaires les analogies grecques et latines.
Üb-el; *n. g. -s, p. -.*	......	......	üb-en :	ὕβρις;	Être actif, répéter une action, fatiguer, excéder; qui est excessif, désagréable, mauvais; mal, malheur.
Üb-en; *v. a.*	अप्	ab;	....	ἕπειν, ὀφέλλειν ; *operari.*	Mouvoir, marcher; être actif, agir, s'occuper; exercer, pratiquer.
Üb-er; *adv. prép.*	उभ् उपरि	ubh; upari;	ob-er;	ὑπέρ ; *super.*	Amasser, réunir; marque élévation; sur, au-dessus.
Uf-er; *n. g. -s, p. -e.*	......	......	c. üb-er;	....	Terrain qui s'élève, bord, rivage, rive, côte.
Uhr; *f. g. -, p. -en.*	उर्	ur;	....	ὥρα; *hora.*	Mouvoir, s'étendre; temps, saison, heure, montre, horloge, pendule.
Uhu; *m. g. -s, p. -s.*	उ	u;	....	.... *bubo.*	Retentir, crier; hibou, grand-duc.
Ulm-e; *f. g. -, p. -n.*	......	......	....	.... *ulmus.*	Orme.
Um; *prép.*	इम्व्	imv;	....	ἀμφί ; *amb-.*	Occuper, être en possession, entourer; autour de, aux environs de, près de, vers, pour.
Un-; *préf.*	उन्	ún;	....	ἀν-, ἀ; *in.*	Restreindre, ôter, non, dés-, dé-, sans, mal-.
Und; *conj.*	अत्	at;	....	ἔτι ; *et, at.*	Avancer; encore, aussi, et.
Unk-e; *f. g. -, p. -n.*	अह्	ah;	....	ἔχις ; *anguis.*	Faire entendre des sons; grosse grenouille, petit serpent.

MOTS ALLEMANDS.	ANALOGUES SANSKRITES.	TRANSCRIPTION DU SANSKRIT en lettres romaines.	RACINES GERMANIQUES.	ANALOGIES GRECQUES ET LATINES.	SIGNIFICATIONS dans LEUR ORDRE GÉNÉALOGIQUE, depuis le sens primitif de la racine sanskrite ou germanique jusqu'au plus éloigné, en plaçant dans la chaîne des intermédiaires les analogies grecques et latines.
Unt-er; *prép. adv.*	अन्तर्	antar;	....	*ἐντός; inter.*	Entre, parmi, dans, dedans, dessous, sous, au-dessous.
Üpp-ig; *adj. adv.*	......	......	voy. üb-er.	....	Dessus, au delà; exubérant, luxuriant, voluptueux.
Ur-; *préf.*	अर्ह्	arh;	....	*ἀρι-, ἦρ; ...*	Dominer; marque force, haut degré, origine, commencement; extrêmement, primitif, primordial.

V

MOTS ALLEMANDS.	ANALOGIES SANSKRITES.	TRANSCRIPTION DU SANSKRIT en lettres romaines.	RACINES GERMANIQUES.	ANALOGIES GRECQUES ET LATINES.	SIGNIFICATIONS dans leur ordre généalogique depuis le sens primitif de la racine sanskrite ou germanique jusqu'au plus éloigné, en plaçant dans la chaîne des intermédiaires les analogies grecques et latines.
Va-ter; *m. g. -s, p. -ä-.*	पा पत्	pâ; pat;	fat-en;	*πάσασθαι, πατήρ; pascere, pater.*	Nourrir, paître; dominer; père.
Ver-; *préf.*	पृ	par;	ver;	*παρά; per.*	Avancer; avant, devant; loin, excès, achèvement, fin, perte.
Ver-drieß-en; *v. a. p. -o-, imp. -o-.*	त्रुट्	truṭ;	....	*τρύειν; terere, tri-vi.*	Rompre, blesser, tourmenter, affliger, chagriner, faire de la peine.
Ver-letz-en; *v. a.*	लुट्	luṭ;	....	*λῃΐζειν; lædere.*	Emmener, enlever, nuire; blesser, offenser.
Ver-sieg-en; *v. n.*	......	......	c. sief-er-n.	....	Traverser, s'écouler; tarir.
Vet-ter; *m. g. -s, p. -n.*	पितृ	pitar;	vater.	*πάτρως; patruus.*	Père; parent, cousin germain.
Vieh; *n. g. -es.*	पश्	paç;	....	*... pango, pegi, pecus.*	Arrêter, tenir, posséder; possession, avoir, troupeau, bétail.
Viel; *adj. adv.*	......	......	voyez voll.	....	Plein, beaucoup, bien.
Vog-el; *n. g. -s, p. -ö-.*	वग्	vag.	....	*φεύγειν; ....*	Mouvoir, s'enfuir; oiseau.
Vogt; *m. g. -es, p. -ö-e.*	......	......	c. wach-en.	....	Veiller; qui veille, tuteur, protecteur, patron, avoué, curateur, prévôt, bailli.
Volk; *n. g. -es, p. -ö-er.*	पुल्	pul;	voll;	*πολύς, ὄχλος; vulgus.*	Accumuler; beaucoup, qui abonde; multitude, foule, peuple, nation.

MOTS ALLEMANDS.	ANALOGUES SAMSKRITS.	TRANSCRIPTION DU SAMSKRIT en lettres romaines.	RACINES GERMANIQUES.	ANALOGIES GRECQUES ET LATINES.	SIGNIFICATIONS dans LEUR ORDRE GÉNÉALOGIQUE, depuis le sens primitif de la racine samskrite ou germanique jusqu'au plus éloigné, en plaçant dans la chaîne des intermédiaires les analogies grecques et latines.
Voll; *adj. adv.*	पुल्	pul;	....	πολύς, πλέος; *plus, plenus.*	Accroître, accumuler; qui abonde, comble, plein, rempli.
Von; *prép.*	....	....	....	.... *pone.*	Marque origine, départ, séparation; distance; d'avec, d'auprès, de, d'entre, par.
Vor; *prép.*	पृ	par;	....	πρό; *pro, præ.*	Avancer; avant, devant.

W

MOTS ALLEMANDS.	ANALOGIES SANSKRITES.	TRANSCRIPTION DU SANSKRIT EN lettres romaines.	RACINES GERMANIQUES.	ANALOGIES GRECQUES ET LATINES.	SIGNIFICATIONS dans LEUR ORDRE GÉNÉALOGIQUE, depuis le sens primitif de la racine sanskrite ou germanique jusqu'au plus éloigné, en plaçant dans la chaîne des intermédiaires les analogies grecques et latines.
Waar-e; *f. g. -, p. -n.*	. . . .	. . . .	c. werth.	. . . .	Valeur; marchandise.
Wab-e; *f. g. -, p. -n.*	वप्	vap;	web-en;	. . . . *favus.*	Opérer, agir, tisser; rayon de miel.
Wach-en; *v. n.*	वग् वज्	vag; vaj;	vig-an;	*ὀχεῖν, vigilare.*	Être actif; être vigilant, veiller.
Wachs; *n. g. -es.*	पिश्	piś;	. . . .	. . . . *viscum.*	Enduire; propre à enduire, matière gluante, cire.
Wachs-en; *v. n. pr. -ä-, imp. -u-, subj. -ü-.*	वक्ष्	vakṣ;	. . . .	*ἀέξειν; augere.*	S'augmenter, croître, pousser, grandir.
Wacht-el; *f. g. -, p. -n.*	वाश्	vaç;	wal-en;	. . . . *vocare.*	Retentir, crier, appeler; caille.
Wack-el-n; *v. n.*	वग्	vag;	vig-an;	. . . . *vacillare.*	Se mouvoir, se remuer, vaciller, branler, chanceler.
Wacker; *adj. adv.*	. . . .	. . . .	v. wach-en.	. . . .	Veiller; éveillé, brave.
Wad-e; *f. g. -, p. -n.*	पद्	pad;	wat-en;	*βαδίζειν; vadere.*	Marcher; partie de la jambe où réside une grande force motrice, mollet.
Waff-e; *f. g. -, p. -n.*	वप्	vap;	web-en;	*ὅπλον; . . . .*	Agir, opérer, outil; arme.
Waff-el; *f. g. -, p. -n.*	. . . .	. . . .	v. web-en.	. . . .	Tisser; pâtisserie très-légère, gaufre.

MOTS ALLEMANDS.	RACINES SANSKRITES.	TRANSCRIPTION DE RACINES EN LETTRES ROMAINES.	RACINES GERMANIQUES.	ANALOGIES GRECQUES ET LATINES.	SIGNIFICATIONS dans leur ordre généalogique, depuis le sens primitif de la racine sanskrite ou germanique jusqu'au plus éloigné, en plaçant dans la chaîne des intermédiaires les analogies grecques et latines.
Wag-en; *m. g. -s, p. -.*	वह्	vah;	vig-an;	. . . . *vehere, vectura.*	Mouvoir, transporter; voiture, chariot.
Wag-en; *v. a.*	. . . .	. . . .	c. wach-en.	. . . .	Être attentif ou vigilant; entreprendre, tenter, hasarder, risquer, exposer.
Wäg-en; *v. a.*	वह्	vah;	wieg-en;	. . . . *vehere.*	Mouvoir, porter; balancer, peser.
Wahl; *f. g. -, p. -en.*	वल्	val;	woll-en;	*Φιλ-εῖν; vol-untas.*	Aimer, vouloir, choisir; choix, option, élection.
Wahn; *m. g. -es.*	मन्	man;	mein-en;	*φαίνειν, φανῶ, φανερόω; vanus.*	Rendre visible, manifester, penser, opinion, présomption, erreur, illusion.
Wahr; *adj. adv.*	वृत्	vart;	werd-en;	. . . . *verus.*	Devenir, exister; qui existe; vrai, certain, sûr, éprouvé, sincère.
Währ-(wolf); *m. g. -es, p. -ö-e.*	. . . .	. . . .	wer;	. . . *vir-(vulpes, lupus).*	Homme (homme-loup, loup-garou).
Waise; *f. g. -, p. -n.*	भेष्	bhais;	. . . .	*Φείδεσθαι; viduus.*	Éviter, éloigner; manquer, être privé; orphelin.
Wald; *m. g. -es, p. -ä-er.*	पल्ल्	pall;	wal-en;	*ἀλδαίνειν, ἄλσος; silva.*	Croître, s'accroître, s'augmenter, masse compacte, forêt, bois.
Walg-en; *v. a.*	वल्ग्	valg;	. . . .	*ἕλκειν, εἰλεῖν; volvere.*	Remuer violemment, faire rouler; presser, rouler (avec les mains).
Walk-en; *v. a.*	. . . .	. . . .	v. walg-en.	. . . .	Presser, rouler, fouler.
Wall; *m. g. -es, p. -ä-e.*	वल्ल्	vall;	. . . .	*φάλαγξ; vallum.*	S'élever; levée qui défend, rempart, boulevard, digue.
Wall-(fisch); *m. g. -es; p. -e.*	बल	bala;	. . . .	*φάλ-αινα; balæna.*	Qui est fort, vigoureux; baleine.

MOTS ALLEMANDS.	ANALOGIES SANSKRITES.	TRANSCRIPTION DU SANSKRIT en lettres romaines.	RACINES GERMANIQUES.	ANALOGIES GRECQUES ET LATINES.	SIGNIFICATIONS dans leur ordre généalogique, depuis le sens primitif de la racine sanskrite ou germanique jusqu'au plus éloigné, en plaçant dans la chaîne des intermédiaires les analogies grecques et latines.
Wall-en; *v. n.*	वैल्ल्	vaill;	....	*πάλλειν; volare.*	Mouvoir, tourner; s'agiter, passer vite, ondoyer, bouillonner, couler, marcher, voyager.
Wälsch; *adj. adv.*	......	......	v. wall-en.	.... *gallus, gallicus.*	Voyager, aller en pays étranger; étranger, gaulois, français, italien.
Walt-en; *v. n.*	पल्ल्	pall;	wal-en;	.... *valere.*	Croître; s'augmenter, s'accroître, se bien porter, être fort; avoir de l'autorité, gouverner, disposer.
Wälz-en; *v. a.*	वैल्ल्	vaill;	....	.... *volutare.*	Mouvoir, tourner, rouler, faire rouler.
Wand; *f. g. -, p. -ä-e.*	......	......	v. wind-en.	....	Entourer, attacher; qui entoure ou limite, mur, paroi.
Wand-el-n; *v. n.*	पद्	pad;	wat-en;	*βαδίζειν; vadere.*	Marcher, faire route, se promener, changer.
Wand-er-n; *v. n.*	......	......	v. wand-el-n.	....	Marcher, cheminer, voyager.
Wang-e; *f. g. -, p. -n.*	......	......	v. wank-en.	....	Mouvoir; muscle mobile, joue.
Wank-en; *v. n.*	वग्	vag;	wig-en;	.... *vacillare.*	Mouvoir, vaciller, balancer, branler, chanceler, faiblir.
Wann; *adv.*	......	......	wer, wen;	.... *quando.*	Qui; quel temps, quand.
Wanze; *f. g. -, p. -n.*	......	......	voy. wand.	....	Insecte qui habite les fentes des parois ou des murs; punaise.
Wapp-en; *n. g. -s, p. -.*	......	......	voy. waff-e.	....	Arme; armes, armoiries, blason.

MOTS ALLEMANDS.	ANALOGIES SANSKRITES.	TRANSCRIPTION DU SANSKRIT en lettres romaines.	RACINES GERMANIQUES.	ANALOGIES GRECQUES ET LATINES.	SIGNIFICATIONS dans chaque ordre idéologique, depuis le sens primitif de la racine sanskrite ou germanique jusqu'au plus éloigné, en plaçant dans la chaîne des intermédiaires les analogies grecques et latines.
Warm; *adj. adv.*	भृ घर	bhar; khara;	....	*θερμός; ferveo, formus.*	Brûler; être échauffé; chaud, chaudement.
Warn-en; *v. a.*	......	......	voyez wahr.	....	Vrai, certain; dire une chose certaine, avertir, exhorter, prévenir.
Wart-en; *v. n., v. a.*	......	......	voyez wahr.	....	Certain, sûr; attendre, guetter, garder, prendre soin, exercer, vaquer.
Wärts; *adv.*	वृत्	vart;	werd-en;	.... *versus.*	Devenir, venir; marque direction vers.
Warz-e; *f. g. -, p. -n.*	वृत्	vart;	werd-en;	.... *verruca.*	S'élever, se former; saillie arrondie, verrue, mamelon.
Wass-er; *n. g. -s, p. -.*	उद्	ud;	....	*ὕδωρ; udus.*	Couler, mouiller; eau.
Wasch-en; *v. a.*	......	......	ge-wäsch;	....	Faire des mouvements précipités; nettoyer, laver, blanchir.
Wat-en; *v. n.*	पद्	pad;	....	*βαδίζειν; vadare.*	Marcher; marcher dans l'eau, passer à gué, patauger.
Watsch-el-n; *v. n.*	......	......	v. wat-en.	....	Marcher comme un canard, branler le corps en marchant.
Web-en; *v. n., v. a., p. -o-, imp. -e-, ou rég.*	वेप्	vaip;	vib-an;	*φέβεσθαι; vibrare.*	Se mouvoir, s'agiter, agiter violemment, donner des saccades, tisser, tramer.
Wechs-el; *m. g. -s, p. -.*	वग्	vag;	vig-an;	.... *vehere, vix.*	Mouvoir, chanceler; changement, vicissitude, succession, échange, change, lettre de change.
Weck-en; *v. a.*	......	......	v. wach-en.	....	Veiller, éveiller, réveiller.

MOTS ALLEMANDS.	ANALOGIES SANSCRITES.	TRANSCRIPTION DU SANSCRIT EN LETTRES EUROPÉENNES.	RACINES GERMANIQUES.	ANALOGIES GRECQUES ET LATINES.	SIGNIFICATIONS dans leur ordre généalogique, depuis le sens primitif de la racine sanskrite ou germanique jusqu'au plus éloigné, en plaçant dans la chaîne des intermédiaires les analogies grecques et latines.
Wed-el; *m. g. -s, p. -.*	......	......	v. weh-en.	......	Être agité, agiter; émoutoir, goupillon, queue.
Weg; *m. g. -es, p. -e.*	वह्	vah;	vig-an;	.... *veha, via.*	Mouvoir; ligne qui est parcourue, voie, chemin, route, passage.
Weg-; *préf.*	वि	vi;	......	.... *ve-.*	Mouvoir, passer; marque éloignement.
Weh; *int.*	वत	vata;	......	*οὐαί; væ.*	Exclamation de douleur, de malheur, ah! aïe! hélas! malheur!
Weh-en; *v. n.*	......	......	v. fach-en;	......	Souffler, venter, faire du vent, flotter.
Wehr-en; *v. a.*	वीर्	vir;	......	*ἐρύεσθαι; vir.*	Couvrir, conserver, garder, défendre, résister, empêcher.
Weich-(bild); *n. g. -es.*	वश्	vaç;	veih-an;	*οἶκος; vicus.*	Souhaiter, consacrer; domicile, bourg; banlieue.
Weich; *adj. adv.*	......	......	v. weich-en.	......	Céder; qui cède, mou, plastique, tendre, doux, flexible, sensible.
Weich-en; *v. n., v. a. p. -i-, imp. -i-.*	विच्	vić;	vig-an;	*εἴκεσθαι; vacare.*	Mouvoir, séparer, se déplacer, se retirer, rétrograder, reculer, céder, fléchir, amollir, tremper.
Weid-e; *f. g. -, p. -n.*	वट्	vaṭ;	vith-an;	.... *viere, vimen, vitex.*	Lier; bois propre à faire des liens, osier, jonc, saule.
Weid-en; *v. a.*	विध्	vidh;	......	*εἴδειν; videre.*	Distinguer, séparer; choisir, se délecter, se repaître, paître, pâturer.
Weig-er-n; *v. a.*	......	......	v. weich-en.	......	Céder, reculer; chercher à éviter, refuser, repousser.
Weih-en; *v. a.*	वश्	vaç;	......	*εὔχειν; vovere.*	Vouloir; souhaiter, faire un vœu; faire vœu, consacrer, dédier, vouer, sacrer.

MOTS ALLEMANDS.	ANALOGIES SANSCRITES.	TRANSCRIPTION DU SANSCRIT en lettres romaines.	RACINES GERMANIQUES.	ANALOGIES GRECQUES ET LATINES.	SIGNIFICATIONS dans leur ordre généalogique depuis le sens primitif de la racine sanscrite ou germanique jusqu'au plus éloigné en plaçant dans la chaîne des intermédiaires les analogies grecques et latines.
Weih-e; *f. g. -, p. -n.*	....	....	v. weh-en.	....	Flotter, planer; milan.
Wein; *m. g. -es, p. -e.*	....	....	....	*[illegible]; [illegible], οἶνος; vinum.*	Mouiller, humecter; liquide, boisson, vin.
Wein-en; *v. n., v. a.*	....	....	....	*[illegible]*	Mouiller, arroser; verser des larmes, pleurer.
Weis-en; *v. n., v. a. p. -ie-, imp. -ie-.*	विध्	vidh;	....	*εἴδω, ἰδεῖν, videre, visitare.*	Distinguer; être visible, voir, faire voir, montrer, indiquer, mettre sur la voie, conduire, faire la leçon.
Weiß; *adj. adv.*	विद्	vid;	....	*εἴδεσθαι, φαιδρός; videre.*	Distinguer; qui est distingué, vu, brillant, éclatant, visible, clair, blanc.
Weit; *adj. adv.*	पट्	paṭ;	....	*πετάω; [illegible], ex-tus.*	Étendre; étendu, large, séparé, privé, distant, loin, éloigné.
Welch; *pron.*	....	....	w-lich.	*πηλίκος; qualis.*	Interrogatif et relatif, qui, lequel, que.
Welk; *adj. adv.*	....	....	comp. falb.	....	Pâle, fané, flétri, flasque, mollasse.
Well-e; *f. g. -, p. -n.*	....	....	v. wall-en.	....	Ondoyer; onde, vague, ondulation, rouleau, cylindre.
Welt; *f. g. -, p. -n.*	....	....	comp. wald.	....	Forêt, terre connue, terre cultivée, monde.
Wend-en; *v. a. p. -a-, imp. -a-, ou rég.*	....	....	v. wind-en.	....	Entourer, rouler; tourner, changer, diriger, fixer.
Wen-ig; *adj. adv.*	....	....	wein-en.	[illegible]	Pleurer; triste, misérable, faible; peu.

MOTS ALLEMANDS.	ANALOGIES SANSCRITES.	TRANSCRIPTION DU SANSCRIT EN LETTRES ROMAINES.	RACINES GERMANIQUES.	ANALOGIES GRECQUES ET LATINES.	SIGNIFICATIONS dans leur ordre généalogique, depuis le sens primitif de la racine sanskrite ou germanique jusqu'au plus éloigné, en plaçant dans la chaîne des intermédiaires les analogies grecques et latines.
Wenn; *conj.*	......	......	voy. wann.	....	Quand, lorsque, si.
Wer; *pron. int. rel.*	......	*	w-er;	*π-, ποῖος; qu-, quis.*	Celui qui, qui, quel.
Werd-en; *v. n. p. -o-, pr. -i-, imp. -a- ou -u-, subj. -ü-.*	वृत्	vart;	....	*ἔρδειν, ῥέζειν; vertere.*	Naître, se faire, produire, changer, revêtir une forme, devenir.
Werk; *n. g. -es, p. -e.*	वृत्	vart;	wirk-en;	*ἔργον;*	Naître, se faire, opérer; œuvre, ouvrage, travail.
Werth; *m. g. -es.*	......	......	v. werd-en.	*ἀρετή; virtus.*	Se faire, devenir; existence, degré d'existence, valeur, qualité, vertu, mérite, prix.
Wes-en; *n. g. -s, p. -.*	वस्	vas;	voyez sein.	*οὐσία;*	Être, exister; manière d'être, nature, essence, substance, être.
Wesp-e; *f. g. -, p. -n.*	......	......	wisp-er-n;	.... *vespa.*	Bourdonner; guê(s)pe.
West-en; *m. g. -s.*	......	......	wuest;	*ἕσπερος; vesper.*	Inculte, abandonné, quitté, parti; couchant, soir, ouest.
Wett-en; *v. n., v. a.*	......	......	vith-an;	.... *vadari.*	Lier; cautionner, engager, parier, gager.
Wett-er; *n. g. -s.*	......	......	v. wind.	....	Mouvement de l'air, constitution atmosphérique, température, temps.
Wichs-en; *v. a.*	......	......	voy. wachs.	....	Cire; cirer.
Wicht; *m. g. -es, p. -e.*	......	......	v. be-weg-en.	....	Mouvoir, remuer; qui se meut, qui est mobile, homme léger, changeant, versatile, drôle, misérable.

MOTS ALLEMANDS.	ANALOGIES SANSKRITES.	TRANSCRIPTION DU SANSKRIT en lettres romaines.	RACINES GERMANIQUES.	ANALOGIES GRECQUES ET LATINES.	SIGNIFICATIONS dans leur ordre généalogique, depuis le sens primitif de la racine sanskrite ou germanique jusqu'au plus éloigné, en plaçant dans la chaîne des intermédiaires les analogies grecques et latines.
Wicht-ig; *adj. adv.*	......	......	v. wieg-en.	....	Balancer, peser; qui pèse, pesant, important, influent, grave.
Wick-el-n; *v. a.*	भुज्	bhuj;	bieg-en;	.... *vincire*, *vinculum.*	Courber, plier, rouler, entourer, lier, envelopper.
Wick-el; *f. g. p. -n.*	......	......	v. wick-el-n.	....	Envelopper; lange, maillot, rouleau, papillotte.
Widd-er; *m. g. -s, p. -.*	......	......	voy. wid-er	....	Contre, aller contre; qui heurte, bélier.
Wid-er; *prép.*	विध्	vidh;	....	*εἶδος; videre.*	Distinguer, séparer; distinctif; contraire, contre.
Widm-en; *v. a.*	......	......	v. wind-en.	....	Entourer, s'enrouler, s'attacher, s'adonner, vouer, consacrer.
Wie; *adv.*	......	......	w; *	*πῶς; qui, quam.*	Relatif et interrogatif, comme, comment, de quelle manière.
Wied-er; *adv.*	......	......	voy. wid-er.	....	Contraire, opposé, tourné; en retour, de retour, de nouveau, encore.
Wieg-en; *v. a. p. -e-, imp. -e-, et rég.*	......	......	v. be weg-en.	....	Mouvoir; bercer, balancer, peser.
Wier-ig; *adj. adv.*	......	......	wahr;	*ἀηρός;*	Qui existe; qui dure, de longue durée.
Wild; *adj. adv.*	......	......	voyez wald.	....	Forêt; qui croît dans la forêt, sauvage, brut, inculte, farouche, féroce.
Will-e; *f. g. -ns.*	वल्ह्	valk;	woll-en;	*βούλη; volumus.*	Crier, ordonner, demander, vouloir; volonté, gré.
Wimp-el; *m. g. -s, p. -.*	......	......	c. wipf-el.	....	Sommet mouvant; banderole, flamme (marine).

MOTS ALLEMANDS.	ANALOGUES SANSCRITES.	TRANSCRIPTION DU SANSCRIT en lettres romaines.	RACINES GERMANIQUES.	ANALOGIES GRECQUES ET LATINES.	SIGNIFICATIONS dans LEUR ORDRE GÉNÉALOGIQUE, depuis le sens primitif de la racine sanscrite ou germanique jusqu'au plus éloigné, en plaçant dans la chaîne des intermédiaires les analogies grecques et latines.
Wind; *m. g. -es, p. -e.*	वा	*vâ;*	wehen.	*ἄειν; ventus.*	Agiter, souffler, venter; vent.
Wind-en; *v. a. p. -u-, imp. -a-, subj. -ä-.*	वण्ट्	vant;	....	*[illegible]; vetare, vitta.*	Entourer, lier, attacher; envelopper, enlacer, tresser, tordre, rouler.
Wink-el; *m. g. -s, p. -.*	......	......	c. zwick-en.	.... *angulus.*	Serrer; angle, coin, encoignure.
Win-sel-n; *v. n.*	......	......	c. wein-en.	....	Pleurer; gémir, pousser des cris plaintifs.
Wint-er; *m. g. -s, p. -.*	......	......	voyez wind.	....	Saison orageuse, hiver.
Wipf-el; *m. g. -s, p. -.*	विप्	vip;	vib-an;	.... *vibrare.*	Mouvoir, agiter; sommet, cime (des arbres).
Wipp-en; *v. n., v. a.*	विप्	vip;	vib-an;	*βιβάσαι; vibrare.*	Mouvoir, agiter, danser; balancer, faire la bascule, trébucher, donner l'estrapade.
Wirb-el; *m. g. -s, p. -.*	......	......	voy. wirr-en.	....	Tourner avec vitesse et confusément en cercle; tourbillonnement, tournoiement, sommet de la tête, tourbillon, roulement.
Wirk-en; *v. n., v. a.*	वृत्	vart;	....	*ἔργειν; urgere.*	Naître, produire, faire, agir, opérer, porter coup, fabriquer, tisser.
Wirr-en; *v. a.*	......	......	....	.... *verrere.*	Mettre en désordre, tourner confusément en cercle, brouiller.
Wirth; *m. g. -es, p. -e.*	......	......	v. wart-en.	....	Prendre soin; qui prend soin, hôte, hôtelier, aubergiste, économe.
Wisch-en; *v. n., v. a.*	......	......	v. wasch-en.	....	Laver, nettoyer, passer dessus, frotter légèrement.

MOTS ALLEMANDS.	ANALOGUES SANSCRITS.	TRANSCRIPTION DU SANSCRIT EN LETTRES ROMAINES.	RACINES GERMANIQUES.	ANALOGIES GRECQUES ET LATINES.	SIGNIFICATIONS dans leur ordre généalogique, depuis le sens primitif de la racine sanscrite ou germanique jusqu'au plus éloigné, en plaçant dans la chaîne des intermédiaires les analogies grecques et latines.
Wiß-en; v. a. p. -u-, pr. -eiß, imp. -u-, subj. -ü-.	विद्	vid;	weiß:	φανερὸν, εἴδειν; videre.	Être blanc, brillant; distinguer; voir; connaître, avoir connaissance, savoir.
Witt-er-n; v. n., v. a.	......	......	v. wett-er.	....	Faire tel ou tel temps, avoir le vent de, prendre le vent, flairer.
Witt-we; f. g. -, p. -n.	विधव	vidhava;	....	..... vidua.	Privé, séparé; veuve.
Witz; m. g. -es, p. -e.	......	......	v. wiß-en	....	Savoir; esprit, trait d'esprit, saillie.
Wo; adv. pron.	......	......	....	ποῦ; quo.	Où, en quelque lieu.
Woch-e; f. g. -, p. -n.	वग्	vag;	vig-an.	μακρός, μῆκος; vices.	Mouvoir; qui s'étend, laps de temps, suite ou succession de sept jours, semaine.
Wog-e; f. g. -, p. -n.	......	......	v. wieg-en.	....	Bercer, balancer; vague, flot, lame.
Wohl; adv.	पुल्	pul;	wal-en;	ἔλω; valere, valde.	Croître, s'accroître; prospérer, se bien porter; à suffisance, satisfaisant, bien.
Wohn-en; v. n.	वन्	van;	winn-an;	ὀνεῖσθαι; venire.	Agir, acquérir; gagner, parvenir à, entrer en possession, avoir une demeure; demeurer, habiter, être domicilié, rester, loger.
Wölb-en; v. a.	वल्ल्	vall;	....	..... velare.	Couvrir, voiler; présenter une convexité en couvrant, voûter, cintrer, bomber.

MOTS ALLEMANDS.	ANALOGIES SANSKRITES.	TRANSCRIPTION DU SANSKRIT EN LETTRES ROMAINES.	RACINES GERMANIQUES.	ANALOGIES GRECQUES ET LATINES.	SIGNIFICATIONS dans leur ordre généalogique, depuis le sens primitif de la racine sanskrite ou germanique jusqu'au plus éloigné, en plaçant dans la chaîne des intermédiaires les analogies grecques et latines.
Wolf; *m. g. -es, p. ö-e.*	विल्	vil;	....	λύκος; *lupus, vulpes.*	Saisir, blesser; animal carnassier, loup.
Wolk-e; *f. g. -, p. -n.*	....	....	v. wall-en.	....	Ondoyer, flotter, marcher; nuage, nuée.
Woll-e; *f. g. -.*	....	....	will-en;	*οὖλος; vellus.*	Rouler; qui est roulé, frisé, bouclé; laine.
Woll-en; *v. a. pr. -i-.*	वैल्ल्	vaill;	will-en;	*βούλειν; volo, velle.*	Tourner, rouler; rouler dans la tête, être de telle opinion, être dans l'intention; intention arrêtée de faire; vouloir, demander, désirer, consentir.
Wonn-e; *f. g. -, p. -n.*	....	....	comp. ge-winn-en.	....	Entrer en possession, prospérer; plaisir, délices, ravissement, volupté, charmes.
Wort; *n. g. -es, p. -ö-er.*	वृत्	vart;	werd-en;	.... *verbum.*	Devenir, exister; qui exprime l'existence d'une chose, parole, mot, terme, nom, verbe.
Wrack; *n. g. -es, p. -e.*	....	....	c. brech-en.	....	Briser; débris (d'un navire), carcasse.
Wuch-er; *m. g. -es.*	....	....	c. wachs-en.	....	Croître; accroissement, végétation luxuriante, augmentation rapide d'un capital, usure.
Wuchs; *m. g. -es.*	....	....	v. wachs-en.	....	Croître; croissance, crue, conformation, taille, structure.
Wühl-en; *v. n., v. a.*	....	....	c. walz-en.	....	Remuer violemment, bouleverser, jeter en désordre, fouiller, labourer (boutoir).

MOTS ALLEMANDS.	ANALOGIES SANSCRITES.	TRANSCRIPTION DU SANSCRIT en lettres romaines.	RACINES GERMANIQUES.	ANALOGIES GRECQUES ET LATINES.	SIGNIFICATIONS dans leur ordre généalogique, depuis le sens primitif de la racine sanskrite ou germanique jusqu'au plus éloigné, en plaçant dans la chaîne des intermédiaires les analogies grecques et latines.
Wulſt; *m. g. -es, p. -ü-e.*	......	......	c. ſchwell-e.	....	Renflement, bourrelet, tumeur.
Wund-e; *f. g. -, p. -n.*	व्नुद्	vnut;	....	οὐτᾶν;	Frapper, blesser; blessure, plaie.
Wund-er; *n. g. -s, p. -.*	......	......	v. wend-en.	....	Tourner, changer; changement, action surprenante, prodige, miracle, surprise, étonnement.
Würd-e; *f. g. -, p. -n.*	......	......	voy. werth.	....	Valeur, mérite, dignité, rang, grade, gravité.
Würg-en; *v. a., v. n.*	वृक्	vark;	....	ἀρύγειν? *vorare.*	Saisir, serrer la gorge, étrangler, avaler avec effort, dévorer.
Wurm; *m. g. -es, p. -ü-er.*	कृमि खर्	karmi; khara;	wyrm (anglo-saxon); warm;	ἕλμινς, ἕρμινς? *formus, vermis.*	Être chaud, corrompu; qui est produit par la corruption, ver.
Wurſt; *f. g. -, p. ü-e.*	......	......	voyez wulſt.	....	Bourrelet; boyau rempli de viande hachée, saucisse, andouille.
Wurz-el; *f. g. -, p. -n.*	वृत्	vart;	werd-en.	ἔρσω;	Devenir, croître, s'élever; d'où s'élève quelque chose: racine, base, origine.
Wüſt; *adj. adv.*	पट्	pat;	weit;	πετάω; *pateo, vastus.*	Étendre; qui est étendu, vaste, désert, abandonné, inculte, sauvage, rude, brutal, débauché, dissolu.
Wuth; *f. g. -.*	पद्	pad;	wat-en;	φοῖτος; *vadere.*	Marcher, aller et venir; course errante, égarement, délire, fureur, rage, furie.

Z

MOTS ALLEMANDS.	ANALOGIES SANSKRITES.	TRANSCRIPTION DU SANSKRIT EN LETTRES ROMAINES.	RACINES GERMANIQUES.	ANALOGIES GRECQUES ET LATINES.	SIGNIFICATIONS dans LEUR ORDRE GÉNÉALOGIQUE, depuis le sens primitif de la racine sanskrite ou germanique jusqu'au plus éloigné, en plaçant dans la chaîne des intermédiaires les analogies grecques et latines.
Zack-en; *m. g. -s, p. -.*	....	....	v. steck-en.	....	Enfoncer; corps pointu, dague, dent, fourchon.
Zag-en; *v. n.*	तच्	tac;	....	*πλαχός, τήκειν;...*	S'en aller, dépérir, s'amollir; être pusillanime, se décourager, être craintif, trembler.
Zäh-e; *adj. adv.*	तग्	tag;	zich-en;	*ἀδαχής;....*	Saisir; tirer; tenace, qui ne casse pas, pliant, coriace, opiniâtre.
Zähl-en; *v. n., v. a.*	दल्	dal;	teil-an;	*τελεῖν;....*	Fendre, partager; classer, régler, compter, nombrer.
Zähm-en; *v. a.*	दम्	dam;	....	*δαμᾷν; domare.*	Lier, dompter, apprivoiser.
Zahn; *m. g. -es, p. -ä-e.*	धा दन्त	dhâ; danta;	steh-en;	*ὀδούς, ὀδόν; dens.*	Être debout; mettre debout, ranger; dent.
Zähr-e; *f. g. -, p. -n.*	सिच्	sic;	taih-an;	*δάκρυ; lacryma.*	Mouiller, couler, tomber à gouttes; larme.
Zain; *m. g. -es, p. -e.*	....	....	voyez zahn.	....	Dent, lingot, barre (de fer).
Zang-e; *f. g. -, p. -n.*	तग्	tag;	ting-an;	*θιγγάνειν, ζάγκλη; tangere, tenere.*	Toucher, saisir, tenir, prendre; pince, tenaille, pincette.
Zank-en; *v. n.*	....	....	c. zung-e.	....	Parler, disputer, quereller, gronder.
Zapf-en; *m. g. -s, p. -.*	....	....	comp. stab.	*σίφων; siphon.*	Tige; tuyau, bonde, bouchon.

MOTS ALLEMANDS.	ANALOGIES SANSKRITES.	TRANSCRIPTION DU SANSKRIT en lettres romaines.	RACINES GERMANIQUES.	ANALOGIES GRECQUES ET LATINES.	SIGNIFICATIONS dans leur ordre généalogique, depuis le sens primitif de la racine sanskrite ou germanique jusqu'au plus éloigné, en plaçant dans la chaîne des intermédiaires les analogies grecques et latines.
Zapp-el-n; *v. n.*	....	....	v. tapp-en	....	Frapper, taper; agiter les pieds ou les mains, se débattre, se trémousser, gigoter.
Zart; *adj. adv.*	दृ	dar;	tair-an;	*τείρειν, τέρμα; terere.*	Briser, broyer, blesser; qui ne résiste pas à une action extérieure, qui est vulnérable, fragile, délicat, susceptible, tendre, doux, sensible.
Zaub-er; *m. g. -s, p. -*	तुप्	tup;	....	*τύπτειν;*	Frapper; qui est frappé, étourdi, fasciné; effet magique, charme, enchantement, sortilége.
Zaud-er-n; *v. n.*	....	....	voy. zieh-en.	....	Tirer; tirer en longueur, procéder avec lenteur, tarder, temporiser.
Zaum; *m. g. -es, p. -ä-e.*	दम्	dam;	....	*δαμάζω; domare.*	Dompter, lier, serrer; lien, corde, bride, frein.
Zaun; *m. g. -es, p. -ä-e.*	तन्	tan;	....	*τανύω; tendere.*	S'étendre; qui s'étend, ceinture; enclos, haie.
Zaus-en; *v. a.*	तुद्	tud;	....	.... *tusum, tundere.*	Frapper, heurter; tirailler, houspiller.
Zech-e; *f. g. -, p. -n*	सच्	sać;	....	.... *secta.*	Attacher, réunir; secte, société, compagnie, banquet, écot, dépense.
Zeck-e; *f. g. -, p. -n.*	....	....	voy. steck-en	....	Attacher; qui s'attache, tique.
Zeh-e; *f. g. -, p. -n.*	दिश्	diç;	zeig-en;	*δάκτυλος; digitus.*	Montrer; doigt (du pied), orteil.
Zehn; *numb.*	दशन्	daçan;	....	*δέκα; decem.*	Dix.

MOTS ALLEMANDS.	ANALOGIES SANSKRITES.	TRANSCRIPTION DU SANSKRIT en lettres romaines.	RACINES GERMANIQUES.	ANALOGIES GRECQUES ET LATINES.	SIGNIFICATIONS dans LEUR ORDRE GÉNÉALOGIQUE, depuis le sens primitif de la racine sanskrite ou germanique jusqu'au plus éloigné, en plaçant dans la chaîne des intermédiaires les analogies grecques et latines.
Zehr-en; *v. n., v. a.*	दृ	dar;	tair-en;	*τείρειν; terere.*	Briser; broyer; détruire; consumer, consommer, dépenser, diminuer.
Zeich-en; *n. g. -s, p. -.*	दिश्	diç;	zeig-en;	*δεῖξις; signum.*	Montrer; indication, signe, signal, marque, symbole.
Zeig-en; *v. n., v. a.*	दिश्	diç;	....	*δεικνύειν; dicere.*	Montrer, faire voir, indiquer, manifester, démontrer, paraître.
Zeih-en; *v. a. p. -ie-, imp. -ie-.*	......	......	voy. zeig-en.	....	Montrer, démontrer; reprocher, accuser.
Zeil-e; *f. g. -, p. -n.*	दल्	dal;	teil-an;	*τέλος; ...*	Fendre, séparer, classer, ranger; rang, rangée, ligne, file.
Zeit; *f. g. -, p. -en.*	तस्	tas;	....	.... *tedium.*	Mouvoir, s'étendre; qui s'étend, temps, espace, époque.
Zer-; *préf.*	दृ	dar;	....	*δια-; dis-.*	Séparer; indique séparation, morcellement, destruction.
Zerr-en; *v. a.*	तृण	tarn;	tair-an;	*τείρειν, δέρειν; terere.*	Briser, broyer; détruire, déchirer; tourmenter, tirailler, tirer avec fureur.
Zeug; *n. g. -es, p. -e.*	......	......	v. zeug-en.	*τέχνη; ...*	Produire; qui est produit, produit fabriqué, tissu, étoffe, ustensiles, outils, chose.
Zeug-en; *v. n., v. a.*	तुज्	tuj;	....	*τεύχειν; testari.*	Mouvoir, engendrer, faire, effectuer; produire, produire la vérité, démontrer, prouver, témoigner.

MOTS ALLEMANDS.	ANALOGIES SANSKRITES.	TRANSCRIPTION DU SANSKRIT en lettres romaines.	RACINES GERMANIQUES.	ANALOGIES GRECQUES ET LATINES.	SIGNIFICATIONS dans leur ordre généalogique, depuis le sens primitif de la racine sanskrite ou germanique jusqu'au plus éloigné, en plaçant dans la chaîne des intermédiaires les analogies grecques et latines.
Zieg-e; *f. g. -, p. -n.*	......	......	comp. geiß.	....	*Zieg-e* paraît être l'anastrophe de Geiss, chèvre.
Ziegel; *m. g. -s, p. -.*	स्थग्	sthag;	....	*τέγος; tegula.*	Couvrir; qui couvre, couverture, tuile, brique.
Zieh-en; *v. n., v. a. p. -og-, imp. -og, subj. -ög-.*	तिग्	tig;	....	*δέχεσθαι; ducere.*	Atteindre, saisir; prendre; attirer, amener, tirer, traîner, hisser, élever, se diriger, aller, marcher.
Ziel; *n. g. -es, p. -e.*	सल्	sal;	til-an;	*τέλος*.....	Mouvoir; étendre; terme de l'étendue, but, fin.
Ziem-en; *v. n.*	सम्	sam;	sam.	.... *similis.*	Joindre; qui s'accorde; être convenable, convenir.
Zier-en; *v. a.*	सुर्	sur;	....	*τέρας, θέρειν*;....	Brûler, briller, refléter des rayons; orner, embellir, parer, enrichir.
Zimm-er; *n. g -s, p. -.*	सम्	sam;	sam;	*δέμειν; domus.*	Joindre, réunir; construire, bâtir; construction, pièce construite, chambre, appartement.
Zing-el-n; *v. a.*	......	......	zieh-en;	.... *cingere.*	Tirer; tirer autour, entourer.
Zink-e; *f. g. -, p. -n.*	......	......	c. zack-en.	....	Pointe, fourchon.
Zinn-e; *f. g. -, p. -n.*	तन्	tan;	....	*τόνος: tendere.*	Étendre, allonger; qui est allongé, cime, crête, créneau, pinacle.
Zipf-el; *m. g. -s, p. -.*	......	......	c. wipf-el.	....	Extrémité, bout.
Zirp-en; *v. n.*	स्वृ	svar;	....	*συρίζειν, susurrare.*	Retentir; chanter, piper, grésillonner.
Zisch-en; *v. n.*	......	......	....	*σίζειν: sibilare.*	Siffler.

MOTS ALLEMANDS.	ANALOGIES SANSKRITES.	TRANSCRIPTION DU SANSKRIT EN lettres romaines.	RACINES GERMANIQUES.	ANALOGIES GRECQUES ET LATINES.	SIGNIFICATIONS dans LEUR ORDRE GÉNÉALOGIQUE, depuis le sens primitif de la racine sanskrite ou germanique jusqu'au plus éloigné, en plaçant dans la chaîne des intermédiaires les analogies grecques et latines.
Zitz-e; *f. g.* -, *p.* -n.	छद्	čhad?	....	*τίτθη, σπάζειν?* ...	Couvrir, voiler; qui est voilé; sein, mamelle, teton.
Zitt-er-n; *v. n.*	....	....	c. schütt-el-n.	*δείδειν*;	Agiter; trembler, trembloter, craindre.
Zög-er-n; *v. n.*	....	....	voy. zieh-en.	....	Tirer, tirer en longueur, tarder, hésiter.
Zoll; *m. g.* -es, *p.* -e, -ö-e.	दल्	dal;	....	*τελώνιον*; *telonium.*	Fendre, partager; tailler, régler; mesure (pouce), droit, douane, péage, tribut.
Zopf; *m. g.* -es, *p.* -ö-e.	....	....	voy. zipf-el.	....	Bout, queue, tresse.
Zorn; *m. g.* -es,	....	....	voy. zerr-en.	....	Briser, détruire, déchirer, tourmenter; irritation, courroux, colère, fureur.
Zot-e; *f. g.* -, *p.* -n.	....	....	voy. zaus-en.	....	Houspiller; grosse plaisanterie, gros mot, obscénité, ordure.
Zott-e; *f. g.* -, *p.* -n	....	....	voy. zaus-en.	....	Tirer, tirailler; cheveux tirés en tous sens, cheveux embrouillés, touffe, houppe.
Zucht; *f. g.* -, *p.* -ü-e.	....	....	voy. zieh-en.	....	Élever; éducation, culture, ordre, discipline.
Zuck-en; *v. n.*, *v. a.*	....	....	voy. zieh-en.	....	Tirer; faire un mouvement brusque, se convulser, palpiter, contracter, hausser (les épaules)
Zug; *m. g.* -es, *p.* -ü-e.	....	....	voy. zieh-en.	....	Tirer; trait, coup, marche, passage, expédition.

MOTS ALLEMANDS.	ANALOGUES SANSCRITS.	TRANSCRIPTION DU SANSCRIT en lettres romaines.	RACINES GERMANIQUES.	ANALOGIES GRECQUES ET LATINES.	SIGNIFICATIONS dans leur ordre généalogique, depuis le sens primitif de la racine sanskrite ou germanique jusqu'au plus éloigné, en plaçant dans la chaîne des intermédiaires les analogies grecques et latines.
Zügel; *m. g. -s, p. -.*			voy. zieh-en.		Tirer; cordon par lequel on tire, bride, rêne.
Zünd-en; *v. n., v. a.*	चंद्	ćand;		*τυφός; in-cendere.*	Briller, brûler; prendre feu, s'enflammer, allumer.
Zunft; *f. g. -, p. -ü-e.*			voyez sam, sammt, ziem-en.		Joindre, être ensemble, convenir; communauté, corps de métier, tribu, caste; corporation.
Zung-e; *f. g. -, p. -n.*	दिश्	diç;		*φθέγγεσθαι; docere, dingua, lingua.*	Se faire entendre, parler, dire; langue.
Zupf-en; *v. a.*			v. zieh-en.		Tirer; tirer à plusieurs reprises, tirailler, arracher, effiler, éplucher.
Zürn-en; *v. n.*			voyez zorn.		Être en colère, se fâcher.
Zwack-en; *v. a.*			v. zwick-en.		Pincer, tourmenter, harceler, vexer.
Zwang; *m. g. -es.*			v. zwing-en.		Contraindre; contrainte, coercition, force, violence, gêne, affectation.
Zwar; *adv.*			v. zu, wahr;		Très-vrai, il est vrai, à la vérité.
Zweck; *m. g. -es, p. -e.*			v. zwick-en.		Pincer, presser; cheville; chose à laquelle on tend, but, fin.
Zwei; *nomb.*	द्विस् द्वौ	dvis, dvâu;		*δαΐζειν, δύω; duo.*	Partager, séparer; un et un, deux.
Zwei-fel; *m. g. -s, p. -.*	दौ	dau;	zwei, zui-vele;	*διάζειν, δοιοί; du-bium.*	Séparer; mettre en deux, ou en doute; doute, incertitude, soupçon.
Zweig; *m. g. -es, p. -e.*			voyez zwei.		Deux; division d'une tige, ramification, branche, rameau.

MOTS ALLEMANDS.	ANALOGIES SANSCRITES.	TRANSCRIPTION DU SANSCRIT en lettres romaines.	RACINES GERMANIQUES.	ANALOGIES GRECQUES ET LATINES.	SIGNIFICATIONS dans LEUR ORDRE GÉNÉALOGIQUE, depuis le sens primitif de la racine sanskrite ou germanique jusqu'au plus éloigné, en plaçant dans la chaîne des intermédiaires les analogies grecques et latines.
Zwerch; *adv.*	....	....	voyez quer.	....	De travers, en travers.
Zwerg; *m. g. -es, p. -e.*	....	....	voy. zwerch.	....	Être fait de travers ou mal conformé, individu d'une croissance détournée, nain.
Zwick-en; *v. a.*	स्फच्	sphaç;	....	σφίγγειν;	Fermer, saisir, étreindre; serrer, pincer, tenailler.
Zwilling; *m. g. -es, p. -e.*	....	....	v. zwei-ling.	....	Deux; *ling* marque parenté, jumeau, jumelle.
Zwing-en; *v. n. p. -u-, imp. -a-, subj. -ä-.*	स्फच्	sphaç;	....	σφίγγειν;	Saisir, serrer; presser, faire violence, forcer, contraindre, dompter.
Zwirn; *n. g. -es, p. -e.*	....	....	voyez zwei.	....	Deux, double; fil double, fil retors.
Zwisch-en; *prép.*	....	....	voyez zwei.	....	Deux; qui sépare, entre.
Zwist; *m. g. -es, p. -e.*	....	....	voyez zwei.	*duis*;	Deux; séparé; différent, contestation, dispute, querelle.
Zwitsch-er-n; *v. n.*	....	....	c. schwatz-en.	....	Jaser, jargonner, ramager, gazouiller.
Zwitter; *m. g. -s, p. -.*	....	....	v. zwei-ter.	....	Deux; *ter* marque parenté; être qui réunit les deux sexes, hermaphrodite, être équivoque.
Zwölf; *nomb.*	....	....	voyez zwei, zwo-lif.	....	Deux; *lif* de *lefan* veut dire reste; deux qui restent avec dix; douze.

FIN.

ERRATA.

Page 4.	**Angst;** *p.* -á-r.	*lisez :*	*p.* -á-r.
Page 8.	**Baſſ;**	*lisez :*	**Baſs.**
Idem.	**Freſſen;** *imp.* -aſſ-	*lisez :*	*imp.* aſſ.
Page 38.	pathth, *pronon.* patth.	*lisez :*	path, *pronon.* patth.
Idem.	**Gedanke;** *g.* -es.	*lisez :*	*g.* -ns.
Page 39.	rendre roulant,	*lisez :*	rendre coulant.
Page 43.	**Gleitſcher;**	*lisez :*	**Gletſcher.**
Page 45.	**Greifen;** *imp.* -iff.	*lisez :*	*imp.* -iff.
Page 49, 3e col.	kau.	*lisez :*	kau.
Page 49.	**Halten;** *imp.* ie	*lisez :*	*imp.* -ie-
Page 57.	**Horſt;** *f. f.*	*lisez :*	*f.*
Page 63, 4e col.	fothe;	*lisez :*	fothe.
Page 71.	**Krächzen;** *m.*	*lisez :*	*v. n.*
Page 77.	**Laſſen;** *imp.* -ieß.	*lisez :*	*imp.* -ieß.
Page 80, 5e col.	nâsir.	*lisez :*	ôsâsir.
Page 97.	**Nuſs;**	*lisez :*	**Nuis** ou **Nuß;**
Page 103.	**Putzen;**	*lisez :*	**Putzen.**

24

Page 112,	Riſſ;	*lisez* Riſs ou Riß.
Page 119.	Schaft; *p.* -e.	*lisez* *p.* -äfte.
Idem.	Schar; *p.* -n.	*lisez* *p.* -en.
Page 131,	*surrosas.*	*lisez* *souroms.*
Page 132,	Schrecken; *imp.* -af-.	*lisez* *imp.* -af.
Page 140,	Sitzen; *p.* -eſſ.	*lisez* *p.* -eſſ-.